21世纪高职高专会计学系列教材

Excel与财务管理

（第二版）

主　编　曾瑞玲

U0900613

厦门大学出版社
XIAMEN UNIVERSITY PRESS

总　序

美国经济学家哈比森(F. H. Harbison)认为:“人力资源是国民财富的最终基础。一个国家如果不能发展人民的技能和知识,就不能发展任何别的东西。”二战后的西欧国家和日本,尽管在人力和物质财富上遭受了巨大创伤,但在较短的时期内在经济发展上却取得了巨大的成功。其主要原因之一就在于这些国家重视教育,特别是通过高等职业技术教育来提高劳动者的素质,使他们能很快地与引入的资本、新的生产技术和工艺,以及管理技能相结合,把本国经济很快地推向前进。例如,在德国,职业技术教育被认为是战后国家重新崛起的“秘密武器”;在日本,职业技术教育被看成是“经济发展的柱石”。

随着中国经济的高速发展,对高素质的技能型、应用型人才的需求越来越大。通过职业技术培训和教育,提高劳动者的生产技能和管理水平,切实提高人力资本的质量,已是一个非常迫切的现实问题。进入21世纪后,高等职业教育的改革和发展呈现出前所未有的发展势头,学生规模已占我国高等教育的半壁江山,成为我国高等教育的一支重要的生力军。与大学教育相比,高等职业教育的基本目标是培养适合社会需求的技能型、应用型专业人才,其教学特点是设计以“技术应用”为主、理论够用的课程体系。因此,高等职业教育本身具有鲜明的职业特征,这就要求我们在课程体系设计上体现职业教育的特色,认真研究和改革课程教学内容及教学方法,努力加强教材建设。而高等职业会计专业教育是财经类高职教育的一个重要组成部分，其教育目标是培养高素质的应用型会计技术职业人才。但迄今为止，大多数高职会计专业教材只是大学本科教材的简化和重复，符合职业特点和需求的教材还不多。为此，我们尝试编写了本系列高职会计专业教材。

本系列教材的编写正值新企业会计准则及中国注册会计师审计准则施行之时，因此本系列教材相关内容均按照新准则编写，同时根据高职教育的特点重新规划了教材体系，重组系列课程的教材结构，突出人才培养的实践性、应用性的原则。按照教育部制定的“高职高专教育基础课程教学基本要求”，教材的基础理论以“必要，够用”为度，突出基础理论的应用和实践技能的培养。

深圳职业技术学院是我国首批高职类示范性院校，其会计专业是该校重点专业，拥有一支较强的师资力量，在全国各高职院校中享有较高的声誉。本系列教材由该专业长期从事高等职业教育、有丰富教学经验和实践经验的资深教师精心编写，由厦门大学出版社陆续向广大读者推出。相信本系列教材在为我国培养高职会计专业技能型、应用型人才中将会发挥其重要的作用。

闫红玉

2007.3

第二版前言

鉴于最新《企业会计准则》的逐步实施，以及2008年1月1日起开始实施的《中华人民共和国企业所得税法》的规定，为适应这一新的形势发展，尤其是新的教学需要，作者对第一版进行了修订。其中，筹资决策、财务分析、投资决策等章节的改动比较大。

为了方便广大读者的使用，本次作者在每章之后增加了配套训练题；此外，根据教材投入使用后发现的错漏及各方面的反馈信息，对第一版中的一些疏漏和不当之处进行了调整和修改。

本次修订由深圳职业技术学院曾瑞玲老师担任主编。在编写过程中，作者借鉴了国内外同仁的大量相关著作、文献，并得到了厦门大学出版社的热心帮助和支持，在此一并表示诚挚的谢意。

鉴于作者水平有限，书中难免有疏漏和不妥之处，恳请专家、读者批评指正。

曾瑞玲

2011年6月

前　言

中文 Excel 2003 是美国微软公司推出的办公组合套件 Office 2003 中的组件之一，是最优秀的电子表格处理软件之一，Excel 集数据库、工作表、图形、图表等功能为一体，可以完成数据计算处理、数据分析决策、信息动态发布等工作，是办公、财务、会计、金融、证券等行业进行数据处理的高效工具之一。Excel 不但具有丰富的计算工具，而且还具有精密的分析工具和灵活多样的表达方式，从而使企业财务管理工作变得更加轻松、自如，被国内外财务管理人员公认为是强有力的信息分析与信息处理的软件工具。中文 Excel 2003 是一种面向最终用户的软件，操作简单，易学易用，是广大财务人员和投资分析人员的不可或缺的好助手。

市面上的 Excel 书籍一般都是介绍 Excel 的基本知识与操作，关于 Excel 面向管理问题的系统应用，尤其是在财务管理领域应用方面的书籍还较少，更缺乏体现高职高专院校"以学生为主体、以能力培养为中心，面向一线、立足岗位、强化应用、突出能力"培养目标、可操作性强的教材。编者在多年的《Excel 与财务》课程的教学中，苦于找不到合适的高职高专类教材选用。这是作者编写本教材的初衷。

全书共分 9 章，第 1、2 章比较详细地介绍了 Excel 2003 的基本知识以及在财务管理中的应用基础，包括 Excel 的基本操作、公式和函数的应用、数据分析处理、数据分析工具等。第 3 章介绍了 Excel 在资金时间价值中的应用，资金的时间价值是财务管理中一个重要观念，是做好财务决策的前提，本章结合实例介绍了常用的财务函数，为学生学习以后各章的内容奠定良好的基础。第 4 至第 8 章以企业的资金运动为主线，结合大量应用实例系统介绍了如何将 Excel 与财务管理知识相结合，建立财务预算模型、筹资决策模型、财务分析模型、投资决策模型、投资项目中不确定性风险分析模型等的方法和技术。在每章前，编排了知识要求和技能要求，目的是让读者明确该章应掌握的基本知识和应达到的基本技能;在每章后,编排了本章小节,将该章的主要内容作了简单介绍。

本教材内容丰富、图文并茂、由浅入深,结合大量的实例系统介绍了Excel 2003在财务管理各个方面的实际应用,具有较强的实用性和可操作性。读者只要跟随教材中的讲解边学习边操作,即可轻松地掌握运用 Excel 2003 解决财务管理中各种实际问题的具体方法。本教材中所介绍的操作步骤都是作者亲自上机实践过的,建议读者在阅读本教材时,跟随本教材中的内容介绍进行具体的上机操作,这样会收到事半功倍的效果。在跟随操作过程中,要特别注意观察教材中所列举的图形示例。

本教材的前导课程是"财务会计"、"财务管理",后续课程是"会计信息系统"、"财务报表分析",本教材可作为高职高专院校经济管理类专业的教学用书,也适合企事业单位和经济管理部门的广大财务人员阅读。

本教材由曾瑞玲主编。在编写过程中,作者参考了大量相关著作、文献,进行了必要的调研和实地考察,得到了厦门大学出版社的热心帮助和支持,在此一并表示诚挚的谢意。

鉴于作者水平有限,书中难免有疏漏和不妥之处,恳请专家、读者批评指正。

曾瑞玲

2007 年 6 月

目 录

第1章 Excel基础知识

知识要求

通过本章的学习，掌握
- Excel 的财务功能
- 了解 Excel 的工作界面
- 快捷菜单与对话框
- Excel 的基本元素
- Excel 中的工具
- Excel 的向导和帮助

技能要求

通过本章的学习，掌握 Excel 的菜单栏、工具栏、编辑栏的操作，能够利用 Excel 的联机帮助系统学习和使用 Excel 应用程序。

目前，随着社会经济的发展，企业的经济环境也在不断地发生变化，因此，各个企业对会计的职能要求，已从单纯的核算型发展成为能充分利用财务信息准确地分析现状和预测未来的管理型。为了提高企业的财务管理工作效率，每个财务管理人员都应该掌握计算机软件工具，对财务会计信息进行进一步的定量分析。

Microsoft Excel 2003 是美国微软公司开发的一个功能强大、技术先进、使用方便的表格式数据综合管理与分析系统，是财务管理人员公认的强有力的数据管理与分析软件工具。Excel 2003 凭借其自身丰富的计算工具、精密分析工具以及灵活多样的表达形式，使企业财务管理更加容易，而且财务管理人员能够根据企业多变的经济环境，建立各种财务预测、分析和决策模型，高效、准确地进行财务管理分析工作。

本章主要介绍 Excel 2003(以下简称 Excel)的一些基本知识,包括它的财务功能、工作界面、基本元素、常用工具及获取帮助的一些方法等。通过本章的学习,读者可以快速掌握 Excel 的一些基本操作,为以后的学习打下基础。

第一节 Excel 的财务功能

Excel 作为一款优秀的电子表格软件工具,除具有强大的表格数据计算与分析功能外,还可以把表格中的数据用各种统计图形象地表示出来。利用 Excel 来进行财务数据处理,可使得数据的收集、处理和分析更为科学、便捷,同时更有利于管理理论和管理实践的紧密结合,使企业的管理水平日益提高。

一、为什么要学习财务管理软件

财务管理软件的主要功能是利用计算机来管理公司、企业财务中的资料,它是将计算机技术和财务管理理论相结合,为财务中的定量分析提供一些技术支持的方法和技术。目前,我国企业解决会计核算问题一般都是利用电算化软件进行的。然而利用电算化软件解决会计核算问题时虽简单、方便,但有其一定的局限性。首先,由于企业的业务种类繁多,有时会出现电算化软件解决不了的问题;其次,由于电算化软件的功能有限,也使其不能满足企业管理的需要。因此,随着计算机应用的不断普及与深入和会计人员素质的不断提高,会计人员应该掌握多种处理会计数据的工具,而不应该仅仅局限于电算化软件。只有这样,在工作中遇到问题时思路才会广,解决的办法才会多,工作效率才会高。

(一)信息时代发展的要求

将计算机技术运用于财务管理,推进财务管理的现代化,是信息时代管理创新的重要内容之一,而且将计算机技术运用于财务管理工作中也是一个国家财务管理水平现代化的重要标志。现在西方许多先进国家的计算机财务管理已经相当普及,并在公司和企业财务管理中明显地产生了经济效益,如同对整个企业的影响一样,信息技术也正在改变着财务主管这一职业。在我国,已有越来越多的企业家、财务主管以及财务管理工作者意识到了:要使企业的财务管理工作更加有成效,财务管理人员除了应该具备现代财务管理的理论和方法,还必须掌握计算机软件的使用,特别是财务软件的使用,并且能够根据企业多变的经济环境,建立各种分析和决策模型。只有这样,财务管理人员才能有效地利用企业核算信息与外部信息,提高财务管理水平,为提高经济效益服务。

（二）财务管理发展的要求

在以往，在进行财务分析时，多数都是利用手工计算财务指标，其计算工作量较大。另外，企业一般都是按照上级要求计算财务指标，企业很少自行设计，因而很难更全面、系统地进行财务分析，难以充分发挥本身的积极性和主动性，不利于管理水平的提高。随着计算机技术和国际互联网的不断发展，全球网络计算机技术也被广泛应用，这就为企业扩大经营规模提供了便利条件。随着信息技术的发展，财务管理也将向现代化发展，这就要求财务管理者必须提高计算机技术在财务管理中的应用知识水平，以推动集管理、预测、分析工具为一体的管理软件的使用，并使得先进的财务管理模型发挥实际作用，同时要求财务管理者在计算机环境中不断开创适应社会发展要求的新分析、新预测、新决策方法。

二、Excel 的财务管理功能

Excel 特别适合于处理财务管理中的大量数据信息，以及数字统计，而且能快速制定好表格。总的说来，Excel 在财务管理中主要有以下一些功能特点。

（一）强大的表格处理功能

Excel 是一个以表格方式为主的处理数据的软件，它提供了由许多空白工作表组成的工作簿，用户能借此非常容易地建立一个存放数据的工作簿，并且可以设置其中的数据格式，以增强数据的视觉效果。利用 Excel 的表格处理功能，用户可以非常简便地对财务中的各种表格进行创建、编辑、访问、检索等。

（二）丰富的函数

在 Excel 中内置了大量的函数，涵盖了统计、财务、工程和数学等多个领域，利用这些函数可进行财务管理中的一些复杂的数学运算、统计、财务分析等，而且表格中公式和函数的利用可以确定一组单元格之间的逻辑关系，可以根据数据之间的逻辑关系来进行数据跟踪，不但有利于对数据进行分解分析，而且还有利于发现数据异常的原因。

（三）丰富的分析工具

Excel 为财务的管理和分析提供了多种多样的分析工具，可以帮助企业制定一些好的决策。工作人员在将所有数据输入到工作表、创建公式并设置了格式之后，可以使用 Excel 附带的高级分析工具来帮助对数据进行分析。例如可以通过利用方案、单变量求解或规划求解等工具来执行假设分析；可以通过数据透视表从各种数据源中提取数据，并将其组合成新的结果。

（四）强有力的绘图功能

利用 Excel 可以实现表、图、文三者的完美结合，且其作图过程也非常简单，只需点击几下鼠标即可完成。在 Excel 中，系统提供了多种类型的图表，用户可以根据需要选择柱形图、折线图、条形图以及股价图等，也可以根据不常用的图如气泡图或雷达图来生成图表。将数据以图表的形式呈现于管理者面前，这种信息表达方式更为直观，有利于扩展管理者的思维空间。

（五）强大的宏功能

Excel 可以利用宏来按自动方式执行一些日常任务，而且还可以按需要加入一些自定义的操作和功能，建立一个完整的财务管理应用程序。在实现宏功能时，可以通过记录宏和编辑宏两种方式来实现宏功能。利用录制新宏功能可以记录所有鼠标操作和键盘输入内容，并可以通过按键或单击工具栏中的自定义按钮来激活宏。而编辑宏是使用 VBA 开发系统来进行编辑的，利用它可建立新宏或修改原有宏所对应记录器创建的代码。

第二节　Excel 的工作界面

Excel 应用程序启动后，在屏幕上即可显示出其工作界面的主窗口，如图 1-1 所示，它主要包括标题栏、菜单栏、工具栏、工作区、任务窗格、编辑栏、滚动条、工作表标签、状态栏和分割框等。

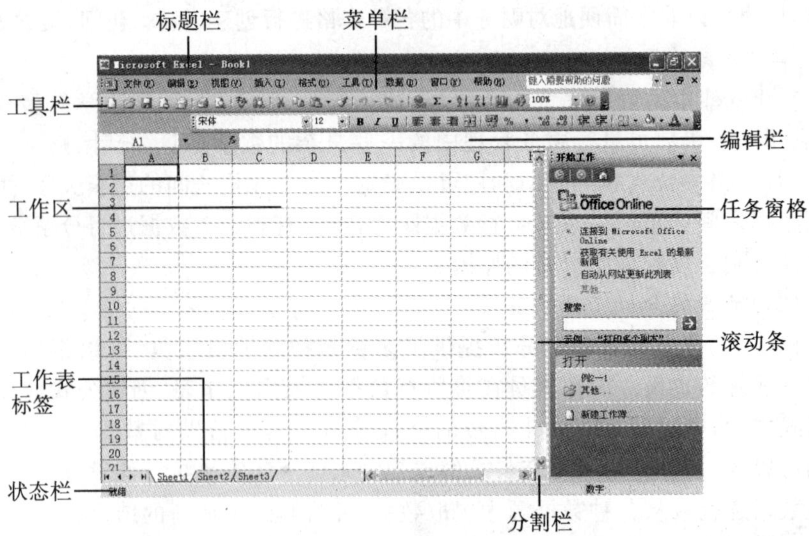

图 1-1　Excel 的工作界面

一、标题栏

在窗口的最顶端是 Excel 的标题栏，在标题栏中显示了应用程序名 Microsoft Excel，以及当前的工作簿名，如 Microsoft Excel-Book1，其中 Book1 是当前打开的工作簿文档的名字。该工作簿实际是一个独立的窗口，由于工作簿窗口被最大化，所以将工作簿标题栏并入到 Excel 的标题栏中。

在标题栏的最右端包含了 3 个按钮、、，它们分别为“最小化”按钮、“还原”按钮（或“最大化”按钮）和“关闭”按钮。如果单击“最小化”按钮，则可以将 Excel 应用程序窗口缩小成一个图标显示在任务栏中，当再次用鼠标单击该图标时可恢复为原来的大小；当窗口被最大化后，标题栏中的“还原”按钮将取代标题栏中的“最大化”按钮，单击“还原”按钮可以将窗口还原成最大化以前的窗口；单击“关闭”按钮，则可以关闭当前窗口。

在标题栏的最左端是一个控制菜单图标，用鼠标单击该图标（也可以按快捷键 Alt＋空格）会出现一个下拉菜单，如图 1-2 所示。其中包括对窗口进行还原、最大化、最小化以及关闭等的命令。

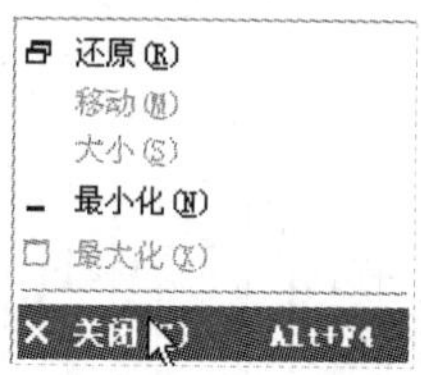

图 1-2　快捷菜单

二、菜单栏

在标题栏的下方是菜单栏，其中包含了文档的控制菜单与 Excel 各功能菜单。

（一）操作说明

菜单栏中包括了各种菜单（例如“文件”、“编辑”、“视图”、“插入”、“格式”、“工具”、“数据”、“窗口”和“帮助”等）。用鼠标单击不同的菜单名即可显示出一个下拉菜单，如单击菜单栏中的“插入”菜单，则可弹出如图 1-3 所示的下拉菜单，用户可以从中选择对应的操作命令。利用菜单中的各种命令，用户可以完成 Excel 中所有的操作。

从图 1-3 所示的“插入”菜单中可以看到，有的菜单命令右侧会有一个右三角箭头，表明此菜单命令后还有子菜单，用户只要将鼠标指针移到该命令上，就会自动打开其子菜单，如图 1-4 所示的“名称”子菜单；而有的菜单后面会有一些省略号，则表示执行此命令后会打开一个对话框，如选择“特殊符号”命令后，会打开“插入特殊符号”对话框，如图 1-5 所示。

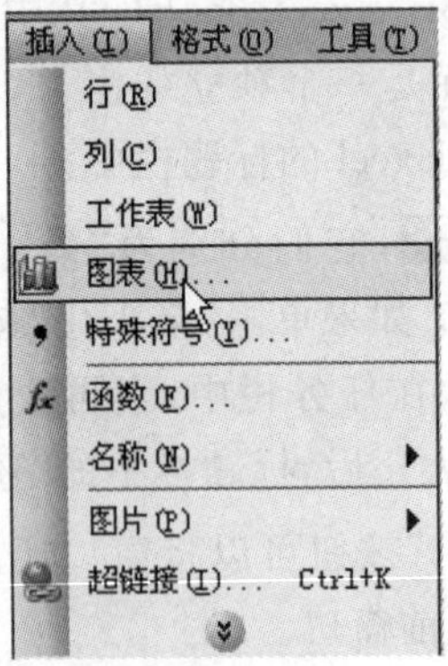

图 1-3 “插入”菜单栏

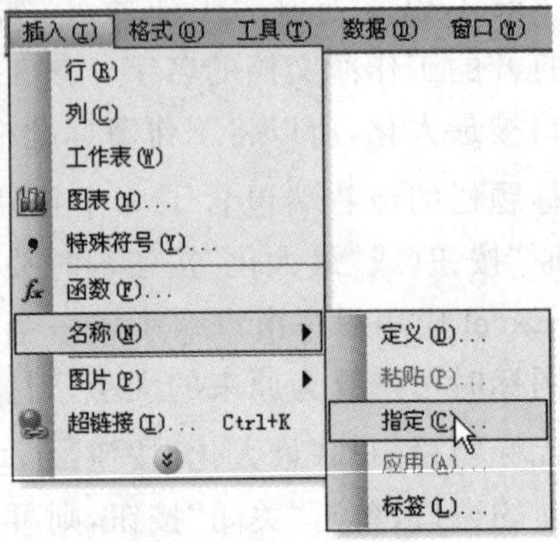

图 1-4 自动打开的子菜单

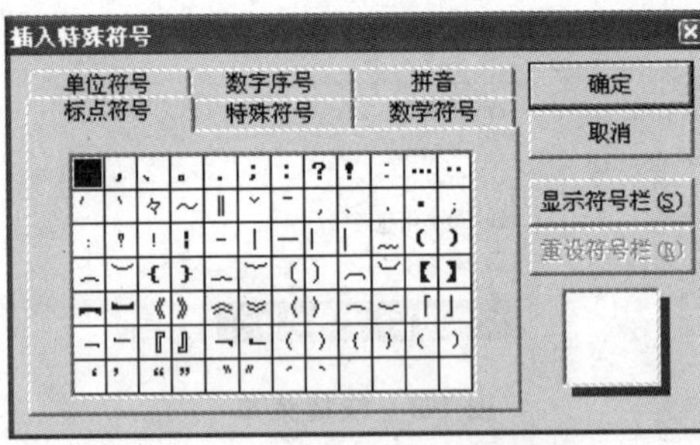

图 1-5 “插入特殊符号”对话框

另外，在 Excel 的下拉菜单最底端有一个按钮，利用此按钮用户可以动态显示 Excel 的菜单命令。只要将鼠标指针移到该三角按钮上，无须单击，Excel 就会自动显示出全部的菜单命令，如图 1-6 所示。

当然，如果习惯了每次打开菜单时都列出所有的菜单项，还可使用下列操作方法来进行设置：

1. 选择“工具”|“自定义”命令，打开“自定义”对话框。

2. 在弹出的对话框中选择【选项】选项卡，如图 1-7 所示。

3. 选中【始终显示整个菜单】复选框。

4. 单击【关闭】按钮。

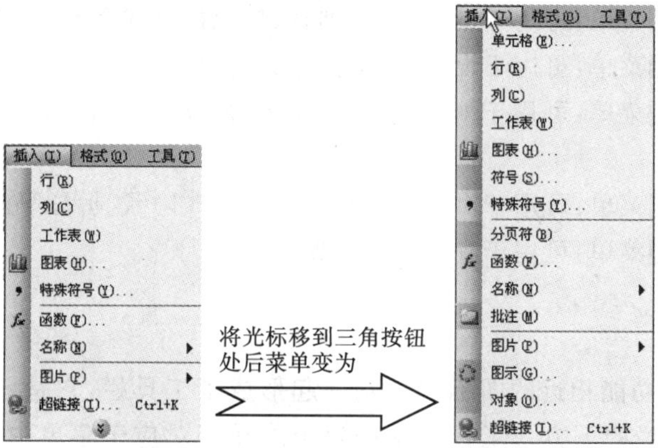

图 1-6 完整显示出“插入”菜单项目

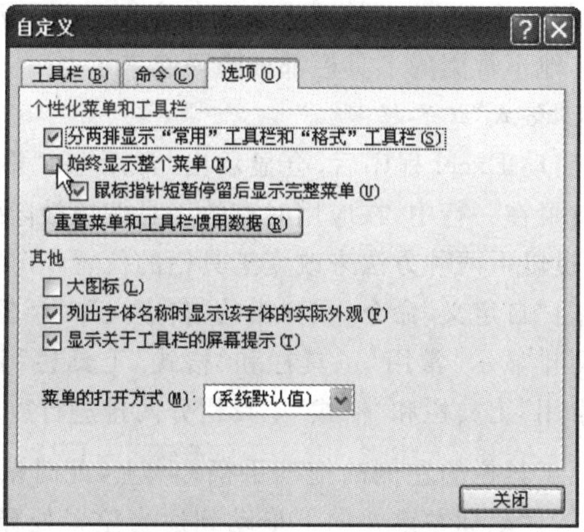

图 1-7 “自定义”对话框

（二）菜单项功能

主菜单栏共有 9 个菜单项，它们的主要功能如下所述：

1.【文件】菜单：可用于建立新文件，也可用于对已建立的文件进行打开、保存、打印、删除、关闭等操作。

2.【编辑】菜单：可用于对单元格进行复制、清除、填充、查找等操作。

3.【视图】菜单：可用于设置编辑栏、状态栏、工具栏的状态以及缩放窗口等操作。

4.【插入】菜单：可用于插入行、列、图表、函数、设置分页符等操作。

5.【格式】菜单:可用于设置行高、列宽、单元格格式等操作。

6.【工具】菜单:可用于设置保护、数据分析、加载宏等操作。

7.【数据】菜单:可用于对数据进行排序、筛选、分类汇总、模拟运算等操作。

8.【窗口】菜单:可用于对窗口进行建立、重排、隐藏、拆分等操作。

9.【帮助】菜单:可用于查找各种帮助信息。

三、工具栏

Excel 将功能相近的图标集中到一起形成了工具栏,它是一些按钮的集合,位于菜单栏的下方。工具栏中的每个按钮都对应于菜单中相关的命令。单击工具栏中的按钮,就可以执行相应的命令,因此使用工具栏可使操作更加简便快捷,而且图标也便于记忆,节省了许多工作时间。

Excel 的工具栏有多种,一般情况下在工作窗口中只显示了“常用”和“格式”两个工具栏,其他不常用的工具栏都被隐藏起来了。

(一)“常用”及“格式”工具栏

默认情况下,启动 Excel 程序后,会显示出“常用”和“格式”两个工具栏。由于它们被并排放置在一行中,在应用时有的工具按钮被隐藏起来;不便于使用,此时用户可通过以下两种方法来改变工具栏的位置:

1. 选择“工具”|“自定义”命令,在弹出的“自定义”对话框中选择“选项”选项卡,并选中“分两排显示‘常用’工具栏和‘格式’工具栏”复选框,然后单击“关闭”按钮,使“常用”工具栏和“格式”工具栏分两排进行放置(见图 1-7)。

2. 将鼠标移至工具栏的左侧的拖动手柄 上,此时鼠标的形状将变成双十字箭头样式,按住鼠标左键并向下拖动到适当位置处释放左键即可将工具栏进行移动。此时如果将工具栏移动到了工作区中,则会显示出工具栏的名称,如图 1-8 所示为拖动工作区后的“常用”工具栏。

图 1-8 “常用”工具栏

“常用”工具栏中包含了常用的命令按钮,利用这些按钮用户可以快速地完成各项工作,如新建、打开、保存、打印工作表等。

“格式”工具栏中包含了一些可以快速改变文字外观或改变文件编排的按钮，如改变文本的字号、字形、字体样式等。图 1-9 为移到工作区中的“格式”工具栏样式。

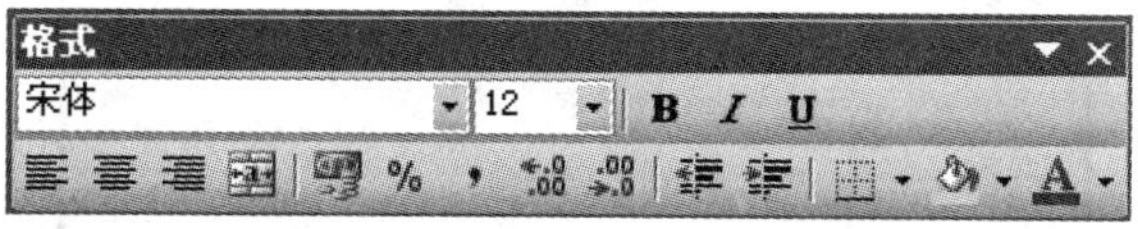

图 1-9 移动到工作区中的“格式”工具栏

(二)工具栏中按钮的显示与添加

用户还可以根据需要在工作窗口中显示出其他的工具栏，如图表、绘图和艺术字等，也可以将不需要的工具栏隐藏起来。如果要显示工具栏，用户可选择“视图”|“工具栏”命令，打开“工具栏”子菜单，如图 1-10 所示。然后根据需要在工具栏子菜单中选择所需的工具栏，则被选择后显示出来的工具栏前将出现“√”符号。

图 1-10 【工具栏】子菜单

另外，用户还可以根据需要向工具栏中添加其他的命令按钮，其操作方法如下：

1. 选择【工具】|【自定义】命令。

2. 从弹出的【自定义】对话框中选择【命令】选项卡，如图 1-11 所示。

3. 在“类别”列表框中，选择所需要的命令类型。

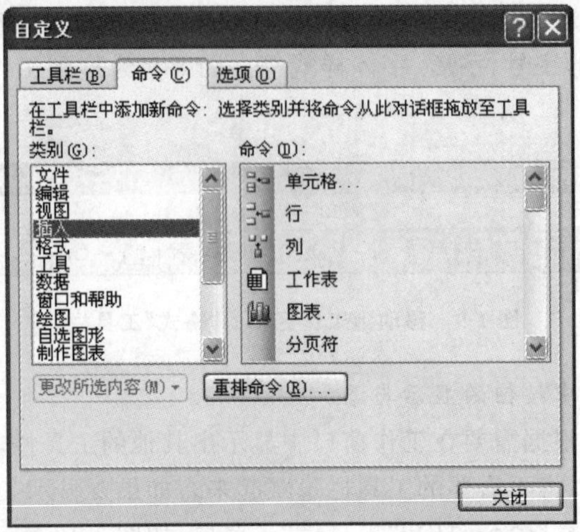

图 1-11 【自定义】对话框中的“命令”窗口

4. 从“命令”列表框中选择要添加到工具栏中的按钮，此时出现一个虚线框，表示为选中状态。然后按住鼠标左键并将其拖动到工具栏中的某个位置，然后释放鼠标左键即可。如图 1-12 所示。

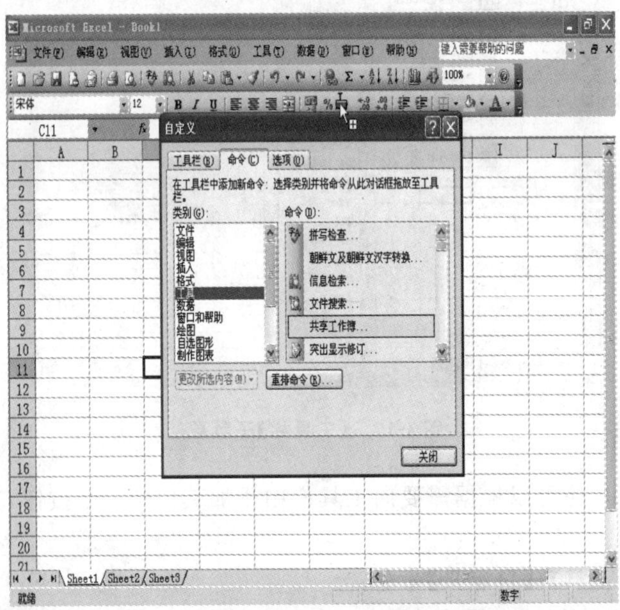

图 1-12 向工具栏中添加其他命令按钮

5. 单击“关闭”按钮，关闭“自定义”对话框。

提示：

如果不再需要某个工具栏，用户可以将其隐藏起来，要隐藏某个工具栏，只要单击“工具栏”菜单中相应的工具栏名称，取消左侧的“√”标记即可。

四、工作区

工作区是由方格组成的用于记录数据的区域，每个方格称为一个单元格。单元格是工作表基本单位，在单元格内可存放数字、字符串、公式等。每个单元格都有其名称，单元格的名称又可称为单元格地址，反映了单元格在工作表中的具体位置。单元格地址可用列标和行号来标示，列标分别以 A、B、C 等字母表示，列标的范围从 A～Z、AA～AZ、BA～BZ，直到 IV 为止，最多 256 列。行号分别以数字 1、2、3 等数字表示，最多 65 536 行。如 C8 表示位于第 3 列（C 列）第 8 行处的单元格。单元格名称还可以通过自定义的方式来命名。工作区是屏幕中最大的区域，所输入的信息都存放在其中。

五、编辑栏

编辑栏是进行输入和编辑单元格数据的地方，它位于“格式”工具栏的下面。用户向单元格中输入或编辑数据时，可首先单击该单元格，然后输入或编辑相应数据，此时在编辑栏中也将显示出所输入或编辑的数据，按 Enter 键或单击编辑栏中的“输入”按钮✓，输入或编辑的数据便插入到当前的单元格中。另外在完成数据的输入之前，如果要取消对数据的输入，可单击编辑栏中的“取消”按钮✕或按 Esc 键。

在编辑栏的左侧是名称框，用来定义当前单元格或单元格区域的名字，或者根据名字查找单元格或区域。如果没有定义名字，则在名称框中显示活动单元格的地址名称。如在图 1-13 中，当在单元格 A2 输入“光大公司”文本时，则在编辑栏中同时可显示出所输入数据的内容，并在名称框中显示出活动单元格 A2。

提示：

当在单元格中键入内容时，除了可在单元格中显示内容外，还在编辑栏右侧的编辑区中显示。当单元格的宽度不够而不能显示单元格的全部内容时，则可在编辑区中进行编辑。另外，当把鼠标指针移到编辑区中时，在需要编辑的地方单击鼠标，选择此处作为插入点，可以插入新的内容或者删除字符。

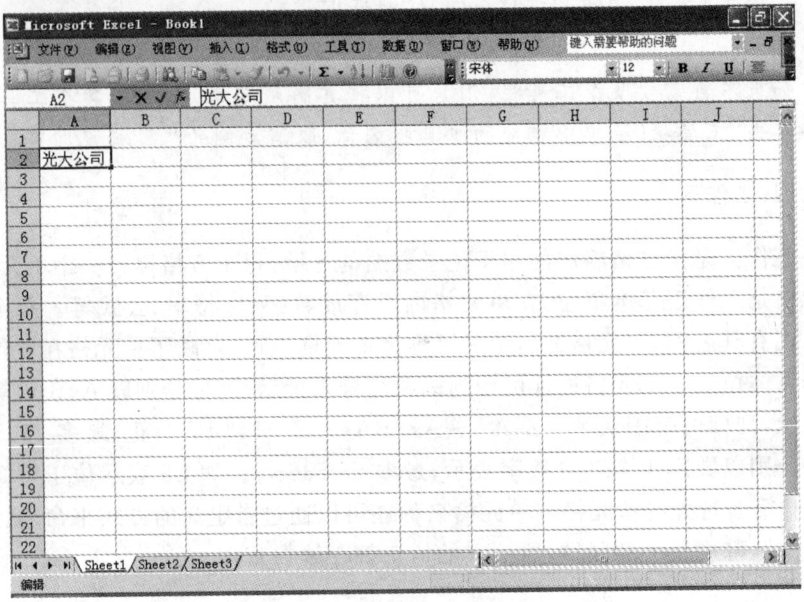

图 1-13　编辑栏中同时显示在单元格中输入的数据内容

六、状态栏

状态栏是用来显示当前工作区的状态，它位于工作窗口的最下端，在大多数情况下，状态栏只显示“就绪”，表明工作表正准备接受新的信息在单元格中输入数据时，状态栏显示为“输入”状态；在编辑栏中编辑公式时，状态栏显示为“编辑”状态。

Excel 在默认状态下显示状态栏，如果用户要隐藏状态栏，可通过取消选择【视图】|【状态栏】命令实现。

七、工作表标签

标签位于工作簿窗口的底部，如图 1-14 所示。系统在默认状态下其名称分别为 Sheet1，Sheet2…它主要用来标识不同的工作表。

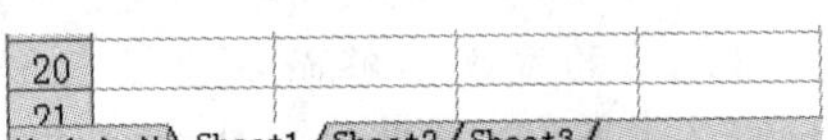

图 1-14　工作表标签

八、分割框

分割框包括两种，一种是水平窗口分割框，另一种是垂直分割框，用户可以利用这两种分割框来查看一张庞大的工作表。

（一）水平分割框

将鼠标移动到垂直滚动条的顶部，当鼠标指针变为形状时，拖动水平分割框到工作表中的任一行，则可将表格分为上下两部分。同时滚动条也分为上下两个，每部分表格中具有一个滚动条，可以在保持上半部不动的情况下滚动下半部，即表的上下两部分可以独立滚动。

（二）垂直分割框

将鼠标移动到水平滚动条的右部，当鼠标指针变成形状时，拖动垂直分割框到工作表中的任一列，可将工作表分成左右两部分。同时水平滚动条分裂成两个，用户可以在保持分割框左边的部分不动的情况下，将右边的部分进行滚动。图 1-15 为将窗口分为上下和左右 4 个部分的样式。

恢复分割方法：只需要将分割条拖回原处即可。

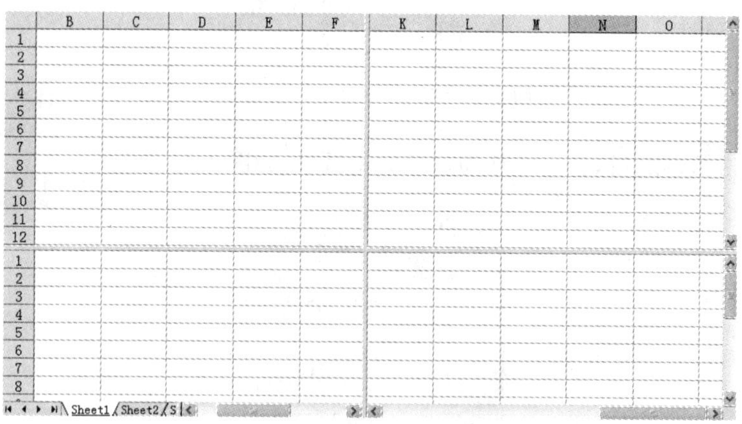

图 1-15　将窗口分为 4 个部分的效果

第三节　Excel 帮助的使用

Excel 提供了多种形式的方便的帮助信息，用户几乎可以随时随地得到帮助。

一、帮助菜单

进入帮助菜单可得到如图 1-16 所示的帮助信息主窗口。

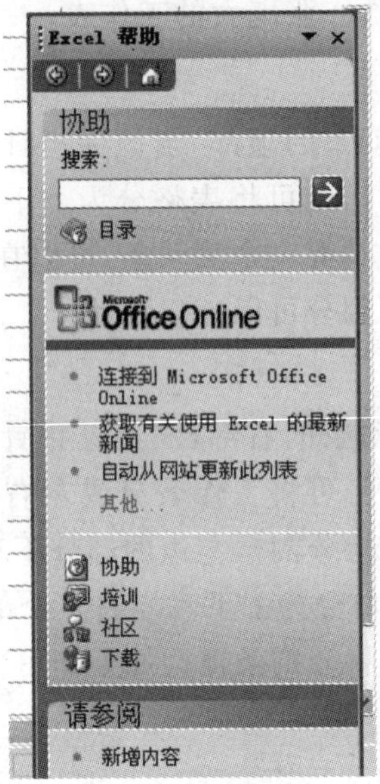

图 1-16　Excel 帮助信息主窗口

点击目录之后,会进入帮助信息的主目录,如图 1-17 所示。

图 1-17　Excel 帮助信息的主目录

在搜索栏中输入关键词，点击 ➔ 后，即自动搜索出相应的内容。

二、对话框中的【帮助】按钮

Excel 有大量的对话框，当操作进入对话框后，如果你不知道如何回答“对话”，此时可选择对话框中的所含的【帮助】按钮，它会给出有关对话框的具体帮助信息，以使操作可顺利进行下去。

本章提要

本章主要介绍了 Excel 的一些基本知识及其管理财务数据的功能，内容包括为什么要学习财务管理软件、Excel 的用途、Excel 的工作界面、快捷菜单与对话框的使用、Excel 的基本元素、分析数据的一些工具及如何获取帮助等。通过本章内容的学习，读者应了解 Excel 电子数据表的概念和用途以及在财务管理应用上具有的功能，熟悉 Excel 工作界面、基本元素和基本工具，能够利用 Excel 的联机帮助系统学习和使用 Excel 应用程序。

习 题

1. Excel 具有哪些财务管理功能？
2. Excel 的工作界面包括哪些要素？
3. 如何拆分 Excel 的工作表？

第2章 Excel在财务管理中的应用基础

知识要求

通过本章的学习，掌握

- 函数的应用
- 图表处理
- 数据分析处理
- 数据分析工具

技能要求

通过本章的学习，掌握常见函数的使用，图表的制作，掌握数据排序、数据筛选、数据的分类汇总、数据透视表、模拟运算表、单变量求解、方案管理等数据分析的操作技能。

第一节 函数的应用

一、函数的基本语法

Excel 函数就是预先定义执行计算、分析等处理数据任务的特殊公式。Excel 提供了大量的内置函数可供用户使用，这些函数有工作表函数、财务函数、日期函数、时间函数，数学与三角函数、文本函数及信息类函数等。利用 Excel 提供的内置函数进行数据计算与分析，不仅可以大大提高工作效率，而且不容易出错。因此，用户应尽可能地使用 Excel 提供的内置函数进行计算，而不是自己编写公式。

在使用函数时，必须遵循一定的规则，即函数都有自己的基本语法。函数的基本语法为：

=函数名(参数 1，参数 2，…，参数 N)

在使用函数时，应注意以下几个问题。

(1)函数名与其后的括号“(”之间不能有空格。

(2)当有多个参数时，参数之间要用“，”分隔。

(3)参数部分总长度不能超过 1 024 个字符。

(4)参数可以是数值、文本、逻辑值、单元格地址或单元格区域地址，也可以是各种表达式或参数。

(5)函数中的逗号“，”，引号“"”等都是半角字符，而不是全角字符。

提示：

在 Excel2003 中，如果在函数中使用了全角的逗号、引号、括号等，Excel 会自动将其转换为半角符号。

二、函数的调用

函数的调用可以采用手动输入的方法，就像在单元格中输入公式一样，首先输入等号“=”，然后输入函数名、括号“(”、各个参数、逗号以及括号“)”，最后按【Enter】键。这种调用函数的方法比较烦琐，也非常容易出错，因此尽量不要使用这种方法。采用插入函数的方法，可以很方便地调用函数。

Excel 2003 提供了比 Excel 2000 更为高效的插入函数方法。采用【插入函数】方法输入函数的具体步骤如下：

(1)选定要插入函数的单元格。

(2)单击【插入】菜单中的【函数】命令，或直接单击编辑栏上的【插入函数】按钮，则系统弹出【插入函数】对话框，如图 2-1 所示。

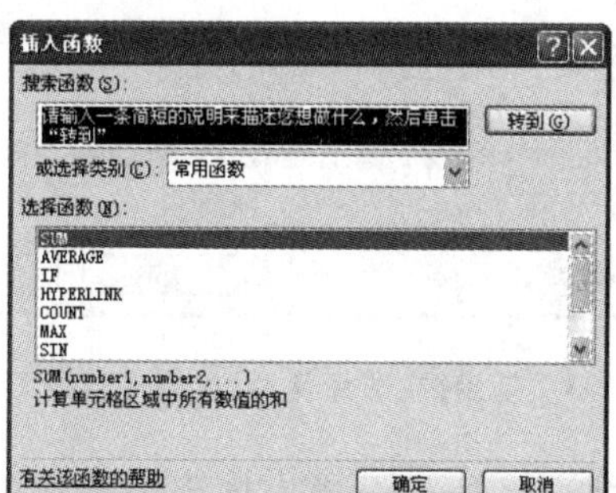

图 2-1 【插入函数】对话框

(3)可以在【搜索函数】栏中输入要调用的函数名称，比如要调用函数AVERAGE，可输入“AVERAGE”(大小写均可)，单击【转到】按钮，则 Excel 就自动将该函数以及相关的函数列示出来，如图 2-2 所示。

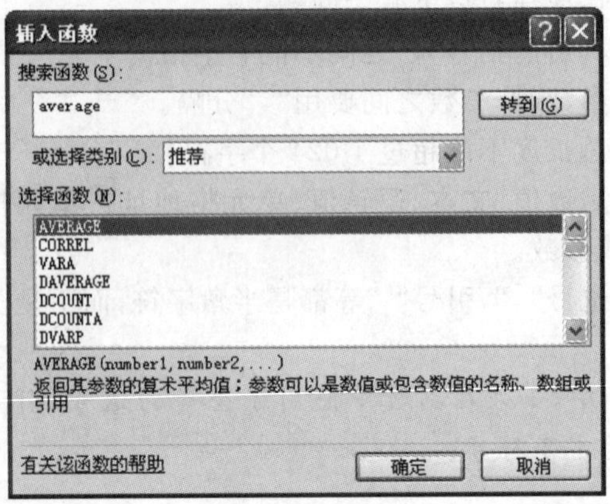

图 2-2　使用【搜索函数】功能来查找函数

也可以从【或选择类别】列表框中选择要输入的函数类型，再从【选择函数】列表中选择所需的函数，如图 2-3 所示。

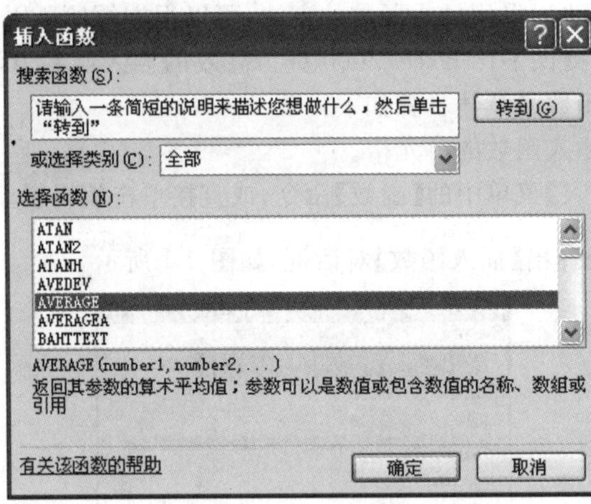

图 2-3　使用【或选择类别】功能来查找函数

(4)单击【确定】按钮，系统就会弹出该函数参数的对话框，如图 2-4 所示。

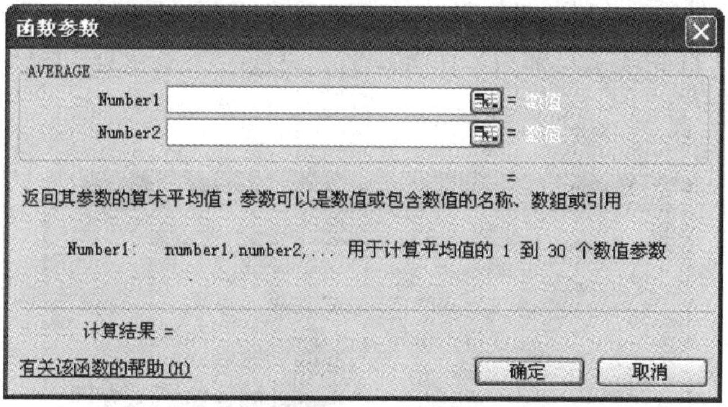

图 2-4 【函数参数】对话框——AVERAGE 函数

(5)根据函数对话框的具体要求，输入相应参数，单击【确定】按钮，退出函数输入。

对最近使用过的 10 个函数，Excel 自动将其放在公式编辑栏左侧的【常用函数】列表(参见图 2-5)中，因此对于一些使用频率较高的函数，可以直接到【常用函数】类别中寻找。【常用函数】类别可以通过单击【或选择类别】的下拉按钮，打开下拉列表，单击【常用函数】类别即可。

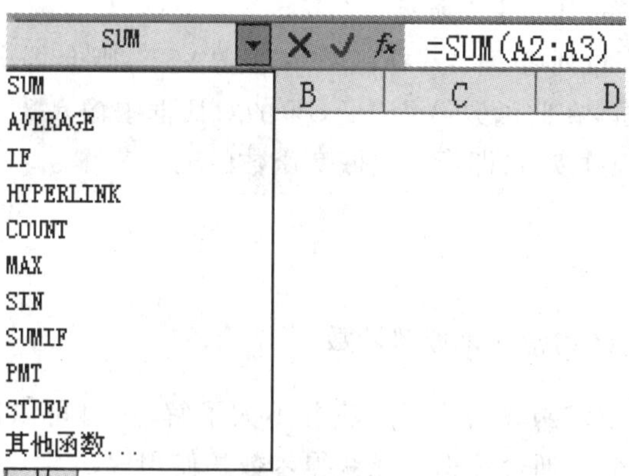

图 2-5 常用函数的下拉列表框

三、嵌套函数的使用

当一个函数中的参数为另外一个函数时，就是在使用嵌套函数。例如要在单元格 A1 中输入公式“A1＝SUM(A2,B2,AVERAGE(C2:E2))”，其具

体步骤如下:

(1)单击单元格 A1,利用上述方法插入函数 SUM,出现 SUM 对话框,如图 2-6 所示。

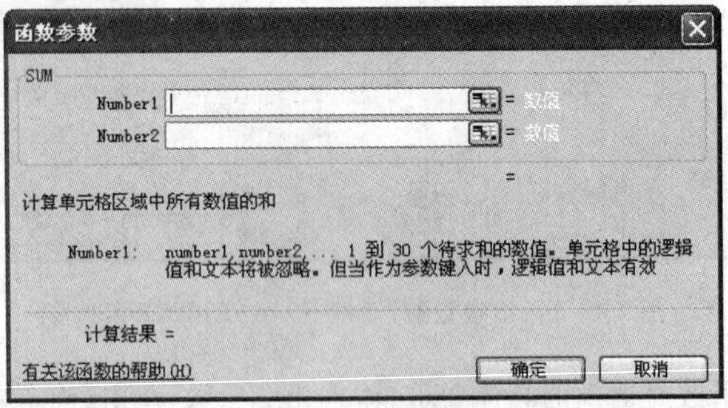

图 2-6　SUM 函数的参数对话框

(2)在对话框中的第一个参数编辑栏中输入 A2,在第二个参数编辑栏中输入 B2.

(3)当出现第三个参数编辑栏时,单击公式编辑栏中的函数下拉按钮,弹出函数下拉列表框,如图 2-5 所示。

(4)在函数下拉列表框中选择函数 AVERAGE,则会再次弹出函数 AVERAGE 的对话框,在此函数 AVERAGE 的对话框中输入"C2:E2"。

(5)单击【确定】按钮,即可完成嵌套函数的输入工作。

提示:

函数的嵌套不能超过 7 级。

四、使用 Excel 的帮助来理解函数

用户可能对很多函数的使用方法并不太了解,这时可以使用 Excel 的帮助功能来理解函数。通过帮助功能获得函数的使用说明及实例对实际应用是非常有用的。

例如,要查询 SUM 函数的功能及使用说明,具体步骤如下:

(1)可以直接单击该函数参数输入对话框左下角的【有关该函数的帮助】,或可以单击菜单栏的帮助按钮 帮助(H),或单击工具栏上的帮助按钮,或直接按【F1】键,系统均会弹出【Excel 帮助】对话框,如图 2-7 所示。

(2)在【搜索】栏中输入需要查询的主题。

(3)单击按钮，则查询出的有关主题就显示在【搜索结果】对话框中，如图 2-8 所示，如果想查询脱机帮助，则单击【Microsoft Office Online】下拉按钮，在弹出的下拉列表框中单击【脱机帮助】，再单击按钮即可。

图 2-7 【Excel 帮助】对话框

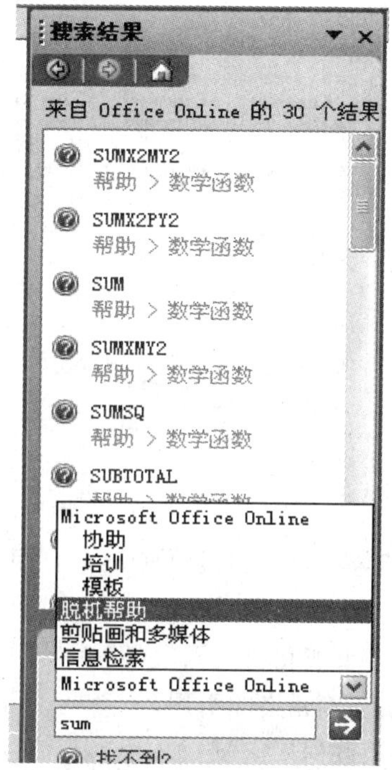

图 2-8 帮助信息列表

更直接的方法是在 Excel 右上角的栏中输入 SUM(大小写均可)，按【Enter】键，则系统就会弹出有关的帮助信息列表，如图 2-8 所示，单击“SUM”，就会打开【Microsoft Excel 帮助】窗口，如图 2-9 所示，从而可以了解该函数的功能、使用方法、使用举例。

五、函数的分类

Excel 提供了 300 多个函数，这些函数按功能可以分为以下 11 种类型：

(1)财务函数(52 个)：用于进行一般的财务计算。

(2)日期与时间函数(20 个)：用于在公式中分析和处理日期值和时间值。

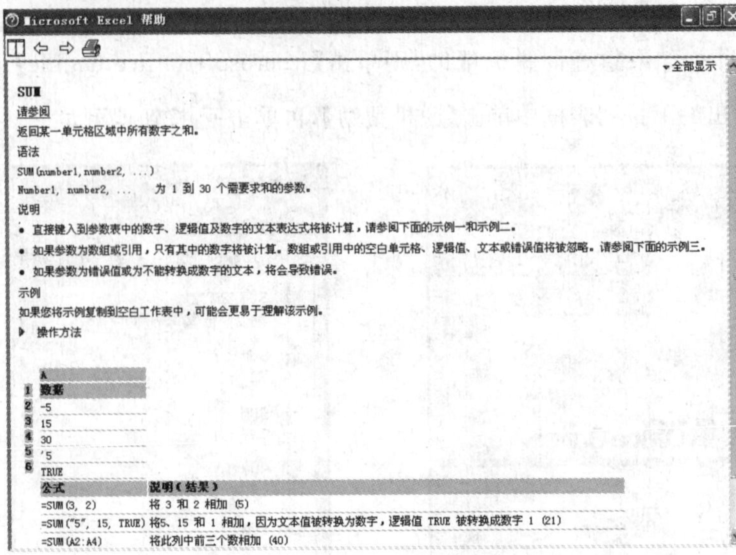

图 2-9　SUM 函数帮助窗口

(3)数学和三角函数(60 个):用于处理简单和复杂的数学计算。

(4)统计函数(80 个):用干对数据区域进行统计分析。

(5)查找和引用函数(17 个):用于在数据清单或表格中查找特定数值,或查找某一单元格的引用。

(6)数据库函数(13 个):用于分析数据清单中的数值是否符合特定条件。

(7)文本函数(28 个):用于在公式中处理字符串。

(8)逻辑函数(6 个):用于进行真假值判断,或者进行复合检验。

(9)信息函数(9 个):用于确定存储在单元格中的数据的类型。

(10)工程函数(39 个):用于工程分析。

(11)外部函数(2 个):用于与外部数据源进行连接。

六、常用函数介绍

(一)求和函数——SUM/SUMIF/SUMPRODUCT 函数

在财务管理中,应用最多的是求和函数。求和函数有 3 个:无条件求和函数——SUM 函数、条件求和函数——SUMIF 函数和多组数据相乘求和函数——SUMPRODUCT 函数。

1. 无条件求和 SUM 函数

该函数是求 30 个以内参数的和,公式为:

=SUM(参数 1,参数 2,…,参数 N)

当对某一行或某一列的连续数据进行求和时,还可以使用工具栏中的自动求各按钮Σ ▾。

2. 条件求和 SUMIF 函数

SUMIF 函数的功能是根据指定条件对若干单元格求和。公式为:

=SUMIF(range,criteria,sum_range)

Range——为用于条件判断的单元格区域。

Criteria——为确定哪些单元格将被相加求和的条件,其形式可以为数字、表达式或文本。例如,条件可以表示为 32、“32”、“>32”或“apples”。

Sum_range——是需要求和的实际单元格。

利用这个函数进行分类汇总是很有用的。例如:公式“=SUMIF(A3:A20,"销售部",M3:M20)”的意义就是当单元格区域 A3:A20 中的数据为“销售部”时,就对单元格区域 M3:M20 中的对应单元格进行求和。

3. SUMPRODUCT 函数

SUMPRODUCT 函数的功能是在给定的几组数组中,将数组间对应的元素相乘,并返回乘积之和。公式为:

=SUMPRODUCT(array1,array2,array3,…)

参数说明:array1,array2,array3,…为 1 至 30 个数组,其相应元素需要进行相乘并求和。

提示:

数组参数必须具有相同的维数,否则,函数 SUMPRODUCT 将返回错误值“#VALUE!”。函数 SUMPRODUCT 将非数值型的数组元素作为 0 处理。

例如:公式“=SUMPRODUCT(B2:M2,B3:M3)”的功能就是将单元格区域 B2:M2 和单元格区域 B3:M3 中的对应单元格相乘以后再相加。

(二)平均值函数——AVERAGE 函数

AVERAGE 函数的功能是计算给定参数的算术平均值。公式为:

=AVERAGE(参数 1,参数 2,…,参数 N)

函数中的参数可以是数字,或者是包含数字的名称、数组或引用。如果数组或引用参数包含文本、逻辑值或空白单元格,则这些值将被忽略;但包含零值的单元格将计算在内。

(三)最大值与最小值函数——MAX/MIN 函数

MAX 函数的功能是返回给定参数表中的最大值,MIN 函数的功能是返回给定参数表中的最小值。公式为:

=MAX(参数 1,参数 2,…,参数 N)

=MIN(参数 1,参数 2,…,参数 N)

函数中的参数可以是数字、空白单元格、逻辑值或表示数值的文字串。

例如:MAX(15,20,3,7,45)=45;MIN(15,20,3,7,45)=3。

(四)绝对值函数——ABS 函数

ABS 函数的功能就是返回数字的绝对值。公式为:

=ABS(number)

参数说明:number 为需要计算其绝对值的实数。

(五)计数函数——COUNT/COUNTA/COUNTIF 函数

1. COUNT 函数

COUNT 函数的功能是计算给定区域内数值型参数的个数。公式为:

=COUNT(参数 1,参数 2,…,参数 N)

2. COUNTA 函数

COUNTA 函数的功能是返回参数列表中非空值的单元格个数。利用函数 COUNTA 可以计算单元格区域或数组中包含数据的单元格个数。公式为:

=COUNTA(参数 1,参数 2,…,参数 N)

参数个数为 1 到 30 个。在这种情况下,参数值可以是任何类型,它们可以包括空字符(“”),但不包括空白单元格。如果参数是数组或单元格引用,则数组或引用中的空白单元格将被忽略。如果不需要统计逻辑值、文字或错误值,请使用函数 COUNT。

3. COUNTIF 函数

COUNTIF 函数的功能是计算给定区域内满足特定条件的单元格的数目。公式为:

=COUNTIF(range,criteria)

参数说明:

Range——为需要计算其中满足条件的单元格数目的单元格区域。

Criteria——为确定哪些单元格将被计算在内的条件,其形式可以为数字、表达式或文本。例如,条件可以表示为 32、“32”、“>32”或“apples”。

(六)条件函数——IF 函数

IF 函数也称条件函数,它根据参数条件的真假,返回不同的结果。在实践中,经常需使用函数 IF 对数值和公式进行条件检测。公式为:

=IF(logical_test,value_if_true,value_if_false)

参数说明:

Logical_test——表示计算结果为 TRUE 或 FALSE 的任意值或条件表达式。例如,A10=100 就是一个逻辑表达式,如果单元格 A10 中的值等于 100,表达式即为 TRUE,否则为 FALSE。本参数可使用任何比较运算符。

Value_if_true——logical_test 为 TRUE 时返回的值。例如,如果本参数为文本字符串"预算内"而且 logical_test 参数值为 TRUE,则 IF 函数将显示文本"预算内"。如果 logical_test 为 TRUE 而 value_if_true 为空,则本参数返回 0(零)。如果要显示 TRUE,则请为本参数使用逻辑值 TRUE。Value_if_true 也可以是其他公式。

Value_if_false——logical_test 为 FALSE 时返回的值。例如,如果本参数为文本字符串"超出预算"而且 logical_test 参数值为 FALSE,则 IF 函数将显示文本"超出预算"。如果 logical_test 为 FALSE 且忽略了 Value_if_false(即 value_if_true 后没有逗号),则会返回逻辑值 FALSE。如果 logical_test 为 FALSE 且 Value_if_false 为空(即 value_if_true 后有逗号,并紧跟着右括号),则本参数返回 0(零)。Value_if_false 也可以是其他公式。

(七)四舍五入函数——ROUND 函数

ROUND 函数的功能是返回某个数字按指定位数舍入后的数字。公式为:

=ROUND(number,num_digits)

参数说明:

Number——需要进行四舍五入的数字。

Num_digits——指定的位数,按此位数进行四舍五入。

如果 num_digits 大于 0,则四舍五入到指定的小数位。

如果 num_digits 等于 0,则四舍五入到最接近的整数。

如果 num_digits 小于 0,则在小数点左侧进行四舍五入。

(八)取整函数——INT 函数

INT 函数的功能是将数字向下舍入到最接近的整数。公式为:

=INT(number)

参数说明:Number 为需要进行向下舍入取整的实数。

例如:INT(8.9)=8;INT(-8.9)=-9

第二节　图表处理

Excel 2003 提供了功能非常强大的图表功能，利用 Excel 的图表工具，可以很方便地绘制各种图表，对各种财务数据进行图表处理，可以更直观地进行财务分析，找出工作表格中不易发现的问题，使财务管理工作更为有效。

在工作簿中，图表有两种类型，一种是嵌入式图表，即将图表输出在工作表中；另一种是图表工作表，即将图表作为一个工作表。

一、图表类型

Excel 提供了约 14 种标准图表类型，如面积图、柱形图、条形图、折线图、饼图、圆环图、气泡图、雷达图、股价图、曲面图、散点图、锥形图、圆柱图、棱锥图等，每种图表类型又都有几种不同的子类型。此外，Excel 还提供了约 20 种自定义图表类型，用户可根据不同的需要选用适当的图表类型。

关于各种图表类型的具体情况，可单击工具栏上的【图表向导】按钮 ，或单击【插入】菜单，选择【图表】项，即可查看各种图表。

二、图表的建立

建立图表的过程非常简单，只要按照【图表向导】的有关说明，一步一步地进行操作，即可完成图表的制作。下面结合实例进行说明。

【例 2-1】某企业的各种产品在上半年的销售额统计表如图 2-10 所示。据此绘制有关的图表。

具体步骤如下：

	A	B	C	D	E	F	G
1	各产品的销售统计　　单位：万元						
2	月份	1月	2月	3月	4月	5月	6月
3	产品A	406	230	248	348	516	205
4	产品B	426	546	400	295	442	296
5	产品C	228	226	399	576	246	580
6	产品D	525	290	508	275	258	542
7	产品E	390	256	266	386	379	500

图 2-10　某企业的各种产品在上半年的销售额统计表

(1)选取单元格区域 A2:G7。

(2)单击工具栏上的【图表向导】按钮，或单击【插入】菜单，选择【图表】项，打开【图表向导—4 步骤之 1—图表类型】对话框，如图 2-11 所示。

图 2-11 【图表向导—4 步骤之 1—图表类型】对话框

(3)选取需要绘制的图表类型。单击【标准类型】选项卡，在【图表类型】中选【柱形图】，在【子图表类型】中选【簇状柱形图】。

(4)单击【下一步】按钮，打开【图表向导—4 步骤之 2—图表数据源】对话框，如图 2-12 所示。一般情况下，此对话框不需任何操作。但有些情况下，则需要对系列进行命名、取值等设置，可单击【系列】选项卡，打开【系列】选项卡对话框，进行相应的设置。

(5)单击【下一步】按钮，打开【图表向导—4 步骤之 3—图表选项】对话框，如图 2-13 所示。

(6)单击【标题】选项卡，在【图表标题】栏中输入“产品销售额统计”，在【分类 X 轴】栏中填入“月份”，在【数值 Y 值】栏中填入“销售额(万元)”。

(7)如果对图表的坐标轴格式不满意，可单击【坐标轴】选项卡，打开【坐标轴】选项卡对话框，进行相关的设置，同样还可以对【网格线】、【图例】、【数据标志】和【数据表】等选项卡进行相关的设置。这里，【网格线】是指是否显示 X 轴和 Y 轴的网格线；【图例】是指是否显示图例以及图例的位置；【数据标志】是指是否显示系列名称、类别名称和值；【数据表】是指是否在图表的下方显示

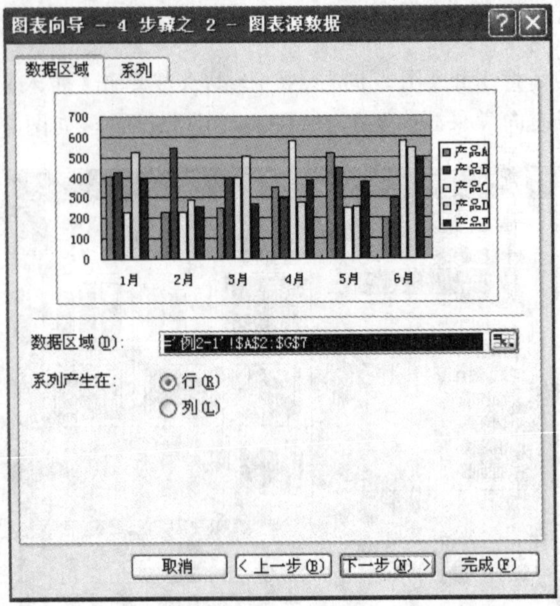

图 2-12 【图表向导—4 步骤之 2—图表数据源】对话框

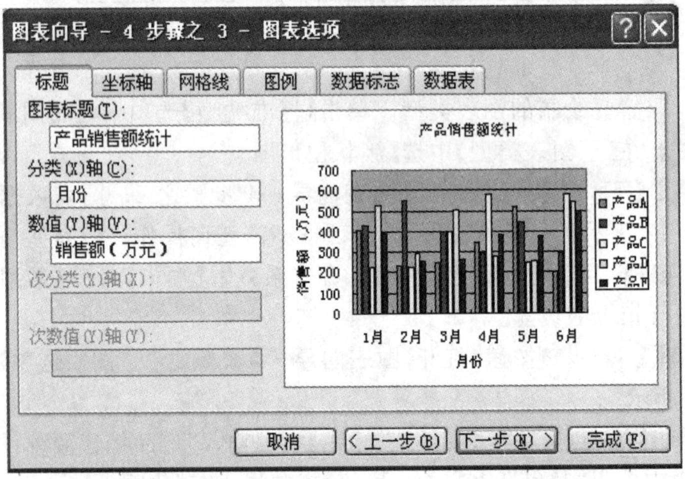

图 2-13 【图表向导—4 步骤之 3—图表选项】对话框

源数据表。

(8)单击【下一步】按钮,打开【图表向导—4 步骤之 4—图表位置】对话框,如图 2-14 所示,选择图表的位置,这里选择“将图表作为其中的对象插入”,即图表为嵌入式图表。

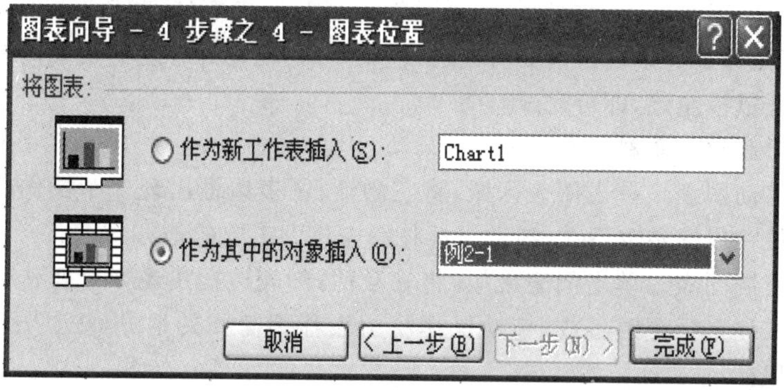

图 2-14 【图表向导—4 步骤之 4—图表位置】对话框

(9)单击【完成】按钮,即得到所需要的图表,如图 2-15 所示。

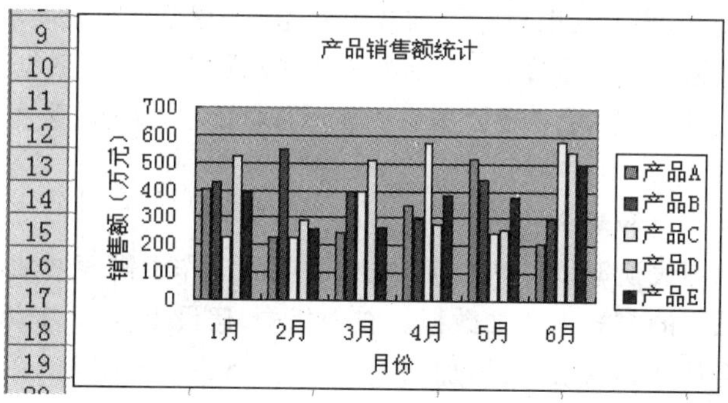

图 2-15 完成的图表

三、图表的修改与格式化

通过图表向导建立的图表有时候可能不尽如人意,如标题太大或太小,坐标系列太多、图表尺寸太小、漏掉了数据系列、需要添加数据标志等等,这时就需要对图表进行修改和格式化。

(一)设置坐标、标题、图例等的格式

设置坐标、标题、图例等的格式的方法非常简单,可将鼠标移到坐标、标题、图例等上,单击右键,在快捷菜单上选择相应的项目即可。例如要改变 X 坐标大小,单击右键,出现快捷菜单,选择【坐标轴格式】项,就会弹出【坐标轴格式】对话框,选择需要修改的项目,进行设置即可。

（二）改变图表大小

单击图表区域，将它激活，图表边框出现 8 个操作柄，用鼠标指向某个操作柄，当鼠标指针呈现双箭头时，按住左键不放，拖动操作柄到需要的位置上，然后放开鼠标左键，即可完成。

（三）移动或复制图表

1. 移动图表。单击图表区域，将它激活，图表边框出现 8 个操作柄，在图表区域按住鼠标左键不放，拖动鼠标将图表移到需要的地方。

2. 复制图表。单击图表区域，将它激活，图表边框出现 8 个操作柄，在图表区域按住鼠标左键不放，拖动鼠标将图表移到需要的地方，按【Ctrl】键，然后放开鼠标。

若需要将图表复制到其他工作表或其他文件中，可选中图表，按【Ctrl＋C】键，再在需要安置图表的工作表或其他文件的适当位置，按【Ctrl＋V】键。

（四）添加数据标志

很多情况下，需要在图表上添加数据标志，以便更直观地表示因素的变化情况。添加数据标志的步骤如下：单击需要显示数据标志的数据点，然后按鼠标右键，出现快捷菜单，打开【数据系列格式】对话框，单击【数据标志】，选择“值”。

（五）添加系列和删除系列

若绘制的图表遗漏了一些数据，或在以后的工作中需要增加一些数据，可以通过增加系列的方式来添加数据。在上例中，假设 B8:G8 中为各产品在各月销售额的合计数，要把此数据加到图表上，具体步骤如下：

1. 单击绘制完成的图表区域。

2. 单击鼠标左键，在弹出的快捷菜单中选择【源数据】命令，打开【源数据】对话框，如图 2-16 所示。单击【系列】选项卡，然后在【系列】列表框中单击【添加】按钮，则会弹出新系列（按序号排列，这里为系列 6），如图 2-17 所示。

3. 在【名称】栏中输入“合计”，在【值】栏中输入“＝Sheet1！＄B＄8：＄G＄8”，其他项目不变。

4. 单击【确定】按钮，就得到添加系列后的图表，如图 2-18 所示。

若要删除已有的系列，只需在图 2-16 所示的【源数据】对话框中，选中要删除的系列，单击【删除】按钮即可。

有关图表工具在财务管理中的实际应用，在以后的有关各章中将陆续有详细的应用介绍。

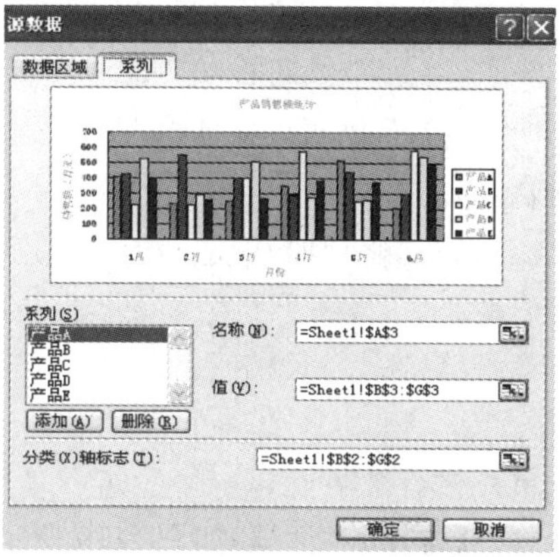

图 2-16 【源数据】对话框

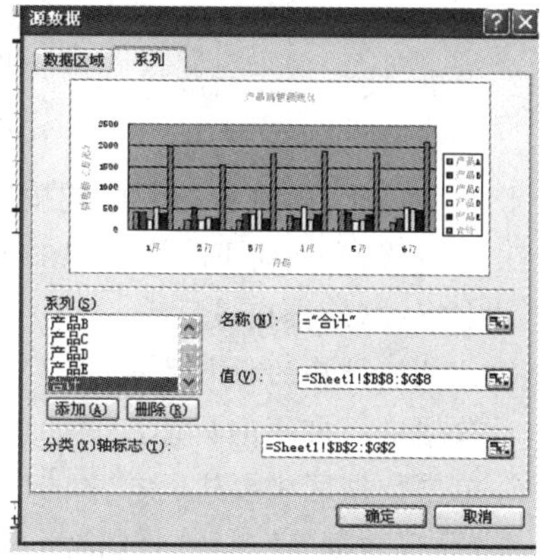

图 2-17 添加系列

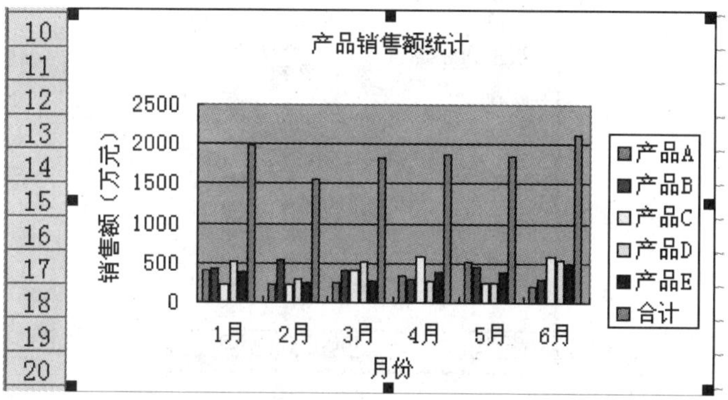

图 2-18 完成的图表

第三节 数据分析处理

Excel 2003 提供了强大的数据分析处理功能，利用它们可以实现对数据的排序、分类汇总、筛选及数据透视等操作。

一、数据排序

(一)数据排序的规则

Excel 2003 允许对字符、数字等数据按大小顺序进行升序或降序排列，要进行排序的数据称之为关键字。不同类型的关键字的排序规则如下：

1. 数值：按数值的大小。

2. 字母：按字母先后顺序。

3. 日期：按日期的先后。

4. 汉字：按汉语拼音的顺序或按笔画顺序。

5. 逻辑值：升序时 FALSE 排在 TRUE 前面，降序时相反。

6. 空格：总是排在最后。

（二）数据排序的操作步骤

对数据进行排序的具体步骤如下：

1. 单击数据区中要进行排序的任意单元格。

2. 单击【数据】菜单，选择【排序】项，打开【排序】对话框，如图 2-19 所示。

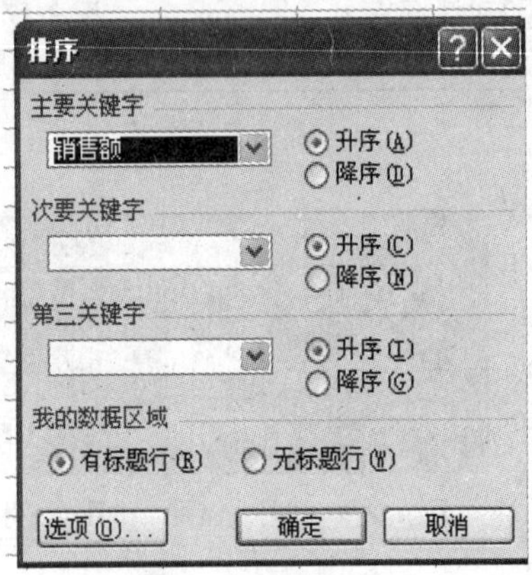

图 2-19 【排序】对话框

3. 在【排序】对话框中用下拉列表框选择要排序的关键字，关键字有“主要关键字”、“次要关键字”和“第三关键字”，根据需要分别选择不同的关键字。这里选用“销售额”为主要关键字。

4. 单击【确定】按钮，数据就按要求进行了排序。

提示：

只有一个关键字时，可单击工具栏上的升序按钮 A↓Z 或降序按钮 Z↓A 进行自动排序。

二、数据筛选

企业的管理人员经常需要在数据库或数据清单众多的数据中找出需要的

数据，Excel 提供了功能强大的数据查找与筛选工具。数据查找是指从原始数据中提取满足条件的数据记录，源数据不会改变，也不会隐藏；数据筛选是指把数据库或数据清单中所有不满足条件的数据记录隐藏起来，只显示满足条件的数据记录。常用的数据查找与筛选方法有自动筛选、自定义筛选和高级筛选。

（一）自动筛选

自动筛选提供了快速检索数据清单或数据库的方法，通过简单的操作，就能筛选出需要的数据。以图 2-20 所示的数据清单为例，利用自动筛查找数据的具体步骤如下：

1	2003年销售记录总表								
2	月份	业务员	产品名称	销售数量	单价		销售金额		地区
3	1月	钟凝	长星	5	¥	3,560.00	¥	17,800.00	深圳
4	1月	胡梅	亚美	6	¥	4,320.00	¥	25,920.00	上海
5	1月	罗晶晶	海青	4	¥	3,850.00	¥	15,400.00	上海
6	1月	李凌	长星	8	¥	3,560.00	¥	28,480.00	深圳
7	1月	王海涛	松芝	6	¥	3,400.00	¥	20,400.00	上海
8	1月	薛海仓	海青	5	¥	3,850.00	¥	19,250.00	广州
9	1月	胡梅	亚美	6	¥	4,320.00	¥	25,920.00	上海
10	2月	钟凝	长达	7	¥	4,720.00	¥	33,040.00	深圳

图 2-20 自动筛选的下拉列表标志

1. 用鼠标单击数据清单中的任一非空单元格。

2. 单击【数据】菜单，选择【筛选】项，在【筛选】项子菜单中选择【自动筛选】命令，则系统自动会在数据清单的每列数据的标题旁边添加一个下拉列表标志，如图 2-20 所示。

3. 单击需要筛选的下拉列表，系统显示出可用的筛选条件，从中选择需要的条件，即可显示出满足条件的所有数据。例如，要查找出所有“亚美”的销售记录，单击“产品名称”右边的下拉列表，从中选择“亚美”项，则所有的“亚美”的销售记录就显示出来，而其他的数据则被隐藏，如图 2-21 所示。

1	2003年销售记录总表								
2	月份	业务员	产品名称	销售数量	单价		销售金额		地区
4	1月	胡梅	亚美	6	¥	4,320.00	¥	25,920.00	上海
9	1月	胡梅	亚美	6	¥	4,320.00	¥	25,920.00	上海
12	2月	李凌	亚美	9	¥	4,320.00	¥	38,880.00	深圳
26	4月	薛海仓	亚美	10	¥	4,320.00	¥	43,200.00	广州
32	4月	李凌	亚美	10	¥	4,320.00	¥	43,200.00	广州
42	5月	李凌	亚美	8	¥	4,320.00	¥	34,560.00	广州
44	5月	胡梅	亚美	7	¥	4,320.00	¥	30,240.00	上海
47	6月	罗晶晶	亚美	20	¥	4,320.00	¥	86,400.00	上海

图 2-21 亚美的筛选结果

4. 如果有关“亚美”的销售记录很多，超过了10个，当需要只显示10个记录时，可单击“销售数量”、“单价”、“销售金额”等右边的下拉列表中的“前10个”项，系统弹出【自动筛选前10个】对话框，如图2-22所示。这里，在【显示】下拉列表中“最大”表示最大（或最好）的前10个记录，“最小”表示最小（或最差）的前10个记录。中间的编辑框中的数值表示显示的记录行数。系统默认值为10，但可以修改，根据需要输入数值即可。

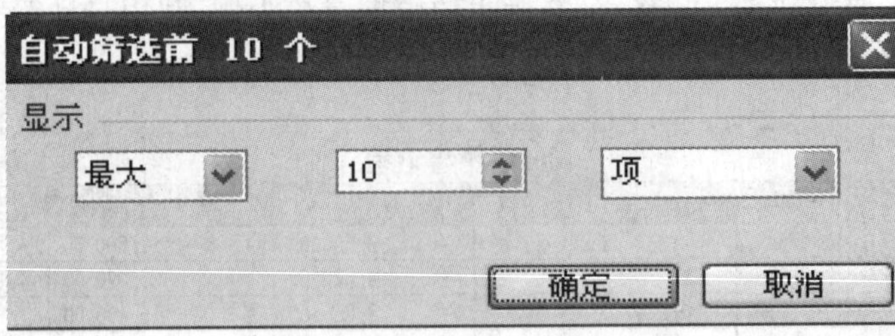

图 2-22 【自动筛选前10个】对话框

5. 若要恢复所有的记录，则单击“产品名称”右边的下拉列表中的“全部”项。若要取消【自动筛选】状态，则单击【数据】菜单，选择【筛选】项，在【筛选】项子菜单中再次单击【自动筛选】命令。

（二）自定义筛选方式

有时可能需要根据某些特殊条件来筛选数据，则可使用自定义筛选方式。具体步骤如下：

1. 如果需要查找“销售金额”满足一定条件的记录，首先在图2-20所示的“销售金额”的下拉列表中选择“自定义…”项，打开【自定义自动筛选方式】对话框，如图2-23所示。

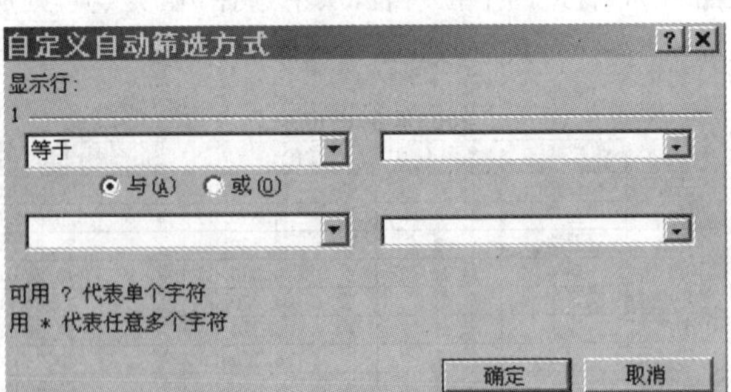

图 2-23 【自定义自动筛选方式】对话框

2. 根据具体条件对各栏进行设置。如要查找销售金额大于“100 000”的所有记录，则单击左上角销售金额的下拉箭头，选择“大于”，右上角的条件值输入“100 000”，单击【确定】按钮，则满足这些条件的所有记录就显示出来了，如图 2-24 所示。

1	2003年销售记录总表						
2	月份	业务员	产品名称	销售数量	单价	销售金额	地区
53	6月	李凌	长达	24	¥ 4,720.00	¥ 113,280.00	深圳
55	6月	罗晶晶	长达	26	¥ 4,720.00	¥ 122,720.00	深圳
57	6月	罗晶晶	亚美	27	¥ 4,320.00	¥ 116,640.00	广州
62	7月	薛海仓	长星	35	¥ 3,560.00	¥ 124,600.00	广州
63	7月	胡梅	长达	36	¥ 4,720.00	¥ 169,920.00	上海
64	7月	王海涛	亚美	26	¥ 4,320.00	¥ 112,320.00	广州
66	7月	薛海仓	长达	38	¥ 4,720.00	¥ 179,360.00	深圳
67	7月	胡梅	海青	40	¥ 3,850.00	¥ 154,000.00	上海

图 2-24 【自定义自动筛选方式】筛选的结果

（三）高级筛选

高级筛选可以使用较多的条件来对数据清单进行筛选，这些条件可以是与条件，也可以是或条件，或与条件与或条件的组合使用，还可以使用计算条件。

利用高级筛选对数据清单进行筛选的具体步骤如下：

1. 首先应建立一个条件区域。在条件区域中，同一行中的条件是与条件，也就是这些条件必须同时满足；不同行中的条件是或条件，也就是这些条件只要满足其一即可。如需要查找罗晶晶销售长达的所有记录，则建立条件区域如图 2-25 所示。

	A	B	C	D	E	F	G
1			条件区域				
2			业务员	产品名称			
3			罗晶晶	长达			
4	2003年销售记录总表						
5	月份	业务员	产品名称	销售数量	单价	销售金额	地区
56	6月	李凌	长达	24	¥ 4,720.00	¥ 113,280.00	深圳
58	6月	罗晶晶	长达	26	¥ 4,720.00	¥ 122,720.00	深圳
60	6月	罗晶晶	亚美	27	¥ 4,320.00	¥ 116,640.00	广州
65	7月	薛海仓	长星	35	¥ 3,560.00	¥ 124,600.00	广州
66	7月	胡梅	长达	36	¥ 4,720.00	¥ 169,920.00	上海
67	7月	王海涛	亚美	26	¥ 4,320.00	¥ 112,320.00	广州
69	7月	薛海仓	长达	38	¥ 4,720.00	¥ 179,360.00	深圳

图 2-25 建立条件区域

2. 单击数据清单中的任一非空单元格，然后单击【数据】菜单，选择【筛选】子菜单中的【高级筛选】项，打开【高级筛选】对话框，如图 2-26 所示。

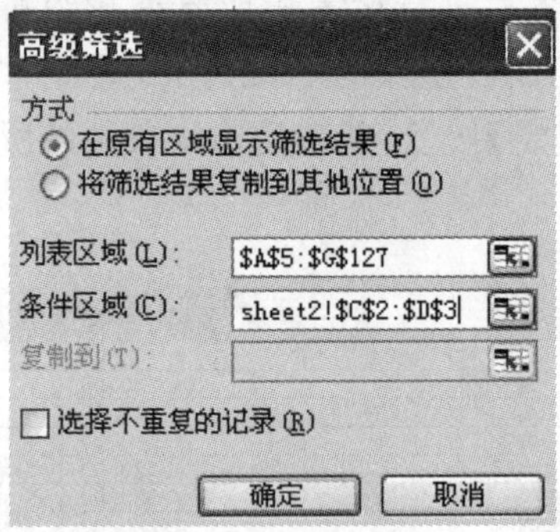

图 2-26 【高级筛选】对话框

3. 一般情况下，系统将自动给出了数据区域(列表区域)，用户只需在【条件区域】栏中输入条件区域(本例中为“sheet2!＄C＄2:＄D＄3”)。

4. 高级筛选结果可以显示在数据清单的原有区域中，也可以显示在工作表的其他空白单元格区域，系统默认的方式是在数据清单的原有区域中显示结果。若需要在工作表的其他空白单元格区域显示结果，则在【方式】项中选中【将筛选结果复制到其他位置】单选按钮，并在【复制到】栏中输入需要显示筛选结果的单元格(开头的一个单元格即可)。进行高级筛选后的结果(在原有区域显示结果)如图 2-27 所示。

	A	B	C	D	E	F	G
1			条件区域				
2	.		业务员	产品名称			
3			罗晶晶	长达			
4	2003年销售记录总表						
5	月份	业务员	产品名称	销售数量	单价	销售金额	地区
27	3月	罗晶晶	长达	9	￥ 4,720.00	￥ 42,480.00	广州
58	6月	罗晶晶	长达	26	￥ 4,720.00	￥ 122,720.00	深圳
74	7月	罗晶晶	长达	39	￥ 4,720.00	￥ 184,080.00	上海
104	9月	罗晶晶	长达	29	￥ 4,720.00	￥ 136,880.00	上海
128							

图 2-27 在原有区域显示的高级筛选结果

(四)取消筛选

当需要取消筛选，而重新显示出原始的全部数据时，有以下两种方法：

1. 单击【数据】菜单，在【筛选】子菜单中选择【全部显示】命令即可。

2. 单击【数据】菜单中【筛选】子菜单的【自动筛选】命令。

三、数据分类汇总

在对数据进行分析时，常常需要将相同类型的数据统计出来，这就是数据的分类与汇总。在对数据进行汇总之前，应特别注意的是：首先必须对要汇总的关键字进行排序。

（一）进行分类汇总

在前例中，若要对每个业务员的所有销售金额进行自动分类汇总，具体步骤如下：

1. 首先对“业务员”进行排序。

2. 单击数据清单中的任一非空单元格，然后单击【数据】菜单，选择【分类汇总】项，打开【分类汇总】对话框，如图 2-28 所示。

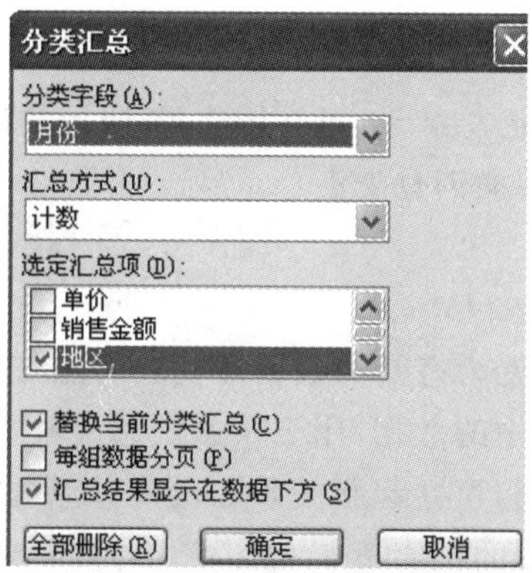

图 2-28 【分类汇总】对话框

3. 在【分类汇总】对话框中，【分类字段】选项下选择“业务员”，【汇总方式】选择“求和”，【选定汇总项】下选定“销售金额”，单击【确定】按钮，则分类汇总的结果如图 2-29 所示。

在图 2-29 中，左上角有 3 个按钮，按钮 1 表示 1 级汇总，显示全部的销售金额汇总；按钮 2 表示 2 级汇总，显示各业务员的全部销售金额汇总；按钮 3 表示 3 级汇总，显示各业务员销售金额的明细汇总资料（即图 2-29 所示的汇总结果）。

在图 2-29 中，左边的滑动按钮  为隐藏明细按钮，单击此按钮，则将隐藏本级的明细数据，同时  变为显示明细按钮 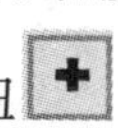，再单击  按钮，则将显示本级的全部明细数据，同时  变为 。

	A	B	C	D	E	F	G
2	月份	业务员	产品名称	销售数量	单价	销售金额	地区
3	12月	胡梅	海青	4	¥ 3,850.00	¥ 15,400.00	深圳
4	2月	胡梅	海青	6	¥ 3,850.00	¥ 23,100.00	上海
5	1月	胡梅	亚美	6	¥ 4,320.00	¥ 25,920.00	上海
6	1月	胡梅	亚美	6	¥ 4,320.00	¥ 25,920.00	上海
7	5月	胡梅	亚美	7	¥ 4,320.00	¥ 30,240.00	上海
8	5月	胡梅	海青	9	¥ 3,850.00	¥ 34,650.00	广州
9	3月	胡梅	松芝	11	¥ 3,400.00	¥ 37,400.00	上海
10	4月	胡梅	松芝	18	¥ 3,400.00	¥ 61,200.00	上海
11	10月	胡梅	亚美	16	¥ 4,320.00	¥ 69,120.00	广州
12	6月	胡梅	长达	16	¥ 4,720.00	¥ 75,520.00	上海
13	6月	胡梅	松芝	28	¥ 3,400.00	¥ 95,200.00	深圳
14	7月	胡梅	海青	27	¥ 3,850.00	¥ 103,950.00	深圳
15	9月	胡梅	亚美	25	¥ 4,320.00	¥ 108,000.00	上海
16	9月	胡梅	长达	26	¥ 4,720.00	¥ 122,720.00	广州
17	8月	胡梅	海青	36	¥ 3,850.00	¥ 138,600.00	广州
18	7月	胡梅	海青	40	¥ 3,850.00	¥ 154,000.00	上海
19	8月	胡梅	亚美	38	¥ 4,320.00	¥ 164,160.00	广州
20	7月	胡梅	长达	36	¥ 4,720.00	¥ 169,920.00	上海
21		胡梅 汇总				¥ 1,455,020.00	
22	12月	李凌	海青	5	¥ 3,850.00	¥ 19,250.00	广州

图 2-29 按业务员分类汇总的结果

(二)撤消分类汇总

如果不再需要分类汇总结果,可在图 2-28 所示的【分类汇总】对话框中单击【全部删除】按钮,即可撤消分类汇总。

四、数据透视表

Excel 2003 提供了更为有效的数据透视表功能,这是一种交叉分析工具,可以用于分析数据清单中的数据,用于快速汇总大量数据,也就是通过对源数据的行、列进行重新排列,建立起新关系和运算,使数据表示的信息更加清楚。

例如,有一个电视机的销售资料如图 2-30 所示,可以建立一张各种品牌电视机的销售量和销售金额的统计表。

	A	B	C	D	E	F
1	日期	品牌	规格	单价	数量	总计
2	950103	牡丹	29寸	2500	1	2500
3	950103	长虹	29寸	2530	3	7590
4	950103	索尼	34寸	7600	1	7600
5	950103	松下	29寸	9280	1	9280
6	950103	牡丹	25寸	1450	4	5800
7	950103	索尼	29寸	3600	2	7200
8	950103	松下	29寸	3550	1	3550
9	950104	长虹	29寸	2530	5	12650
10	950104	索尼	34寸	9500	2	19000
11	950104	松下	34寸	8900	1	8900
12	950104	牡丹	29寸	2500	4	10000
13	950104	索尼	29寸	3600	1	3600
14	950104	松下	29寸	3550	1	3550

图 2-30 电视机销售资料

现在我们依据此资料，用数据透视表工具可以产生出各种所需的统计报表。图 2-31 给出了按电视机的规格做出的一个统计表。

	A	B	C
1			
2			
3	规格	数据	汇总
4	25寸	求和项:数量	4
5		求和项:总计	5800
6	29寸	求和项:数量	19
7		求和项:总计	59920
8	34寸	求和项:数量	4
9		求和项:总计	35500
10	求和项:数量汇总		27
11	求和项:总计汇总		101220

图 2-31　按电视机规格做出的一个统计表

（一）建立数据透视表

在使用数据透视表之前，需要对将要做的方案有一个明确的构想，否则得出的结果将会使你摸不清头脑。最好开始时先做一个既能说明问题又足够简单的例子。至于具体操作，与调用函数类似，这里有“数据透视表指南”，按提示一步步走下去就可以了。

例如，由图 2-30 的列表产生图 2-31 的统计表，操作步骤如下：

1. 首先，要保证数据源是一个数据清单，即数据表的每列必须有列标。

2. 单击数据清单中的任一非空单元格，然后单击【数据】菜单，选择【数据透视表和数据透视图】项，打开【数据透视表和数据透视图向导—3 步骤之 1】对话框，如图 2-32 所示，根据待分析数据来源及需要创建何种报表类型，进行相应的选择，我们现在只考虑比较简单的情况，取默认值即可，然后单击【下一步按钮】，打开【数据透视表和数据透视图向导—3 步骤之 2】对话框，如图 2-33 所示。

3. 默认情况下，系统将自动选取整个数据清单作为数据源，如果数据源区域需要修改，则可直接输入“选定区域”，或单击【浏览】按钮，提取数据源。确定数据源后，单击【下一步按钮】，打开【数据透视表和数据透视图向导—3 步骤之 3】对话框，如图 2-34 所示。

4. 在【数据透视表和数据透视图向导—3 步骤之 3】对话框中，保持“新建工作表”的默认方式不变，单击【布局】按钮，打开【数据透视表和数据透视图向

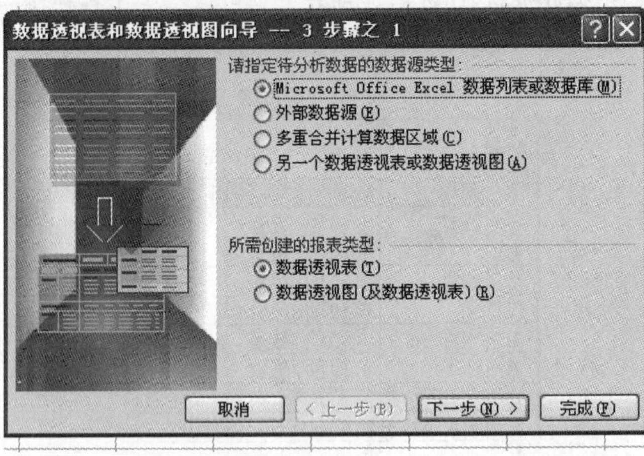

图 2-32 【数据透视表和数据透视图向导—3 步骤之 1】对话框

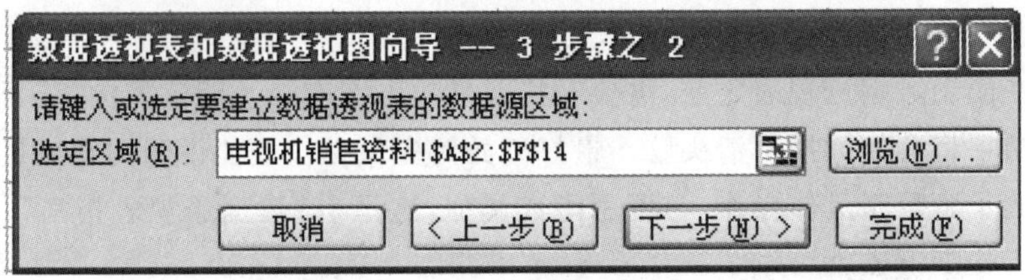

图 2-33 【数据透视表和数据透视图向导—3 步骤之 2】对话框

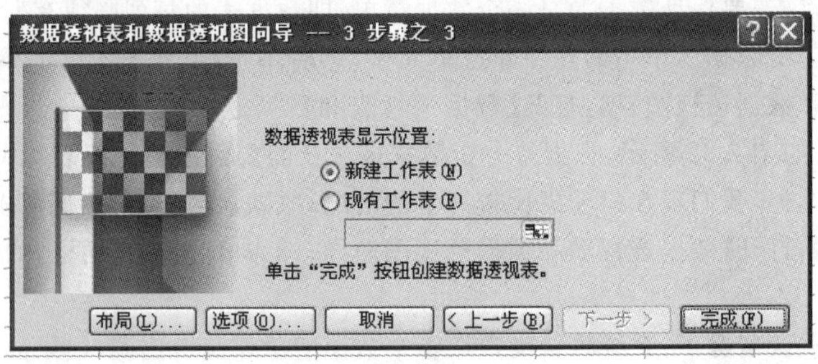

图 2-34 【数据透视表和数据透视图向导—3 步骤之 3】对话框

导—布局】对话框，如图 2-35 所示。

5. 在【数据透视表和数据透视图向导—布局】对话框的右边，列出了该例的列表的所有字段名称。根据需要，将右边的字段按钮拖到左边的图上，因为

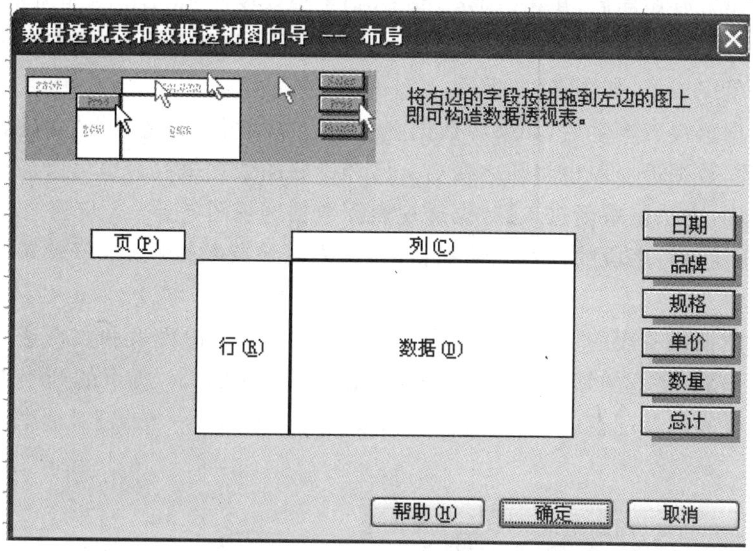

图 2-35 【数据透视表和数据透视图向导—布局】对话框

我们需要按"规格"统计，所以首先用鼠标点住右边的"规格"字段，将其拖到"行(R)"区域上，然后分别选取"数量"、"总计"字段将其拖到"数据(D)"区域上，如图 2-36 所示。注意："数据(D)"区域至少要有一个字段。

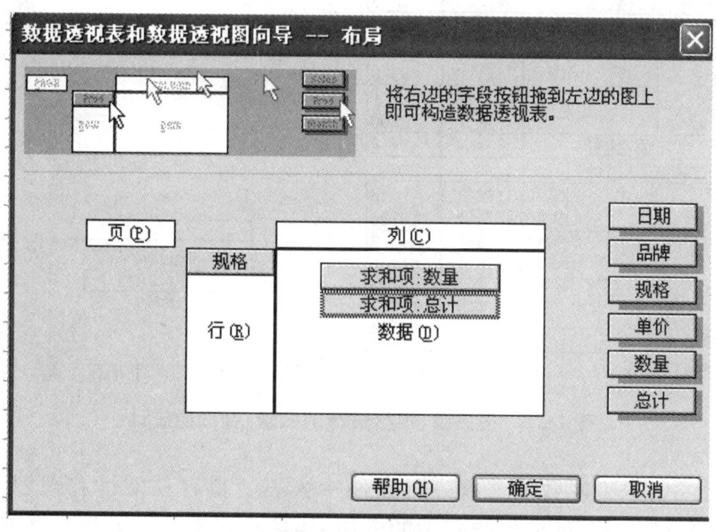

图 2-36 设置数据透视表的布局

6. 设置好布局后，单击【确定】按钮，则系统就返回到如图 2-34 所示的【数据透视表和数据透视图向导—3 步骤之 3】对话框，然后单击【完成】按钮，数据透视表就完成了，如图 2-31 所示。

数据透视表产生后，如果源数据变了，只要单击【数据】菜单中的【刷新数据】选项，数据透视表也将随之变更。已经做好的数据透视表也可以灵活地修改其结构，方法是重新进入【数据透视表和数据透视图向导—3 步骤之 3】对话框中，用鼠标将字段的内容拖动到新的行、列区域或数据区域，形成新的数据透视表。

做数据透视表的关键步骤是图 2-36 所示的【数据透视表和数据透视图向导—布局】对话框的填写，下面我们再给出两个对图 2-30 所示的列表做出的数据透视表以及配套的【数据透视表和数据透视图向导—布局】对话框的填写结果。

	A	B	C	D
1	品牌	规格	数据	汇总
2	长虹	29寸	求和项:数量	8
3			求和项:总计	20240
4	长虹 求和项:数量			8
5	长虹 求和项:总计			20240
6	牡丹	25寸	求和项:数量	4
7			求和项:总计	5800
8		29寸	求和项:数量	5
9			求和项:总计	12500
10	牡丹 求和项:数量			9
11	牡丹 求和项:总计			18300
12	松下	29寸	求和项:数量	3
13			求和项:总计	16380
14		34寸	求和项:数量	1
15			求和项:总计	8900
16	松下 求和项:数量			4
17	松下 求和项:总计			25280
18	索尼	29寸	求和项:数量	3
19			求和项:总计	10800
20		34寸	求和项:数量	3
21			求和项:总计	26600
22	索尼 求和项:数量			6
23	索尼 求和项:总计			37400
24	求和项:数量汇总			27
25	求和项:总计汇总			101220

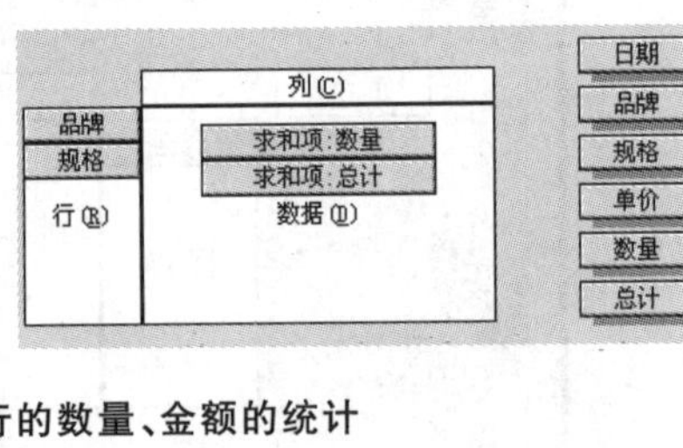

图 2-37　按品牌、规格进行的数量、金额的统计

上面的例子说明数据透视表可以使一张表变得容易阅读和理解，通过数据区域字段的调整，显示你感兴趣的字段，快速分析现有的数据。重要的是如何重新组织字段和执行哪种形式的计算。

		规格			
品牌	数据	25寸	29寸	34寸	总计
长虹	求和项:数量		8		8
	求和项:总计		20240		20240
牡丹	求和项:数量	4	5		9
	求和项:总计	5800	12500		18300
松下	求和项:数量		3	1	4
	求和项:总计		16380	8900	25280
索尼	求和项:数量		3	3	6
	求和项:总计		10800	26600	37400
求和项:数量汇总		4	19	4	27
求和项:总计汇总		5800	59920	35500	101220

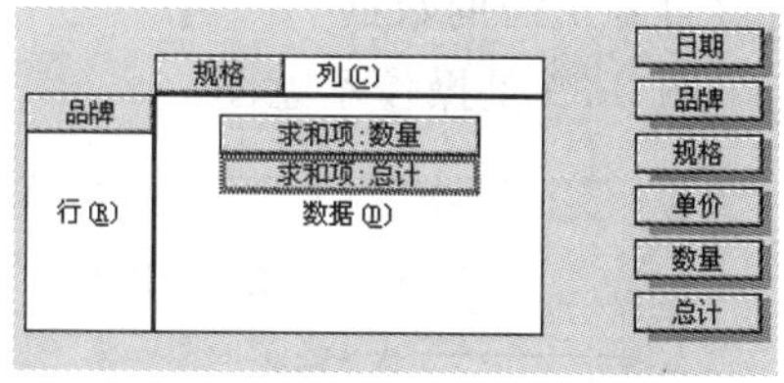

图 2-38　另一种按品牌、规格进行的数量、金额的统计

还可以建立透视图,方法是:单击数据透视表中的任一单元格,然后单击鼠标右键,在快捷菜单中选择【数据透视图】,则会自动生成数据透视图,从而得到每种品牌更为直观的销售情况。

第四节　数据分析工具

Excel 提供了非常实用的数据分析工具,利用这些分析工具,可解决财务管理中的许多问题,这些工具包括财务分析工具、统计分析工具、工程分析工具、规划求解问题、方案管理器等等。

一、模拟运算表

模拟运算表就是将工作表中的一个单元格区域的数据进行模拟计算,测试使用一个或两个变量对运算结果的影响。它可以将不同的计算结果同时显示在工作表中,便于查找和比较。

在 Excel 中,可以构造两种模拟运算表:单变量模拟运算表和双变量模拟运算表。

(一)单变量模拟运算表

单变量模拟运算表就是基于一个输入变量来测试对公式计算结果的影响。

创建单变量模拟运算表,所设计的单变量模拟运算表应当为:其输入数值被排列在一列中(列方向)或一行中(行方向)。其使用的公式必须引用输入单元格,在该单元格中,源于数据表的输入值将被替换。工作表中的任何单元格都可用作输入单元格。尽管输入单元格不必是数据表的一部分,但是数据表中的公式必须引用输入单元格。

【例 2-2】假设我们在分析一项期限为 15 年的抵押贷款,贷款额为 150 万元,想知道在不同的年份贷款利率下每月的还贷额。通过单变量模拟运算表就可得到所需的数据。

图 2-39 是操作示意图。

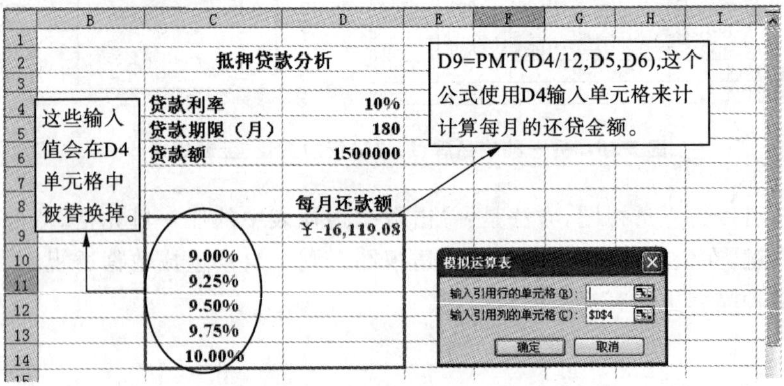

图 2-39　模拟运算操作图示

PMT 函数:

基于固定利率及等额分期付款方式,返回贷款的每期付款额。

语法:

PMT(rate,nper,pv,fv,type)

Rate——贷款利率。

Nper——为总投资期,即该项投资的付款期总数。

Pv——现值,或一系列未来付款的当前值的累积和,也称为本金。

Fv——为未来值,或在最后一次付款后希望得到的现金余额,如果省略 fv,则假设其值为零,也就是一笔贷款的未来值为零。

Type——数字 0 或 1,用以指定各期的付款时间是在期初还是期末。

Type 值	支付时间
0 或省略	期末
1	期初

说明:

PMT 返回的支付款项包括本金和利息,但不包括税款、保留支付或某些与贷款有关的费用。

应确认所指定的 rate 和 nper 单位的一致性。例如,同样是四年期年利率为 12%的贷款，如果按月支付，rate 应为 12%/12，nper 应为 4 * 12；如果按年支付，rate 应为 12%，nper 为 4。

此例的操作步骤为：

1. 先设定表格范围（C9：D14）的矩形区域，其中 C10：C14 为输入变量区域，D9 为计算公式单元格，D10：D14 为公式计算结果显示区域。

2. 另选一区域，输入有关参数，本图中为 D4：D6。分别输入年利率、贷款期限（月）及贷款额。

3. 在表格范围的 D9 单元格键入公式"＝PMT（D4/12，D5，D6）"。

4. 在表格范围的 C10：C14 输入欲试算的年利率系列。

5. 用鼠标将 C9：D14 的范围（包括公式单元格、变量单元格、运算结果的单元格）置为当前活动区。

6. 选【数据】菜单，单击【模拟运算表】命令，将弹出【模拟运算表】对话框如图 2-39。这里有输入引用行的单元格和输入引用列的单元格两种选择，是指输入数据（本例中就是年利率系列）是在一列还是一行，我们选择列。

7. 在对话框中的【输入引用列的单元格】输入栏，点击 D4 单元格，可得变量地址如图 2-39。这是一个代表值，它告诉计算机，输入数据系列在下面的计算中是年利率。

8. 点击【确定】按钮，得计算结果如图 2-40 所示。

	A	B	C	D	E	F
1						
2			抵押贷款分析			
3						
4			贷款利率	10%		
5			贷款期限（月）	180		
6			贷款额	1500000		
7						
8				每月还款额		
9				￥-16,119.08		
10			9.00%	￥-15,214.00		
11			9.25%	￥-15,437.88		
12			9.50%	￥-15,663.37		
13			9.75%	￥-15,890.44		
14			10.00%	￥-16,119.08		

图 2-40 单变量模拟运算表范例

（二）双变量模拟运算表

上面的例子是基于一个变量的模拟运算表，有时还需要对两个变量同时变化的情况做模拟运算，九九乘法表就是这样的例子。我们可以在一行输入第一组自变量，在一列输入第二组自变量，在它们的左上角的交叉位置输入计算公式的样本，那么调用模拟运算表功能可以模拟该样本公式计算出两组自变量各种组合的计算结果，填写在表格中两个自变量的交叉位置上。图 2-41 是其功能的示意，操作步骤与单变量情况类似，唯一差别是在对话框中要交代两组自变量的位置。

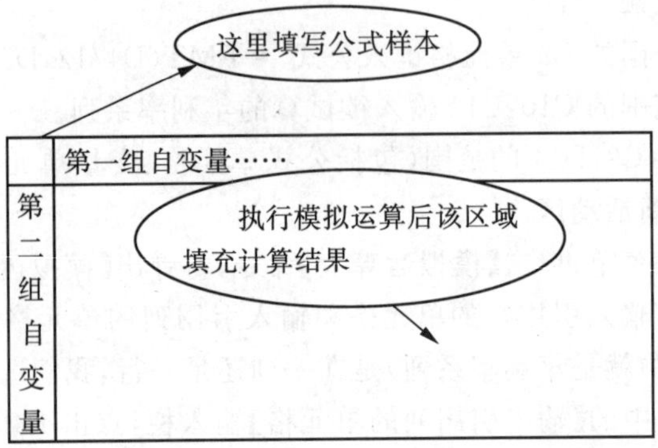

图 2-41 双变量模拟运算表示意图

【例 2-3】作一个九九乘法口诀表。

=A1*B1

九九乘法口诀表

0	1	2	3	4	5	6	7	8	9
1	1	2	3	4	5	6	7	8	9
2	2	4	6	8	10	12	14	16	18
3	3	6	9	12	15	18	21	24	27
4	4	8	12	16	20	24	28	32	36
5	5	10	15	20	25	30	35	40	45
6	6	12	18	24	30	36	42	48	54
7	7	14	21	28	35	42	49	56	63
8	8	16	24	32	40	48	56	64	72
9	9	18	27	36	45	54	63	72	81

图 2-42 双变量模拟运算表举例—九九乘法口诀表

图 2-42 就是做完的表。我们在 B4:J4 区域输入第一组变量 1、2、3、4、5、6、7、8、9，在 A5:A13 区域输入第二组变量 1、2、3、4、5、6、7、8、9。然后，在它们左上角的交叉位置 A4 单元格内输入公式样本"＝A1 * B1"，选定模拟运算区域 A4:J13，调用选择【数据】菜单，单击【模拟运算表】命令，将弹出【模拟运算表】对话框，像图 2-43 这样填写，单击【确定】按钮后即可得到如图 2-42 的

运算结果。区域 B5:J13 范围内反应对应变量的乘积。即可得到如图 2-42 的运算结果。区域 B5:J13 范围内反应对应变量的乘积。

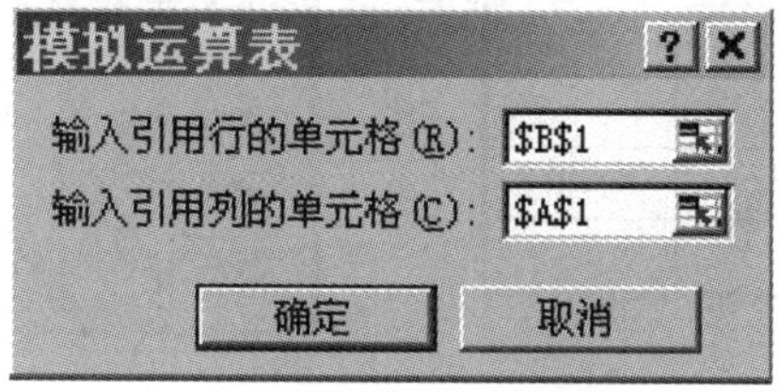

图 2-43 双变量模拟运算表对话框

提示:

若不想让图 2-42 中 A4 单元格的"0"值显示,可单击【工具】菜单栏中的【选项】命令,选择【视图】选项卡,将【窗口选项】中【零值】前的复选框中的"√"号拿掉即可。

二、单变量求解

单变量求解就是求解只有一个变量的方程的根,方程可以是线性方程,也可以是非线性方程。单变量求解工具可以解决许多财务管理中涉及一个变量的求解问题。

这是一种典型的逆运算。用户设定的本来是一系列由"因"到"果"的计算模型,但是决策者往往还要考虑:若结果是……那么其原因必然是……

例如:

(1)正问题:设定由投入计算产出的计算公式。

逆问题:由此公式计算如果产出是某某数时,投入应当是多少。

(2)正问题:已有一个由广告费用估算销售额的计算模型。

逆问题:由该模型计算为达到期望销售额所需的广告费用。

【例 2-4】某企业拟以 8%的年利率向银行取得长期借款 600 万元,如果企业每年的偿还能力为 100 万元,那么企业最长能借款多少年?

利用单变量求解工具进行计算的具体步骤如下:

(1)首先设计计算表格,如图 2-44 所示。

(2)单元格 B1、B2、B4 如图 2-44 所示输入数值,在单元格 B3 中输入公式"=PMT(B2,B4,-B1)",计算每年的等额偿还额。

(3)单击【工具】菜单栏中的【单变量求解】命令,打开【单变量求解】对话框，如图 2-45 所示。

	A	B
1	借款额（万元）	600
2	年利率	8%
3	年还款额（万元）	￥648.00
4	期限（年）	1

图 2-44　计算表格

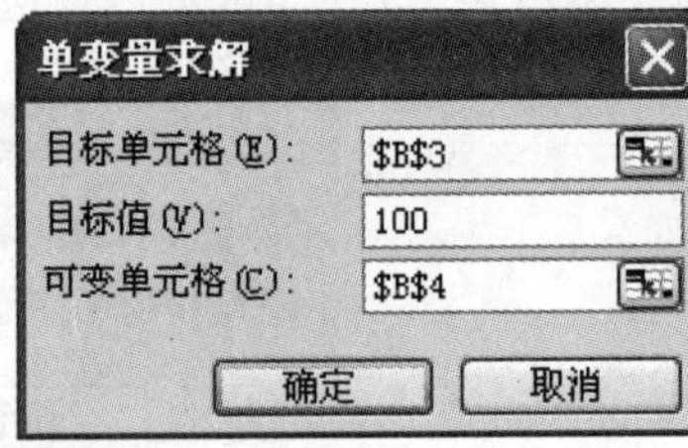

图 2-45　【单变量求解】对话框

(4)在【目标单元格】栏中输入“＄B＄3”，在【目标值】栏中输入“100”，在【可变单元格】栏中输入“＄B＄4”。

(5)单击【确定】按钮，则系统自动进行运算，运算完毕后引出【单变量求解状态】对话框，如图 2-46 所示，同时计算结果显示在工作表上，可见，该企业最多可贷款 8.49685 年。

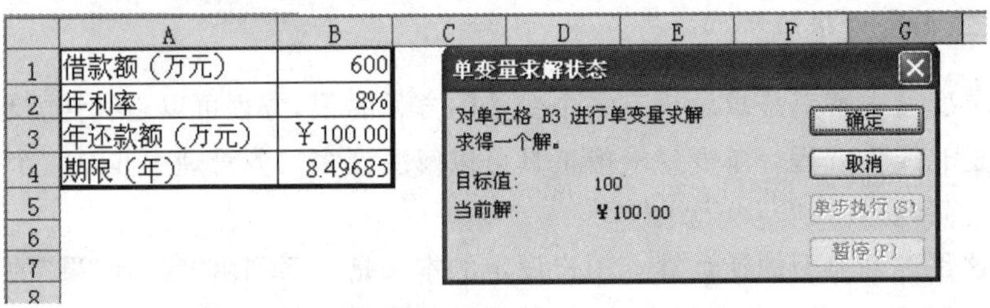

图 2-46　【单变量求解状态】对话框及计算结果

三、方案分析

在企业的生产经营活动中，由于市场的不断变化，企业的生产销售受到各种因素的影响，企业需要估计这些因素并分析其对企业生产销售的影响。Excel 提供了方案这种工具来解决上述问题，利用其提供的方案管理器，可以很方便地对多种方案（即多个假设条件）进行分析。

下面结合实例来说明如何使用方案管理器进行方案分析和管理。

【例 2-5】某企业生产产品 A、产品 B、产品 C，在 2005 年的销售额分别为 200 万元、400 万元和 300 万元，销售成本分别为 120 万元、280 万元和 160 万元。根据市场情况推测，2006 年产品的销售情况有好、一般和差三种情况。每种情况下的销售额及销售成本的增长率如图 2-47 所示。

	A	B	C	D
1	2005年产品销售情况			
2	产品	销售额	销售成本	销售利润
3	产品A	200	120	80
4	产品B	400	280	120
5	产品C	300	160	140
6	合计	900	560	340
7				
8	2006年产品预计销售情况			
9	情况		销售额增长率	销售成本增长率
10	好	产品A	12%	7%
11		产品B	15%	9%
12		产品C	8%	4%
13	一般	产品A	10%	8%
14		产品B	9%	6%
15		产品C	6%	3%
16	差	产品A	7%	5%
17		产品B	5%	3%
18		产品C	2%	1%

	F	G	H
1	2006年方案计算分析		
2	增长估计		
3	产品	销售额	销售成本
4	产品A	12%	7%
5	产品B	15%	9%
6	产品C	8%	4%
7	总销售利润	408	

图 2-47 产品销售资料及预计增长率

（一）建立方案

根据以上资料，建立分析方案：

1. 单击工作表的任一单元格，激活工作表，并设计方案计算分析格式，如图 2-47 所示，并在单元格 G7 中输入公式“＝SUMPRODUCT（B3：B5，1＋G4：G6）－SUMPRODUCT（C3：C5，1＋H4：H6）”。

2. 将可变单元格分别进行命名，即单元格 G4 的名字为“产品 A 销售额增长率”，单元格 H4 的名字为“产品 A 销售成本增长率”，单元格 G5 的名字为“产品 B 销售额增长率”，单元格 H5 的名字为“产品 B 销售成本增长率”，单元格 G6 的名字为“产品 C 销售额增长率”，单元格 H6 的名字为“产品 C 销售成本增长率”，单元格 G7 的名字为“总销售利润”。

3. 单击【工具】菜单，选择【方案】项，系统弹出【方案管理器】对话框，如图 2-48 所示，单击【添加】按钮，系统弹出【编辑方案】对话框，如图 2-49 所示。

4. 在【编辑方案】对话框中，【方案名】编辑框中输入“方案 1 销售好”，【可变单元格】编辑框中输入“＄G＄4：＄H＄6”，单击【确定】按钮，系统弹出【方案变量值】对话框，如图 2-50 所示。

5. 在【方案变量值】对话框中输入每个可变单元格的值（这里要按行输入），完毕后单击【添加】按钮，系统会弹出如图 2-49 所示的【编辑方案】对话框，对第 2 个方案进行输入；待所有方案输入完毕后，单击【方案变量值】对话框中的【确定】按钮，系统返回到【方案管理器】对话框，如图 2-51 所示。此时，可单击【关闭】按钮，回到工作表。

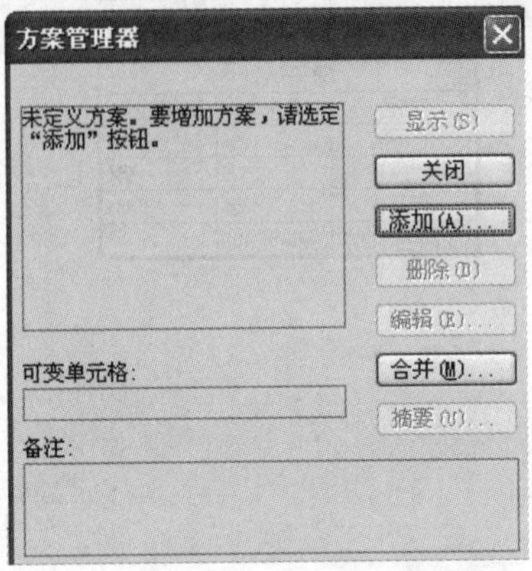

图 2-48 【方案管理器】对话框

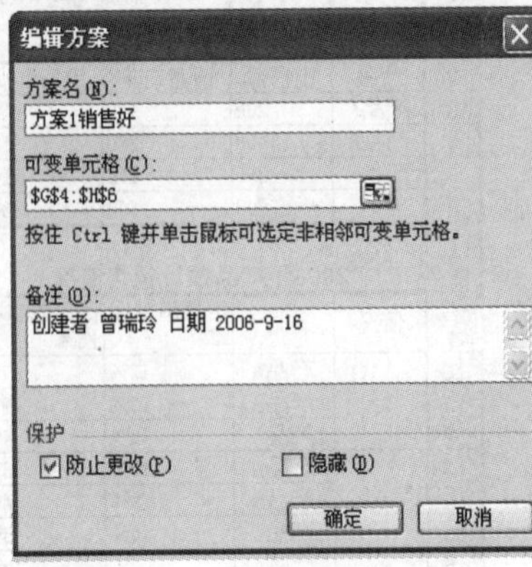

图 2-49 【编辑方案】对话框

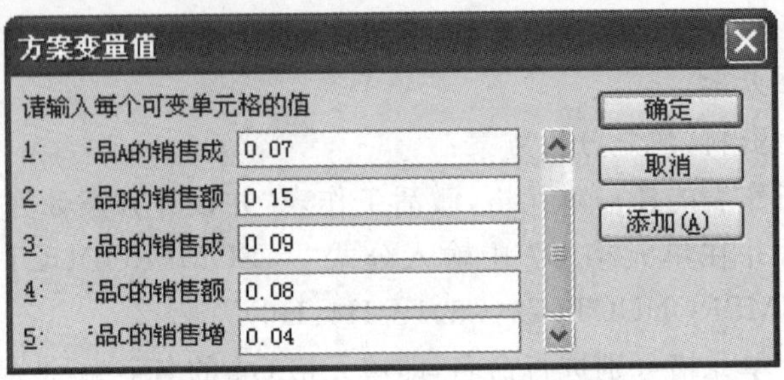

图 2-50 【方案变量值】对话框

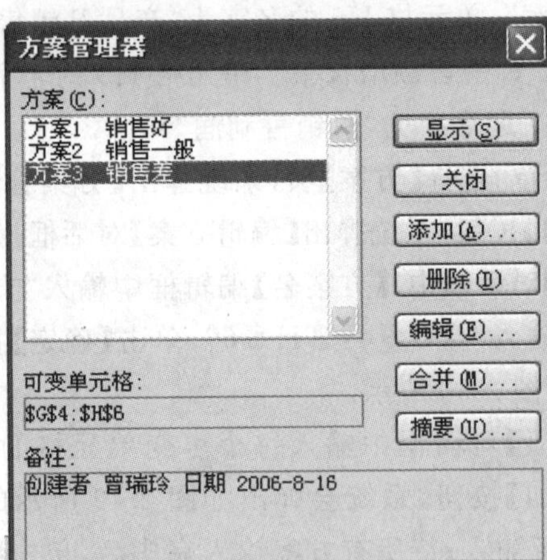

图 2-51 方案建立完毕后的【方案管理器】对话框

(二)显示方案

方案制定好后,任何时候都可以执行方案,查看不同的执行结果,方法如下:

1.打开原工作表,并激活工作表。

2.单击【工具】菜单,选择【方案】项,系统弹出【方案管理器】对话框,如图2-51所示,选择要查看的方案,单击【显示】按钮,则系统就会自动显示出该方案的执行结果。如图2-52所示。

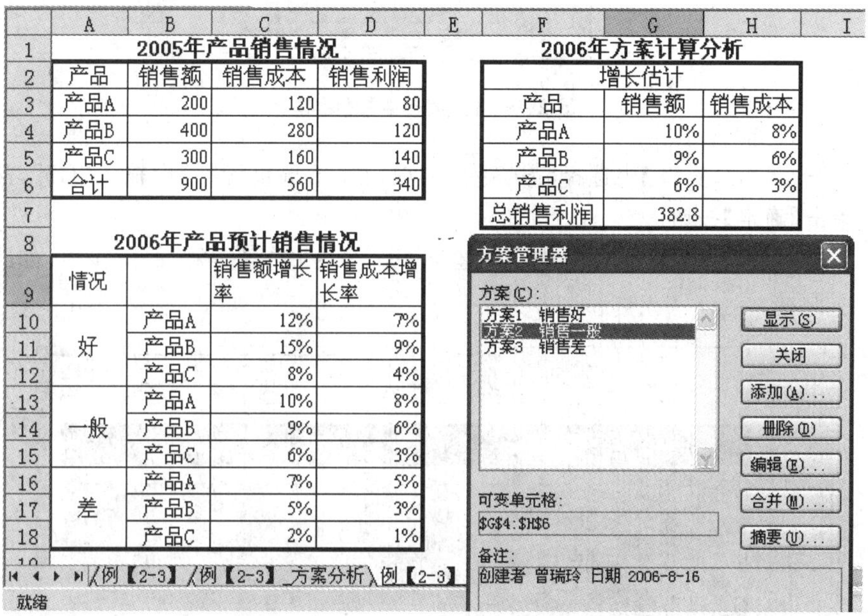

图2-52 显示【方案2 销售一般】的执行结果

(三)修改、删除或增加方案

对做好的方案进行修改,只需在图2-51所示的【方案管理器】对话框中选中需要修改的方案,单击【编辑】按钮,然后进入图2-49所示的【编剧方案】对话框修改相应项目。

若要删除方案,就在图2-51所示的【方案管理器】对话框中选中需要删除的方案,单击【删除】按钮即可。

若要增加方案,则在图2-51所示的【方案管理器】对话框中单击【添加】按钮,然后在图2-49所示的【编辑方案】对话框中填写相关的项目。

(四)建立方案报告

当需要将所有的方案执行结果都显示出来,可建立方案报告,方法如下:

1. 在图 2-51 所示的【方案管理器】对话框中单击【摘要】按钮，弹出【方案摘要】对话框，如图 2-53 所示。

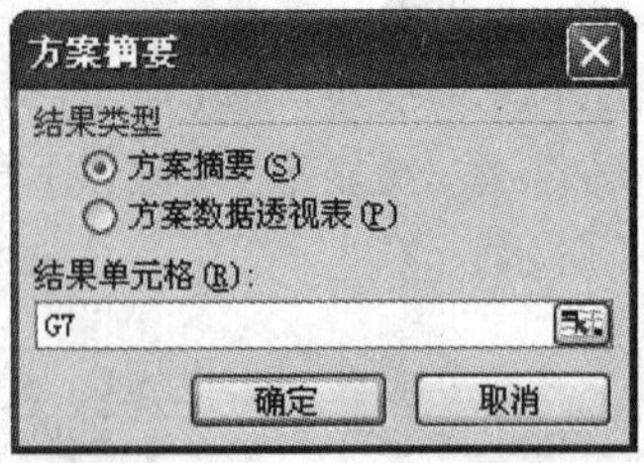

图 2-53 【方案摘要】对话框

2. 在【结果类型】中选择“方案摘要”项，在【结果单元格】中输入“G7”，然后单击【确定】按钮。

3. 则系统在当前工作簿中自动建立一个名为“方案摘要”的工作表，如图 2-54 所示。

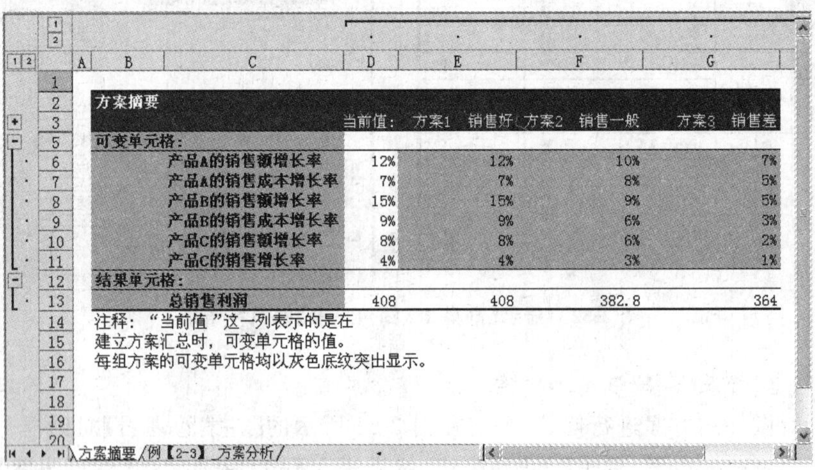

方案摘要	当前值:	方案1 销售好	方案2 销售一般	方案3 销售差
可变单元格:				
产品A的销售额增长率	12%	12%	10%	7%
产品A的销售成本增长率	7%	7%	8%	5%
产品B的销售额增长率	15%	15%	9%	5%
产品B的销售成本增长率	9%	9%	6%	3%
产品C的销售额增长率	8%	8%	6%	2%
产品C的销售增长率	4%	4%	3%	1%
结果单元格:				
总销售利润	408	408	382.8	364

注释：“当前值”这一列表示的是在
建立方案汇总时，可变单元格的值。
每组方案的可变单元格均以灰色底纹突出显示。

图 2-54 方案摘要

本章提要

本章主要介绍了 Excel 在财务管理中的基础应用，为以后各章的学习做一个铺垫。内容包括 Excel 中函数的使用方法，常用函数介绍；不同类型图表的建立和图表的修改、格式化；数据排序、数据筛选、数据分类汇总以及建立数据透视表等数据分析处理方法；借助模拟运算表、单变量求解、方案分析等数据分析工具进行数据的处理和分析。通过本章内容的学习，读者应能够运用函数、图表、数据分析处理方法和工具进行简单的数据分析和处理。

习 题

1. Excel 函数有哪些类型？财务函数中用于折旧计算的函数有哪些？

2. 使用 Excel 模拟运算表时，应注意哪些问题？

3. Excel 中数据的查找与筛选有哪几种形式？应注意哪些问题？

4. 某企业拟向银行以 8% 的年利率借入期限为 5 年的长期借款，企业每年的偿还能力为 150 万元，用单变量求解方法计算企业最多可贷款的数额。

5. 光华企业 2007 年 6 月工资表如下：

编号	月份	姓名	部门	基本工资	住房补贴	奖金	应发工资	保险扣除	其他扣除	应税所得	所得税	实发工资	领取姓名
001	2007 年 6 月	李者	企划	6 000	—	—	—	—	30	—	—	—	—
002	2007 年 6 月	白才飞	销售	7 500	—	—	—	—	60	—	—	—	—
003	2007 年 6 月	张力	设计	8 000	—	—	—	—	80	—	—	—	—
004	2007 年 6 月	马中	企划	5 200	—	—	—	—	10	—	—	—	—
005	2007 年 6 月	黎民司	销售	2 000	—	—	—	—	100	—	—	—	—
006	2007 年 6 月	王闪闪	生产	1 000	—	—	—	—	56	—	—	—	—
007	2007 年 6 月	赵同喜	生产	1 000	—	—	—	—	30	—	—	—	—
008	2007 年 6 月	赵秀秀	生产	4 500	—	—	—	—		—	—	—	—
009	2007 年 6 月	王辉	生产	4 500	—	—	—	—	50	—	—	—	—
010	2007 年 6 月	许青龙	生产	4 500	—	—	—	—	60	—	—	—	—
011	2007 年 6 月	邓锐	生产	6 000	—	10 000	—	—	80	—	—	—	—
012	2007 年 6 月	李远开	企划	8 000	—	—	—	—	40	—	—	—	—
013	2007 年 6 月	许为	企划	7 500	—	—	—	—	35	—	—	—	—
014	2007 年 6 月	邓小蓝	销售	6 000	—	—	—	—	25	—	—	—	—
015	2007 年 6 月	李娜	销售	6 000	—	—	—	—	15	—	—	—	—
016	2007 年 6 月	李偃松	销售	70 000	—	100 000	—	—	40	—	—	—	—
合 计				—	—	—	—	—	—	—	—	—	—

其中：

①住房补贴：基本工资大于等于1 000元的房补为基本工资的10%，小于1 000元的房补统一为1 00元。

②资金：未注明奖金数的人员资金如下，企划部统一为200元；销售部统一为1 000元；生产部统一为400元；设计部统一为300元。

③保险扣除=基本工资×5%。

④应税所得：除了减去有关扣除外，还要减去住房补贴。

要求：

①完成表2-1中的内容，奖金部分要用到数据筛选功能完成数据。

②将所得税大于1 000元的单元格用红色填充。

③完成表2-2部门工资统计表。

部门	工资总额	百分比
设计	—	—
企划	—	—
生产	—	—
销售	—	—
合计	—	—

④根据表2-2制作部门工资的分离型三维饼状图，图形中的数据标志显示为百分比形式。

6.工程师李强夫妇准备采用按揭贷款的方式购房，目前他们手头上有可为买房支用的现金30万元，其家庭月收入为1.6万元，每月用来还房贷的数额不能超过月收入的50%。现在李强夫妇看中了一套100平方米的房子，价格为1万元/平方米，首付为房款总额的三成，其余部分分10年每月等额还清，贷款利率为8%。

如果每月还款额超出李强夫妇的实际支付能力，可做适当的变动：

①假设房子的面积、价格不变，请确定合适的还款年限。

②假设房子的价格、贷款的还款年限不变，请确定合适的可购房最大面积。(上两题分别用单变量求解和单变量模拟运算表求解)

③假设房子的价格不变，而面积和贷款的还款年限可以变，利用双变量模拟运算确定合适的面积和贷款的还款年限组合。

第3章 资金时间价值

知识要求

通过本章的学习，掌握

- 终值与现值的计算
- 年金的终值与现值
- 名义利率与实际利率

技能要求

通过本章的学习，掌握常用的投资计算函数FV、IPMT、PV、PMT、NPV、PPMT，能够利用这些函数来计算终值与现值。

资金的时间价值是指随着时间的推移，周转使用中的资金所发生的货币增值，使资金在投入、收回的不同时点上价值不同而形成的价值差额，又称"货币时间价值"。资金之所以具有时间价值，是由于资金具有投资机会，可以通过投资进入生产过程，从而创造出更多的价值，因此资金的时间价值的本质是投资报酬。资金的时间价值有两种表现形式：一种是绝对数形式，指一笔资金一定时期后的增值额，即利息；另一种是相对数形式，指一定时期的利息与初始投入资金的比率，即利息率或利率。在不考虑风险和通货膨胀因素的条件下，资金的时间价值应等于社会平均的投资报酬率。由于资金具有时间价值，一定量的资金存入银行，一定时期后会获得利息，而积压起来的闲置资金则会遭受损失；在一定的利率水平之下，同样一笔数额的资金在不同时点上的经济价值是不相同的；而两笔数额不等的资金在不同的时点上彼此的经济价值却可能是相等的，即彼此等值。

正确理解并运用资金的时间价值的有关概念，能够促使企业注重提高资金的使用效率，做出科学合理的财务决策。

第一节　一次性收付款项的终值与现值

一次性收付款项是指在某一特定时点上一次性支出（或收入），经过一段时间后再相应地一次性收回（或支出）的款项。这种性质的款项在日常生活中十分常见，例如，我们现在将 10 000 元资金存入银行一年，银行的年利率为 2.25%，一年后可得到 10 225 元（不考虑利息税）。这里所涉及的收付款项就属于一次性收付款项。

资金时间价值的计算，涉及两个重要的概念：现值和终值。

现值(P)，又称本金，是指未来某一时点上的一定量资金按给定的利率折算到现在的价值。前例中的 10 000 元就是一年后的 10 225 元的现值。

终值(F)，又称将来值，是指现在一定量资金按给定的利率计算所得到的在未来某一时点上的价值，俗称本利和。前例中的 10 225 元就是现在的 10 000元在一年后的终值。

终值与现值的计算涉及利息计算方式的选择。目前有两种利息计算方式，即单利和复利。因此，终值与现值的计算也有单利和复利之分。在财务管理中，一般按复利来计算。

一、单利终值与现值

单利是指只按本金计算利息而利息部分不再计息的计息方式。在单利计算中，设定以下符号：

P——本金（现值）；

i——利率（贴现率、折现率）；

I——利息；

F——本利和（终值）；

n——计算利息的期数。

（一）单利终值

现在投入的一笔资金 P，n 年末的终值相当于 n 年末的本利之和 F，则：

$$F=P+I=P+P\times i\times n=P\times(1+in)$$

利用 Excel 计算一次性收付款项的单利终值非常简单，只需在某一单元格中输入上述计算公式即可。

【例 3-1】某企业现在存入银行 80 000 元钱，存期 5 年，银行按 6%的年利率单利计息。该企业第 5 年末可一次性从银行取出多少钱？

在单元格 B5 中输入单利终值的计算公式"=B2 * (1+B3 * B4)"，或直接输入算式"=80 000 * (1+5 * 6%)"，按回车键即可得到单利终值为 104 000 元，如图 3-1 所示。

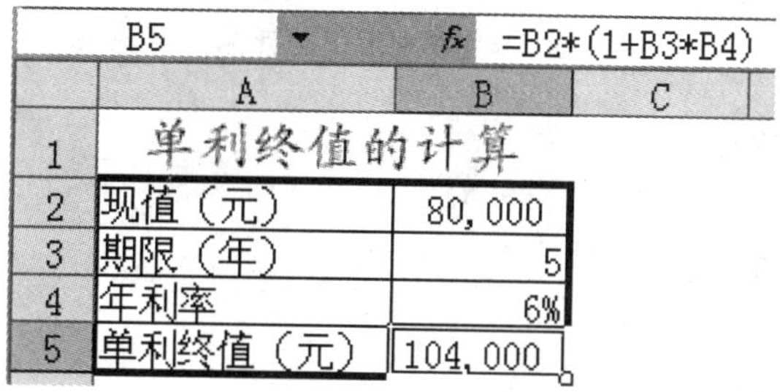

图 3-1 单利终值的计算

（二）单利现值

单利现值的计算实际上是单利终值计算的逆运算过程，即在已知一定时期的单利终值的基础上，求出其按给定利率计算的现在时刻的价值。由终值求现值又叫贴现或折现，贴现时所使用的利率又称贴现率或折现率。单利现值的计算公式为：

$$P=F\div(1+i\times n)$$

利用 Excel 计算一次性收付款项的单利现值非常简单，只需在某一单元格中输入上述计算公式即可。

【例 3-2】某企业计划于第 5 年末从银行取出 50 000 元钱用于购买一台设备，如果银行按 6%的年利率单利计息，那么该企业现在应一次性存入银行多少钱？

在单元格 B5 中输入单利现值的计算公式"=B2/(1+B3 * B4)"，或直接输入算式"=50 000/(1+5 * 6%)"，即可得到单利现值为 38 462 元，如图 3-2 所示。

二、复利终值与现值

复利，就是不仅本金要计算利息，而且本金所产生的利息在下期也要加入本金一起计算利息，即通常所说的"利滚利"。

在复利的计算中，设定以下符号：

B5 f_x =B2/(1+B3*B4)

	A	B	C
1	单利现值的计算		
2	现值（元）	50,000	
3	期限（年）	5	
4	年利率	6%	
5	单利现值（元）	38,462	

图 3-2　单利现值的计算

F——复利终值；

i——利率；

P——复利现值；

n——期数。

(一)复利终值

一次性收付款项的复利终值是指现在收入或支付的一笔资金按复利方法计息时，一定时期以后的本利和。其计算公式为：

$$F=P\times(1+i)^n$$

$$\text{或 } F=P\times(FVIF_{i,n})$$

$FVIF_{i,n}$称为复利终值系数，$FVIF_{i,n}=(1+i)^n$。

【例 3-3】某企业为投资一个新项目向银行贷款 3 000 万元，期限 6 年，贷款的年利率为 8%，若到期一次还本付息，则该企业第 5 年末应一次性偿还的本利和是多少？

在单元格 B5 中输入复利终值的计算公式“＝B2 * (1＋B4)^B3”，或直接输入算式“＝3 000 * (1＋8%)^6”，即可得到复利终值为 4 760.62 万元，如图 3-3 所示。

B5 f_x =B2*(1+B4)^B3

	A	B	C
1	复利终值的计算		
2	现值（万元）	3,000	
3	期限（年）	6	
4	年利率	8%	
5	复利终值（万元）	4,760.62	

图 3-3　复利终值的计算

【例 3-4】试利用 Excel 制作复利终值系数表。

制作方法如下：

1. 首先设计复利终值系数表格，如图 3-4 所示。本例假设复利年利率从 1%计算到 10%（存放在单元格 B2:K2），计息年数从 1 年到 10 年（存放在单元格 A3:A12）。

B3 f_x {=(1+B2:K2/100)^A3:A12}

复利终值系数表

年(n) \ 年利率i(%)	1	2	3	4	5	6	7	8	9	10
1	1.0100	1.0200	1.0300	1.0400	1.0500	1.0600	1.0700	1.0800	1.0900	1.1000
2	1.0201	1.0404	1.0609	1.0816	1.1025	1.1236	1.1449	1.1664	1.1881	1.2100
3	1.0303	1.0612	1.0927	1.1249	1.1576	1.1910	1.2250	1.2597	1.2950	1.3310
4	1.0406	1.0824	1.1255	1.1699	1.2155	1.2625	1.3108	1.3605	1.4116	1.4641
5	1.0510	1.1041	1.1593	1.2167	1.2763	1.3382	1.4026	1.4693	1.5386	1.6105
6	1.0615	1.1262	1.1941	1.2653	1.3401	1.4185	1.5007	1.5869	1.6771	1.7716
7	1.0721	1.1487	1.2299	1.3159	1.4071	1.5036	1.6058	1.7138	1.8280	1.9487
8	1.0829	1.1717	1.2668	1.3686	1.4775	1.5938	1.7182	1.8509	1.9926	2.1436
9	1.0937	1.1951	1.3048	1.4233	1.5513	1.6895	1.8385	1.9990	2.1719	2.3579
10	1.1046	1.2190	1.3439	1.4802	1.6289	1.7908	1.9672	2.1589	2.3674	2.5937

图 3-4 复利终值系数表

2. 采用等差数列的输入方法，在单元格 B2:K2 中自动填入数值 1～10，在单元格 A3:A12 中自动填入数值 1～10。

3. 选取单元格区域 B3:K12，在公式编辑栏中输入计算公式"=(1+B2:K2/100)^A3:A12"，然后同时按"Ctrl + Shift + Enter"组合键（数组公式输入），即可得到不同年利率和计息年数下的复利终值系数表，如图 3-4 所示。如调整需要的小数位数，可选定欲操作的区域，单击右键，选择【设置单元格格式】，在【数字】选项卡中进行小数位数的设置。

（二）复利现值

复利现值是指未来时期的一笔资金按复利贴现的现在时刻的价值。贴现是复利的逆运算过程。在已知复利终值 F、贴现率 i 和贴现期数 n 的条件下，可求得复利现值为：

$$P=F\div(1+i)^n=F\times(1+i)^{-n}$$

$$\text{或 } P=F\times(PVIF_{i,n})$$

$PVIF_{i,n}$称为复利现值系数，$PVIF_{i,n}=(1+i)^{-n}$。

【例 3-5】某企业计划于第 5 年末从银行取出 100 000 元钱用于购买一台

设备，如果银行按6%的年利率计息，每年复利一次，那么该企业现在应一次性存入银行多少钱？

如图3-5所示，在单元格B5中输入复利现值的计算公式“=B2/(1+B4)^B3”，或直接输入算式“=100 000/(1+6%)^5”，即可得到复利现值为74 725.82元。

B5 　 fx =B2/(1+B4)^B3

	A	B	C
1	复利现值的计算		
2	终值（元）	100,000	
3	期限（年）	5	
4	年利率	6%	
5	复利现值（元）	74,725.82	

图3-5　复利现值的计算

【例3-6】我们可以利用前面所述的复利终值系数表的制作方法，来制作复利现值系数表。如图3-6所示。

B3 　 fx {=(1+B2:K2/100)^(-A3:A12)}

	A	B	C	D	E	F	G	H	I	J	K
1	复利现值系数表										
2	年利率i(%) / 年(n)	1	2	3	4	5	6	7	8	9	10
3	1	0.9901	0.9804	0.9709	0.9615	0.9524	0.9434	0.9346	0.9259	0.9174	0.9091
4	2	0.9803	0.9612	0.9426	0.9246	0.9070	0.8900	0.8734	0.8573	0.8417	0.8264
5	3	0.9706	0.9423	0.9151	0.8890	0.8638	0.8396	0.8163	0.7938	0.7722	0.7513
6	4	0.9610	0.9238	0.8885	0.8548	0.8227	0.7921	0.7629	0.7350	0.7084	0.6830
7	5	0.9515	0.9057	0.8626	0.8219	0.7835	0.7473	0.7130	0.6806	0.6499	0.6209
8	6	0.9420	0.8880	0.8375	0.7903	0.7462	0.7050	0.6663	0.6302	0.5963	0.5645
9	7	0.9327	0.8706	0.8131	0.7599	0.7107	0.6651	0.6227	0.5835	0.5470	0.5132
10	8	0.9235	0.8535	0.7894	0.7307	0.6768	0.6274	0.5820	0.5403	0.5019	0.4665
11	9	0.9143	0.8368	0.7664	0.7026	0.6446	0.5919	0.5439	0.5002	0.4604	0.4241
12	10	0.9053	0.8203	0.7441	0.6756	0.6139	0.5584	0.5083	0.4632	0.4224	0.3855

图3-6　复利现值系数表

制作方法如下：

1.首先设计复利现值系数表格，如图3-6所示。本例假设复利年利率从1%计算到10%(存放在单元格B2:K2)，计息年数从1年到10年(存放在单元格A3:A12)。

2.采用等差数列的输入方法，在单元格B2:K2中自动填入数值1～10，在单元格 A3:A12 中自动填入数值 1～10。

3. 选取单元格区域 B3:K12，在公式编辑栏中输入计算公式“=(1+B2:K2/100)^(−A3:A12)”，然后同时按“Ctrl+Shift+Enter”组合键(数组公式输入)，即可得到不同年利率和计息年数下的复利终值系数表，如图 3-6 所示。如调整需要的小数位数，可选定欲操作的区域，单击右键，选择【设置单元格格式】，在【数字】选项卡中进行小数位数的设置。

三、年金的终值与现值

年金是指一定时期内，每隔相等的时间，收入或支出相等金额的系列款项。例如：分期付款赊购、分期偿还贷款、发放养老金、支付租金、提取折旧等都属于年金收付形式。

年金按照每次收付发生的时间和期限的不同划分为四种类型：一是普通年金，又称后付年金，指一定期限内每期期末发生的一系列等额收付款项；二是先付年金，又称即付年金，指一定期限内每期期初发生的一系列等额收付款项；三是递延年金，即一定时期以后才发生的普通年金；四是永续年金，即无限期发生的普通年金。

在年金的计算中，设定以下符号：

A——每年收付的金额，即年金；

i——利率；

F——年金终值；

P——年金现值；

n——期数。

(一)普通年金的终值与现值

1. 普通年金的终值

普通年金终值的计算公式为：

$$F=A\,\frac{(1+i)^n-1}{i}$$

计算普通年金终值可以利用 Excel 提供的 FV 函数。FV 函数的功能是基于固定利率及等额分期付款方式，返回某项投资的未来值。函数的语法为：

FV(rate,nper,pmt,pv,type)

式中：

rate——各期利率。

nper——总投资期，即该项投资的付款期总数。

pmt——各期所应支付的金额，其数值在整个年金期间保持不变。通常

pmt包括本金和利息,但不包括其他费用及税款。如果忽略pmt,则必须包括pv参数。

Pv——现值,即从该项投资开始计算时已经入账的款项,或一系列未来付款的当前值的累积和,也称为本金。如果省略pv,则假设其值为零,并且必须包括pmt参数。

Type——数字0或1,用以指定各期的付款时间是在期初还是期末。type为0表示期末付款,type为1表示期初付款。如果省略type,则假设其值为0。对普通年金来说,type应为0。

说明:

(1)应确认所指定的rate和nper单位的一致性。例如,同样是四年期年利率为12%的贷款,如果按月支付,rate应为12%/12,nper应为4*12;如果按年支付,rate应为12%,nper为4。

(2)在所有参数中,支出的款项,如银行存款,表示为负数;收入的款项,如股息收入,表示为正数。

当pmt=0(或忽略)时,FV函数相当于已知现值计算终值;pv=0(或忽略)时,FV函数相当于已知年金计算终值。

FV函数是一个用途非常广泛的函数,不仅可以用来计算普通年金终值,而且还可以进行以下的计算:

(1)计算复利终值。例如:现在的100元按10%的年利率复利计算,则5年后的复利终值为:FV(10%,5,-100)=161.05元。

(2)计算先付年金终值。当FV函数中的参数type取值1时,即可计算先付年金终值。详见下述“先付年金的终值与现值”。

(3)计算年金终值系数。年金终值系数就是1元钱年金的终值,例如:年利率为5%、期限为10年的普通年金终值系数为:FV(5%,10,-1)=12.5799。

(4)计算复利终值系数。复利终值系数就是1元钱的复利终值,例如:年利率为5%、期限为10年的复利终值系数为:FV(5%,10,0,-1)=1.6289。

【例3-6】某公司每年从税后利润中提取10万元作为职工福利基金存入银行以备将来使用,若银行按6%的年利率复利计息,那么,第5年末该公司职工福利基金的终值是多少?

如图3-7所示,在单元格B5中输入“=FV(”后单击编辑栏左边的fx按钮,则出现FV函数的对话框,如图3-8所示。输入相关参数,即可在FV函数的对话框下方出现计算结果,单击【确定】按钮,则计算结果就显示在单元格

B5 中，即第 5 年末职工福利基金的终值为 563 709.30 元，也可以直接在单元格中输入公式“＝FV(B3,B4,－B2)”来计算普通年金的终值。但最好是使用插入函数法的方法待出现函数对话框后输入公式，以避免出现错误。

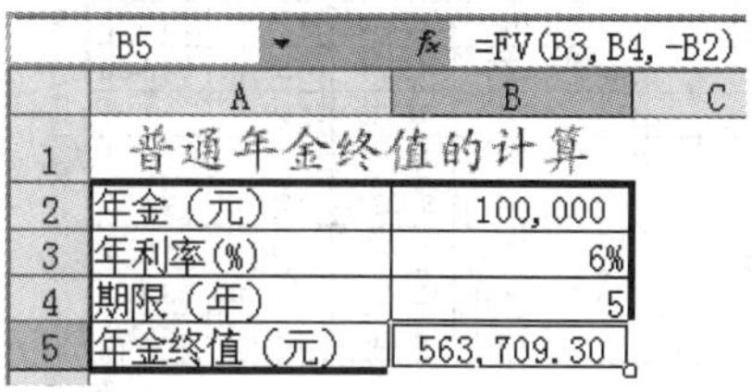

图 3-7　普通年金终值的计算

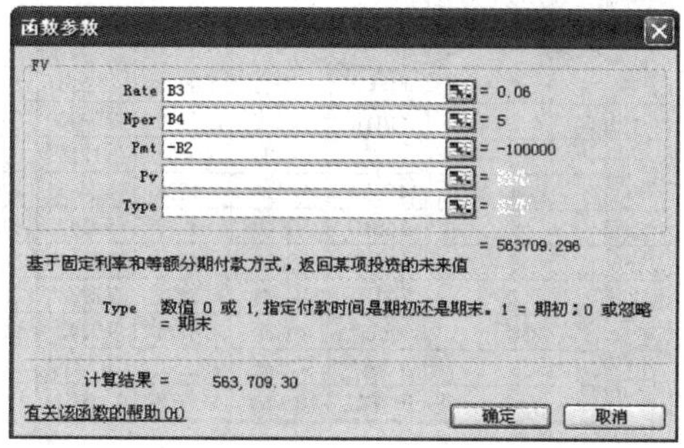

图 3-8　FV 函数对话框

提示：

FV 函数认定年金 pmt 和现值 pv 现金流量的方向与计算出的终值现金流量的方向是相反的，即如果年金 pmt 和现值 pv 是付款，计算出的终值则为收款；反之，如果年金 pmt 和现值 pv 是收款，计算出的终值则为付款。因此，当 pmt 和 pv 参数都以正数存放在工作表的单元格时，为了使计算出的终值能显示为正数，应在输入 pmt 和 pv 参数时加上负号。

【例 3-7】利用 Excel 制作年金终值系数表。方法同上，既可以直接利用年金终值系数计算公式计算，也可以直接利用 FV 函数制作年金终值系数表，如图 3-9 所示，在所选取单元格区域 B3:K12 输入公式“＝FV(B2:K2/100,A3:A12,－1)”(数组公式输入)，即可得到利用函数 FV 制作的年金终值系数表。

年金终值系数反映了 1 元年金的终值，故此处 FV 函数的参数 pmt 取值－1，负号表示年金现金流与终值方向相反。

2. 普通年金的现值

普通年金现值的计算公式为：

$$P=A\cdot\frac{1-(1+i)^{-n}}{i}$$

计算普通年金现值可以用 PV 函数。PV 函数的功能是返回未来若干期资金的现值。现值为一系列未来付款的当前值的累积和。例如，借入方的借入款即为贷出方贷款的现值。语法为：

PV(rate,nper,pmt,fv,type)

B3 {=FV(B2:K2/100,A3:A12,-1)}

年金终值系数表

年利率i(%) / 年(n)	1	2	3	4	5	6	7	8	9	10
1	1.0000	1.0000	1.0000	1.0000	1.0000	1.0000	1.0000	1.0000	1.0000	1.0000
2	2.0100	2.0200	2.0300	2.0400	2.0500	2.0600	2.0700	2.0800	2.0900	2.1000
3	3.0301	3.0604	3.0909	3.1216	3.1525	3.1836	3.2149	3.2464	3.2781	3.3100
4	4.0604	4.1216	4.1836	4.2465	4.3101	4.3746	4.4399	4.5061	4.5731	4.6410
5	5.1010	5.2040	5.3091	5.4163	5.5256	5.6371	5.7507	5.8666	5.9847	6.1051
6	6.1520	6.3081	6.4684	6.6330	6.8019	6.9753	7.1533	7.3359	7.5233	7.7156
7	7.2135	7.4343	7.6625	7.8983	8.1420	8.3938	8.6540	8.9228	9.2004	9.4872
8	8.2857	8.5830	8.8923	9.2142	9.5491	9.8975	10.2598	10.6366	11.0285	11.4359
9	9.3685	9.7546	10.1591	10.5828	11.0266	11.4913	11.9780	12.4876	13.0210	13.5795
10	10.4622	10.9497	11.4639	12.0061	12.5779	13.1808	13.8164	14.4866	15.1929	15.9374

图 3-9　普通年金终值系数表

Rate——各期利率。例如,如果按 10%的年利率借入一笔贷款来购买汽车,并按月偿还贷款,则月利率为 10%/12(即 0.83%)。可以在公式中输入 10%/12、0.83%或 0.0083 作为 rate 的值。

Nper——总投资(或贷款)期,即该项投资(或贷款)的付款期总数。例如,对于一笔 4 年期按月偿还的汽车贷款,共有 4×12(即 48)个偿款期数。可以在公式中输入 48 作为 nper 的值。

Pmt——各期所应支付的金额,其数值在整个年金期间保持不变。通常 pmt 包括本金和利息,但不包括其他费用及税款。例如,$10 000 的年利率为 12%的 4 年期汽车贷款的月偿还额为$263.33。可以在公式中输入-263.33 作为 pmt 的值。如果忽略 pmt,则必须包含 fv 参数。

Fv——未来值,或在最后一次支付后希望得到的现金余额,如果省略 fv,则假设其值为 0(一笔贷款的未来值即为 0)。例如,如果需要在 18 年后支付$50 000,则$50 000 就是未来值。可以根据保守估计的利率来决定每月的存款额。如果忽略 fv,则必须包含 pmt 参数。

Type——数字 0 或 1,用以指定各期的付款时间是在期初还是期末。

【例 3-8】某人打算在今后的 5 年中每年等额从银行取出 20 000 元,在银行按 10%的年利率复利计息的情况下,此人现在应一次性存入银行多少钱?

计算过程如下:在单元格 A1 中插入函数 PV,出现 PV 函数对话框,如图 3-10 所示,输入相关参数,即得现在应一次性存入 75 815.74 元。

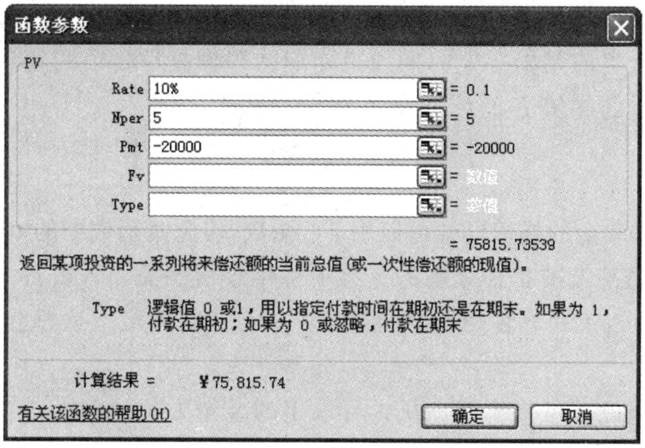

图 3-10 PV 函数对话框

【例 3-9】用 Excel 制作年金现值系数表。方法同上，既可以直接利用年金现值系数计算公式计算，也可以直接利用 PV 函数制作年金终值系数表，如图 3-11 所示，在所选取单元格区域 B3:K12 输入公式“=PV(B2:K2/100,A3:A12,−1)”(数组公式输入)，即可得到利用函数 PV 制作的年金现值系数表。

B3 {=PV(B2:K2/100,A3:A12,-1)}

年金现值系数表

年(n) \ 年利率i(%)	1	2	3	4	5	6	7	8	9	10
1	0.9901	0.9804	0.9709	0.9615	0.9524	0.9434	0.9346	0.9259	0.9174	0.9091
2	1.9704	1.9416	1.9135	1.8861	1.8594	1.8334	1.8080	1.7833	1.7591	1.7355
3	2.9410	2.8839	2.8286	2.7751	2.7232	2.6730	2.6243	2.5771	2.5313	2.4869
4	3.9020	3.8077	3.7171	3.6299	3.5460	3.4651	3.3872	3.3121	3.2397	3.1699
5	4.8534	4.7135	4.5797	4.4518	4.3295	4.2124	4.1002	3.9927	3.8897	3.7908
6	5.7955	5.6014	5.4172	5.2421	5.0757	4.9173	4.7665	4.6229	4.4859	4.3553
7	6.7282	6.4720	6.2303	6.0021	5.7864	5.5824	5.3893	5.2064	5.0330	4.8684
8	7.6517	7.3255	7.0197	6.7327	6.4632	6.2098	5.9713	5.7466	5.5348	5.3349
9	8.5660	8.1622	7.7861	7.4353	7.1078	6.8017	6.5152	6.2469	5.9952	5.7590
10	9.4713	8.9826	8.5302	8.1109	7.7217	7.3601	7.0236	6.7101	6.4177	6.1446

图 3-11 先付年金现值系数表

(二)先付年金的终值与现值

先付年金是指每期期初有等额的收付款项的年金，又称预付年金或即付年金。

1.先付年金的终值

先付年金终值是指一定时期内每期期初等额收付款项的复利终值之和。

先付年金的终值 F 的计算公式为：

$$F=A\left[\frac{(1+i)^{n+1}-1}{i}-1\right]$$

计算先付年金的终值同样可以用 FV 函数，但此时函数中的 type 参数为 1。

【例 3-10】某人准备在今后的 5 年中每年年初等额存入银行 10 000 元，如果银行按 6%的年利率复利计息，那么第 5 年末此人可一次从银行取出多少钱？

第 5 年末此人可一次性地从银行取出的金额为：

FV(6%,5,−10 000,,1)=59 753.19 元

这里 FV 函数的参数 pv 省略，type 为 1，表示是先付年金。

2.先付年金的现值

先付年金现值是指一定时期内每期期初收付款项的复利现值之和。

先付年金的现值 P 的计算公式为：

$$P=A\left[\frac{1-(1+i)^{-(n-1)}}{i}+1\right]$$

先付年金现值也可以利用 PV 函数计算，但此时函数中的 type 参数为 1。

【例 3-11】某公司租赁一台设备，根据租赁合同的约定，将于未来的 5 年内每年初等额支付租金 10 万元，若贴现率为 6%，全部租金的总现值是多少？

全部租金的总现值是：

PV(6%,5,−100 000,,1)=446 510.56 元

这里 PV 函数的参数 fv 省略，type 为 1，表示是先付年金。

(三)递延年金的终值与现值

递延年金是指第一次收付款发生时间是在第二期或者第二期以后的年金。凡不是从第一期开始的年金都是递延年金。递延年金是普通年金的特殊形式。

递延年金终值的计算方法与普通年金终值的计算方法相似，其终值的大小与递延期限无关。

递延年金现值是自若干时期后开始每期款项的现值之和。其现值计算方法有两种：

假设前 m 期没有年金，$m+1$ 至 $m+n$ 期有 n 期普通年金。

方法一:第一步把递延年金看作 n 期普通年金,计算出递延期末的现值;第二步将已计算出的现值折现到第一期期初。

方法二:第一步计算出 $(m+n)$ 期的年金现值;第二步,计算 m 期年金现值;第三步,将计算出的 $(m+n)$ 期的年金现值扣除递延期 m 期的年金现值,得出 n 期年金现值。

递延年金的现值仍可以利用 PV 函数计算。

【例 3-12】某人准备现在存入银行一笔钱,希望能够在第 6 年至第 10 年末每年等额从银行取出 30 000 元,如果银行存款的年利率为 8%,且复利计息。那么此人现在应当一次性存入银行多少钱?

方法一:此人现在应当一次性存入银行金额为

PV(8%,5,0,-PV(8%,5,-30 000))=81 521.14 元

方法二:此人现在应当一次性存入银行金额为

PV(8%,10,-30 000)-PV(8%,5,-30 000)=81 521.14 元

第二节　名义利率与实际利率

在计算资金时间价值的过程中,通常是给定了年利率,并且以年为计息周期,每年计息一次,这种情况下实际年利率与给定的年利率是一致的。但在实际经济活动中,有时也会出现以半年、月度、季度或更短的时间为计息周期,即每年计息 2 次、4 次或 12 次计算复利等情况。如果每年计息的次数超过一次,那么给定的年利率仅是名义年利率,按一年的实际年利息与本金之比计算的年利率称为实际年利率,这种情况下,实际年利率与给定的名义年利率不一致。

如果名义利率为 r,每年计息次数为 m,则每次计息的周期利率为 r/m,如果本金为 1 元,按复利计息方式,一年后的本利和为:$(1+r/m)^m$,一年内所得利息为 $(1+r/m)^m-1$。则:

$$i=\left(1+\frac{r}{m}\right)^m-1$$

式中:i——实际年利率;

r——名义年利率;

m——一年内的计息次数。

一、实际年利率的计算

给定名义利率和一年内计息次数，可以利用 EFFECT 函数计算实际年利率。

EFFECT 函数的功能是利用给定的名义年利率和一年中的复利期数，计算实际年利率。语法为：

EFFECT(nominal_rate,npery)

其中：nominal_rate——名义年利率。

npery——每年的复利期数。

如果该函数不可用，并返回错误值"#NAME?"，请安装并加载"分析工具库"加载宏。

说明：

1. Npery 将被截尾取整。

2. 如果任一参数为非数值型，函数 EFFECT 返回错误值"#VALUE!"。

3. 如果 nominal_rate≤0 或 npery<1，函数 EFFECT 返回错误值"#NUM!"。

【例 3-13】给定的名义年利率为 12%，按日计息，即一年内计息 365 次时，则实际年利率=EFFECT(12%,365)=12.75%。

二、名义年利率的计算

当给定实际年利率和一年内计息次数时，可以利用 NOMINAL 函数计算名义年利率。

NOMINAL 函数的功能是基于给定的实际年利率和年复利期数，返回名义年利率，语法为：

NOMINAL(effect_rate,npery)

其中：effect_rate——实际年利率。

npery——每年的复利期数。

如果该函数不可用，并返回错误值"#NAME?"，请安装并加载"分析工具库"加载宏。

【例 3-14】给定的实际年利率为 15%，按月计息，即一年内计息 12 次时，则：

名义年利率=NOMINAL(15%,12)=14.06%

第三节 实际应用举例

在计算资金的时间价值过程中，如果给定的年利率是1%的整数倍，年限是整数年时，往往可以直接通过查表找到所需要的有关系数。但有时可能会出现给定的年利率不是1%的整数倍，年限不是整数年的情况，或反过来，已知现值、终值、年金等，需求未知的利率或相应的年限，则借助于Excel的有关函数及工具可以方便地解决类似问题。

一、贷款年利率的计算

【例3-15】某人向银行贷款50万买房子，在今后的5年中，每年年末要向银行交还11.7万元，则银行贷款的年利率是多少？

解决这个问题有很多种方法，如利用RATE函数、规划求解方程法、单变量求解方程法等。图3-12为利用RATE函数求解年利率的方法，计算得出年利率为5.47%。

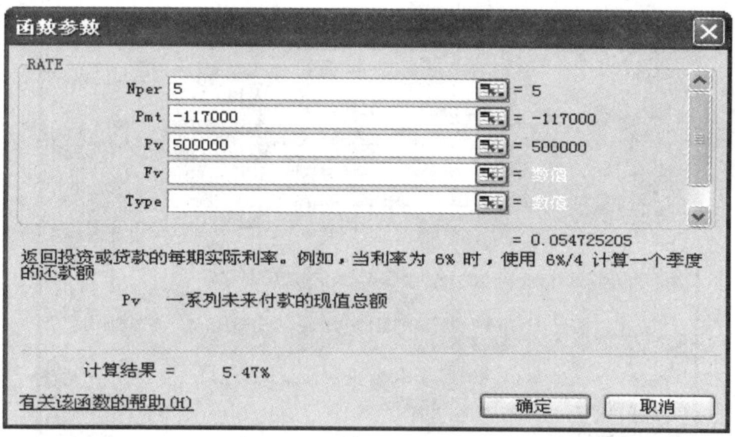

图3-12 RATE函数对话框

RATE函数的功能是返回年金的各期利率。函数RATE通过迭代法计算得出，并且可能无解或有多个解。如果在进行20次迭代计算后，函数RATE的相邻两次结果没有收敛于0.0000001，函数RATE将返回错误值“#NUM!”。RATE函数的语法为：

RATE(nper,pmt,pv,fv,type,guess)

有关参数 nper、pmt、pv、fv 及 type 的详细说明，请参阅前述函数 PV。其中 guess 为预期利率(估计值)，如果省略预期利率，则假设该值为 10%。如果函数 RATE 不收敛，则需要改变 guess 的值。通常情况下当 guess 位于 0 到 1 之间时，函数 RATE 是收敛的。

说明：

应确认所指定的 guess 和 nper 单位的一致性，对于年利率为 12%的 4 年期贷款，如果按月支付，guess 为 12%/12，nper 为 4 * 12；如果按年支付，guess 为 12%，nper 为 4。

二、贷款偿还期的计算

【例 3-16】某公司目前拟对原有的一台设备进行更新改造，预计现在一次性支付 10 万元，可使公司每年成本节约 2.5 万元。若现在银行复利年利率为 6%，那么这项更新设备至少使用几年才合算？

可以使用投资偿还期 NPER 函数求解，如图 3-13 所示，这项更新设备至少使用 NPER(6%，-2.5，10)=4.71 年才合算。

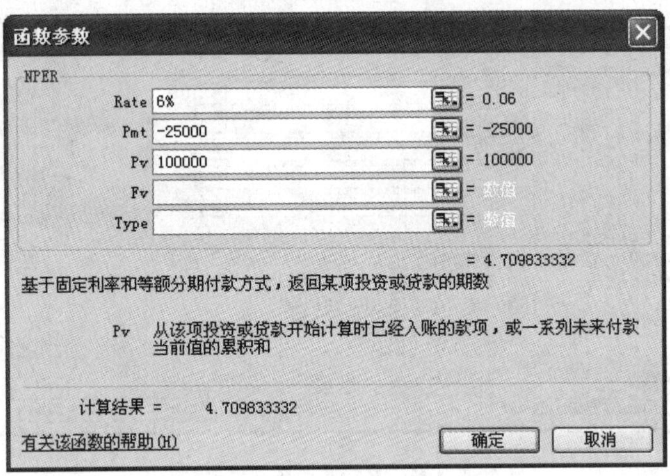

图 3-13　投资偿还期 NPER 函数对话框

NPER 函数的功能是基于固定利率及等额分期付款方式，返回某项投资(或贷款)的总期数。语法为：

NPER(rate,pmt,pv,fv,type)

有关函数 NPER 中各参数的详细说明及有关年金函数的详细信息，请参阅前述函数 PV。

三、住房贷款问题

贷款买房是个人圆有房梦的捷径。目前，我国个人住房贷款的还款方式主要有两种，即每月本金加利息总额固定的等额本息法（简称等额法）和每月本金相同的等额本金法（简称等本法）。由于大部分借款人对银行的计算方法不了解，常常不知道如何选择适合自己的方法，甚至有人对银行产生误解，认为选择等额法后，一旦要提前还款，银行提前收取的利息不能退还，借款人就吃亏了。其实，借款人无论选择何种还款方式，银行都遵循借贷的基本原则，即按实际发生的利息结算，绝不会提前收取未发生的利息。

那么，这两种还款方式各有什么特点，贷款人如何在这两种房贷方式之间取舍呢？

（一）等额本息还款

等额本息还款是目前最为普遍，也是大部分银行长期推荐的方式。把按揭贷款的本金总额与利息总额相加，然后平均分摊到还款期限的每个月中。作为还款人，每个月还给银行固定金额，但每月还款额中的本金比重逐月递增、利息比重逐月递减。

2010 年 12 月 26 日，央行再次上调了存贷款利率。调整后，五年期以上个人住房贷款基准利率为 6.40%。假设银行执行个人房贷利率为基准利率的 0.9 倍，即 5.76%。

【例 3-17】陈红于 2011 年 1 月 1 日购买了一套 150 万元的住房，陈红首付了 50 万元，剩余的 100 万元向银行按揭贷款 20 年，房贷利率为 5.76%，还款方式为等额法，每年还款一次，则陈红每年应偿还银行多少钱？其中偿还的本金是多少？应还的利息是多少？

1. 首先建立如图 3-14 的电子数据表模型。

2. 选择 B9 单元格，单击【插入函数】fx 按钮，并从打开的对话框中的【选择类别】下拉列表框中选择【财务】选项，从【选择函数】列表框中选择 PMT，并单击【确定】按钮，打开【函数参数】对话框。

3. 将光标置于【Rate】文本框，然后单击 B5 单元格，并按下 F4 键，使其以绝对地址方式显示；将光标置于【Nper】文本框中，然后单击 B4 单元格，并按下 F4 键；再将光标置于【PV】文本框中，然后单击 B3 单元格，并按下 F4 键，结果如图 3-15 所示。

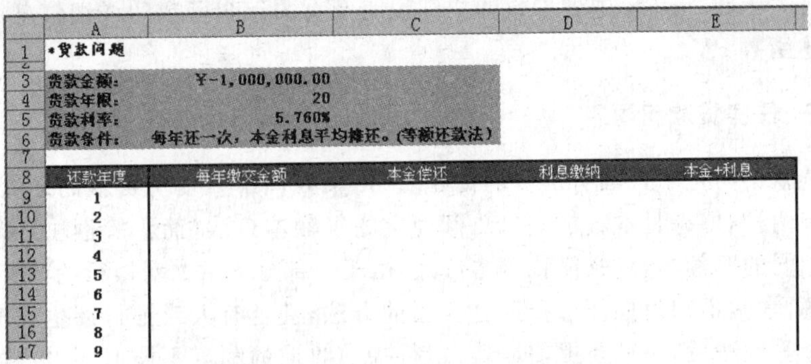

图 3-14　等额法还贷的电子数据表

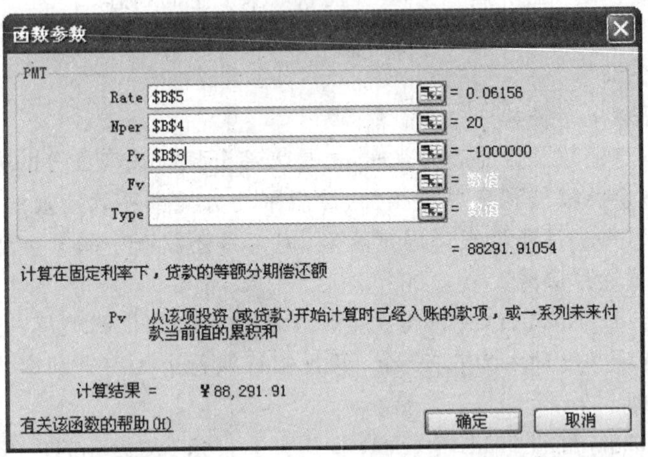

图 3-15　PMT【函数参数】对话框

4. 单击【确定】按钮。

5. 将鼠标移至 B9 单元格右下方的“自动填充控制点”，使光标变成实心十字，并按住鼠标左键向下拖曳至 B28 单元格。结果如图 3-16 所示。说明了 100 万元，20 年的贷款，每年必须偿还“¥88 291.91”元。

6. 选择 C9 单元格。

7. 单击【插入函数】fx 按钮，并从打开的对话框中的【选择类别】下拉列表框中选择【财务】选项，从【选择函数】列表框中选择 PPMT，并单击【确定】按钮，打开【函数参数】对话框。

PPMT 函数的功能是基于固定利率及等额分期付款方式，返回投资在某

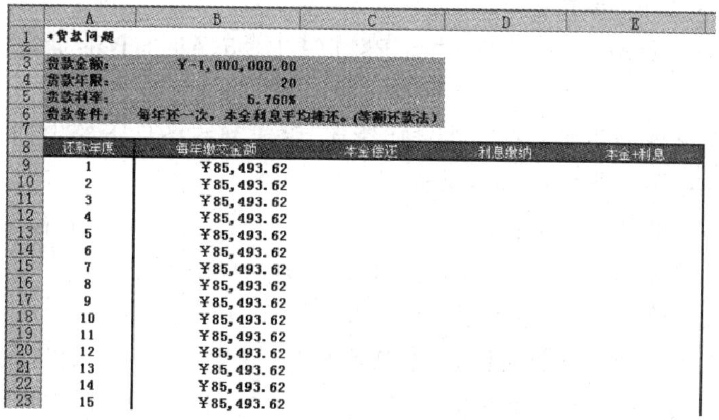

图 3-16 等额法还贷的每年应偿还金额

一给定期间内的本金偿还额。PPMT 函数的语法为：

PPMT(rate,per,nper,pv,fv,type)

有关函数 PPMT 中参数的详细信息,请参阅前述函数 PV。其中：

per——用于计算其本金数额的期数,必须介于 1 到 nper 之间。

nper——总投资期,即该项投资的付款期总数。

8. 将光标置于【Rate】文本框,然后单击 B5 单元格,并按下 F4 键,使其以绝对地址方式显示;将光标置于【per】文本框中,然后单击 A9 单元格(不要按下 F4 键);将光标置于【Nper】文本框中,然后单击 B4 单元格,并按下 F4 键;再将光标置于【PV】文本框中,然后单击 B3 单元格,并按下 F4 键,结果如图 3-17 所示。

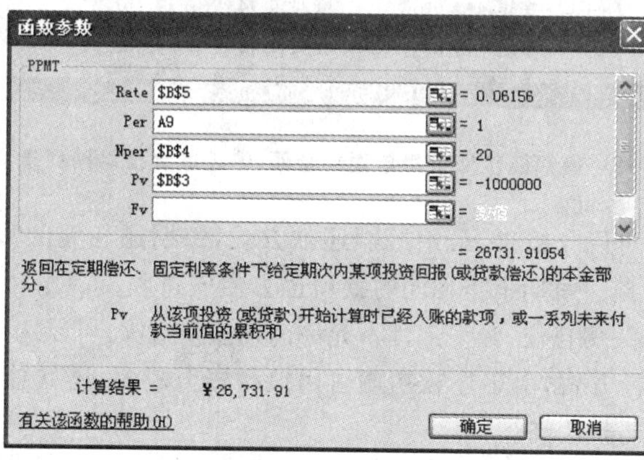

图 3-17 PPMT【函数参数】对话框

9. 单击【确定】按钮。

10. 单击 D9 单元格，并键入“=IPMT($B$5,A9,$B$4,$B$3)”，之后再按 Enter 键。

IPMT 函数的功能是返回在定期偿还、固定利率条件下给定期次内某项投资回报（或贷款偿还）的利息部分。

IPMT 函数的语法为：

IPMT(rate,per,nper,pv,fv,type)

11. 单击 E9 单元格，并键入“=SUM(C9:D9)”，之后再按 Enter 键。

12. 选择 C9 至 E9 单元格区域，使其反白，并至 E9 单元格右下方的填充控制点，向下拖曳至 B28 单元格。

13. 单击 B29 单元格，键入“=SUM(B9:B28)”，C29 至 E29 的数据可以由 B29 单元格填充得到。结果如图 3-18 所示。

	A	B	C	D	E
8	还款年度	每年缴交金额	本金偿还	利息缴纳	本金+利息
9	1	¥85,493.62	¥27,893.62	¥57,600.00	¥85,493.62
10	2	¥85,493.62	¥29,500.29	¥55,993.33	¥85,493.62
11	3	¥85,493.62	¥31,199.51	¥54,294.11	¥85,493.62
12	4	¥85,493.62	¥32,996.60	¥52,497.02	¥85,493.62
13	5	¥85,493.62	¥34,897.20	¥50,596.42	¥85,493.62
14	6	¥85,493.62	¥36,907.28	¥48,586.34	¥85,493.62
15	7	¥85,493.62	¥39,033.14	¥46,460.48	¥85,493.62
16	8	¥85,493.62	¥41,281.45	¥44,212.17	¥85,493.62
17	9	¥85,493.62	¥43,659.26	¥41,834.36	¥85,493.62
18	10	¥85,493.62	¥46,174.04	¥39,319.58	¥85,493.62
19	11	¥85,493.62	¥48,833.66	¥36,659.96	¥85,493.62
20	12	¥85,493.62	¥51,646.48	¥33,847.14	¥85,493.62
21	13	¥85,493.62	¥54,621.32	¥30,872.30	¥85,493.62
22	14	¥85,493.62	¥57,767.50	¥27,726.11	¥85,493.62
23	15	¥85,493.62	¥61,094.91	¥24,398.71	¥85,493.62
24	16	¥85,493.62	¥64,613.98	¥20,879.64	¥85,493.62
25	17	¥85,493.62	¥68,335.74	¥17,157.87	¥85,493.62
26	18	¥85,493.62	¥72,271.88	¥13,221.74	¥85,493.62
27	19	¥85,493.62	¥76,434.74	¥9,058.87	¥85,493.62
28	20	¥85,493.62	¥80,837.39	¥4,656.23	¥85,493.62
29	合计	¥1,709,872.37	¥1,000,000.00	¥709,872.37	¥1,709,872.37

图 3-18　等额还款法下每年偿还金额、偿还本金及缴纳利息金额

由图 3-18 可以分析出，采用等额还款方式，每期还相同的数额，作为借款人，操作相对简单。每期承担相同的款项也方便安排收支。尤其是收入处于稳定状态的家庭，买房自住，经济条件不允许前期投入过大，可以选择这种方式。

但使用这种方式，由于还款初期占用银行资金较多，还款总利息较相同期限的等额本金还款法高。

(二)等额本金还款

所谓等额本金还款，又称利随本清、等本不等息还款法。贷款人将本金分摊到每个月内，同时付清上一交易日至本次还款日之间的利息。这种还款方式相对等额本息而言，总的利息支出较低，但是前期支付的本金和利息较多，还款负担逐月递减。

【例3-18】陈红于2007年1月1日购买了一套150万元的住房，陈红首付了50万元，剩余的100万元向银行按揭贷款20年，房贷利率为6.156%，还款方式为等本法，每年还款一次，则陈红每年应偿还银行多少钱？其中偿还的本金是多少？应还的利息是多少？

1.首先建立如图3-19的电子数据表模型。

	A	B	C	D	E
1	*贷款问题				
2					
3	贷款金额:	¥-1,000,000.00			
4	贷款年限:	20			
5	贷款利率:	6.156%			
6	贷款条件:	每年还一次，本金平均摊还。(等本还款法)			
7					
8	还款年度	每年缴交金额	本金偿还	利息缴纳	本金+利息
9	1				
10	2				
11	3				
12	4				

图3-19 等本法还贷的电子数据表

2.单击C9单元格，并键入"=－$B$3/20"，之后再按Enter键。

3.单击D9单元格，并键入"=－$B$3*$B$5"，之后再按Enter键。

4.单击B9单元格，并键入"=C9+D9"，之后再按Enter键。

5.E9单元格操作同上述第4步骤。

6.C10单元格操作同上述第2步骤。

7.单击D10单元格，并键入"=(－$B$3－C9*A9)*$B$5"，之后再按Enter键。

注：银行在每一结息期计算利息是按照当期的贷款余额计算的。

8.B10、E10单元格操作同上述第4步骤。

9.选择B10至E10单元格区域，使其反白，并至E10单元格右下方的填充控制点，向下拖曳至B28单元格。

10.单击B29单元格，键入"=SUM(B9:B28)"，C29至E29的数据可以由B29单元格填充得到。结果如图3-20所示。

	A	B	C	D	E
8	还款年度	每年缴交金额	本金偿还	利息缴纳	本金+利息
9	1	¥107,600.00	¥50,000.00	¥57,600.00	¥107,600.00
10	2	¥104,720.00	¥50,000.00	¥54,720.00	¥104,720.00
11	3	¥101,840.00	¥50,000.00	¥51,840.00	¥101,840.00
12	4	¥98,960.00	¥50,000.00	¥48,960.00	¥98,960.00
13	5	¥96,080.00	¥50,000.00	¥46,080.00	¥96,080.00
14	6	¥93,200.00	¥50,000.00	¥43,200.00	¥93,200.00
15	7	¥90,320.00	¥50,000.00	¥40,320.00	¥90,320.00
16	8	¥87,440.00	¥50,000.00	¥37,440.00	¥87,440.00
17	9	¥84,560.00	¥50,000.00	¥34,560.00	¥84,560.00
18	10	¥81,680.00	¥50,000.00	¥31,680.00	¥81,680.00
19	11	¥78,800.00	¥50,000.00	¥28,800.00	¥78,800.00
20	12	¥75,920.00	¥50,000.00	¥25,920.00	¥75,920.00
21	13	¥73,040.00	¥50,000.00	¥23,040.00	¥73,040.00
22	14	¥70,160.00	¥50,000.00	¥20,160.00	¥70,160.00
23	15	¥67,280.00	¥50,000.00	¥17,280.00	¥67,280.00
24	16	¥64,400.00	¥50,000.00	¥14,400.00	¥64,400.00
25	17	¥61,520.00	¥50,000.00	¥11,520.00	¥61,520.00
26	18	¥58,640.00	¥50,000.00	¥8,640.00	¥58,640.00
27	19	¥55,760.00	¥50,000.00	¥5,760.00	¥55,760.00
28	20	¥52,880.00	¥50,000.00	¥2,880.00	¥52,880.00
29	合计	¥1,604,800.00	¥1,000,000.00	¥604,800.00	¥1,604,800.00

图 3-20　等本还款法下每年偿还金额、偿还本金及缴纳利息金额

同样是从银行贷款 100 万元，还款年限 20 年，选择等额本金还款，每年需要偿还银行本金 50 000 元左右，第一年利息为 61 560 元，总计第一年需偿还银行 111 560 元，随后，每年的还款本金不变，利息逐渐随本金的归还减少。使用等额本金还款，开始时每年负担比等额本息要重。尤其是在贷款总额比较大的情况下，相差可能达上万元。但是，随着时间的推移，还款负担逐渐减轻。这种方式很适合目前收入较高，但是已经预计到将来收入会减少的人群。实际上，很多中年以上的人群，经过一段时间的事业打拼，有一定的经济基础，考虑到年纪渐长，收入可能随着退休等其他因素减少，就可以选择这种方式进行还款。

我们可以发现，同样的借款期限，等额本金法付出的总利息额要少于等额本息法，上述两例贷款金额都是 100 万元，期限都是 20 年，贷款利率一样，等额法共需支付利息 709 872.37 元；等本法共需支付利息 604 800 元，两种方法下利息差额高达 105 072.37 元。比较图 3-18 与图 3-20 可以发现，等额法在前期每年偿还的本金比等本法要少，在开始的几年里，等本法要归还的本金总额大大高于等额法，按照借贷的原则，归还本金的金额越多，当然相应的利息也就越少。

在相同的借款期限内，采用等额法，借款人初期的还款压力较小，但相应来说整个还款期内支付的利息也较多；采用等本法，借款人初期的还款压力较大，但相应来说整个还款期内支付的利息就较少。所以借款人选择采用什么样的还款方式，要综合自己的经济实力、将来收入趋势等方面权衡考虑。一般来说，现在经济压力较大的年轻人采用等额法，而现在收入较高的中年人采用等本法还款较为经济。

（三）提前还款

上述两例中，假设已经偿还了10年的贷款，而想在第11年初一次还清贷款，则应再还给银行多少钱呢？也就是还欠银行多少本金？

首先来看看在这10年间共支付了多少，再来了解还有多少本金未付。

1. 等额法

(1)选择B31单元格，并键入“＝SUM(B9:B18)”，之后再按Enter键。

(2)选择B32单元格，并键入“＝SUM(C19:C28)”，之后再按Enter键。结果如图3-21所示：

	A	B	C	D	E
28	20	￥85,493.62	￥80,837.39	￥4,656.23	￥85,493.62
29	合计	￥1,709,872.37	￥1,000,000.00	￥709,872.37	￥1,709,872.37
30					
31		缴款10年共缴：	$854,936.18		
32		缴款10年本金还有：	$636,457.61		

图3-21 等额法下提前还款

贷款10年共向银行缴纳了854 936.18元，还有636 457.61元的本金未还。即11年初欲一次性还清贷款，需向银行缴纳未还的本金636 457.61元即可。提前还款时共向银行支付了854 936.18＋636 457.61＝1 491 393.79元。

2. 等本法

操作同等额法下的步骤(1)、(2)，结果如图3-22所示。

	A	B	C	D	E
26	18	￥58,640.00	￥50,000.00	￥8,640.00	￥58,640.00
27	19	￥55,760.00	￥50,000.00	￥5,760.00	￥55,760.00
28	20	￥52,880.00	￥50,000.00	￥2,880.00	￥52,880.00
29	合计	￥1,604,800.00	￥1,000,000.00	￥604,800.00	￥1,604,800.00
30					
31		缴款10年共缴：	$946,400.00		
32		缴款10年本金还有：	$500,000.00		

图3-22 等本法下提前还款

(四)绘制本金、利息摊还图表

如果把每年所支付的本金及利息,用图表的方式来表达,如此能让我们更直观、深入地了解贷款缴纳问题。

1. 等额法

(1)在如图 3-18 所示的工作表中,选取 C8 到 D28 单元格区域,使该区域反白。

(2)单击【图表向导】按钮,打开如图 3-23 所示对话框:

图 3-23 图表向导对话框 1

(3)从【图表类型】列表框中选择【柱形图】,从【子表类型】图例框中选择【三维堆积柱形图】图例,单击【下一步】按钮,再单击【下一步】按钮,打开如图 3-24 对话框。

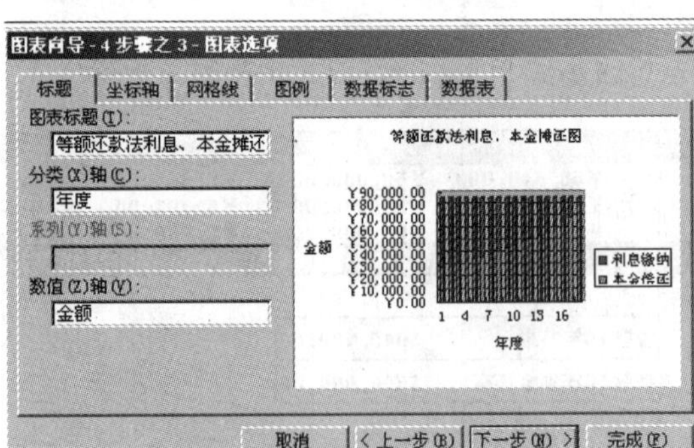

图 3-24 图表向导对话框 2

(4)在【图表标题】中键入“等额还款法利息、本金摊还图”,在【分类(X)轴】中键入“年度”,在【数值(Z)轴】中键入“金额”。

(5)单击【完成】按钮,则可得如图 3-25 所示的结果。

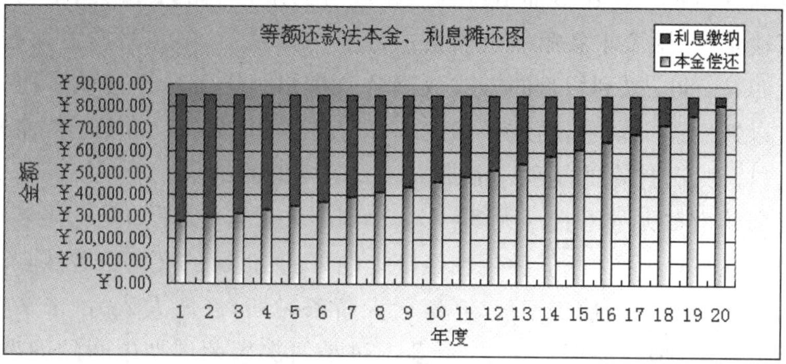

图 3-25 等额还款法利息、本金摊还图

从图 3-25 中我们可以非常直观地看出,等额法下,每年还款的金额是一样的,其中前期本金偿还得少,偿还本金占当年还款额的比例在逐年增加,缴纳利息的情况则正好相反。

2. 等本法

等本法下绘制本金、利息摊还图的步骤同上述等额法,只不过在选择【图表类型】时,选择【折线图】中的【数据点折线图】,结果如图 3-26 所示。

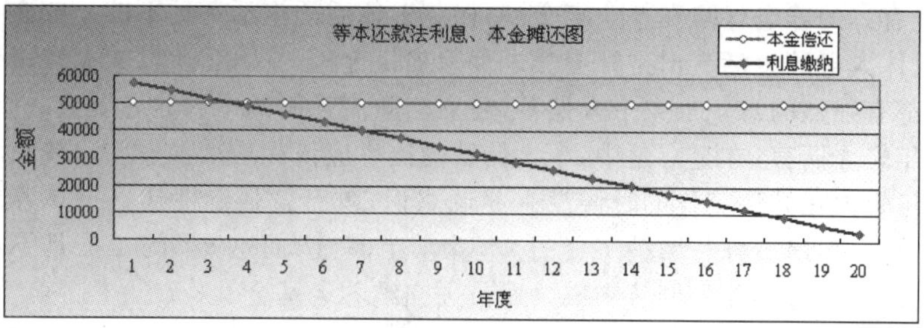

图 3-26 等本还款法利息、本金摊还图

从图 3-26 中我们可以非常直观地看出,等额法下,每年还款的金额是不一样的,其中本金每年偿还的金额一样,缴纳利息逐年减少。

四、个人养老规划

"复利"有时被人称为世界第八大奇观,因为它揭示了财富快速增长的秘密。复利的力量怎样比拟都不过分。印度有一个古老的故事:国王与象棋国手下棋输了,国手要求在第一个棋格中放上一粒麦子,第二格放上两粒,第三格放上四粒,即按复利增长的方式放满整个棋格。国王原以为顶多用一袋麦子就可以打发这个棋手,而结果却发现,即使把全世界生产的麦子都拿来也不足以支付。只有神奇的复利才能带来如此戏剧性的结果。

复利的力量无处不在。大到社会,小到个人投资,莫不如是。经济学家凯恩斯曾经在一篇题为《我们后代在经济上的可能前景》的文章中曾重点谈到过复利的作用。当时的西方正值30年代大萧条时期,许多人认为,未来世界繁荣将不会再现,但凯恩斯却指出,萧条不过是两次繁荣周期中间的间歇,支撑西方经济发展的"复利的力量"并没有消失。凯恩斯在当时已经发现,近代社会的崛起是从16世纪的资本积累开始的,而这个崛起将人类带入"复利时代"。

退休是人生不可避免的问题,总有一天我们必须依靠过去储蓄下来的东西维持生活。想在年老时生活得有尊严,就要从上班第一天开始未雨绸缪进行退休规划,因为:"时间+复利=原子弹"。

社保养老,企业年金制度,以及个人自愿储蓄,是退休理财的金三角。中国的社会保障体系正在建立当中,社会养老保险,企业年金制度不断完善,但是,光有好的养老保险和企业年金,对保障退休后的生活远远不够。在澳大利亚,退休人群的生活支出是社会养老保险提供金额的两倍,所以大家在工作的时候都有强烈的意识加大个人储蓄,建立非政府强制的个人养老基金。所以,对于年轻人而言,在金三角中,个人储蓄的比率应该相应增加一些。澳大利亚很多年轻人在开始工作的时候没有养老意识,政府就强制性建立退休养老金制度,让每个雇员强行缴纳工资的9%为养老基金,而这9%的工资是不用缴税的,政府通过税收的调节来鼓励雇员去交纳养老基金。

如果想让退休后的生活水平和退休前相同,个人养老规划一定要先行,未雨绸缪。就像两个参加等距离竞走的人,提早出发的,就可以轻松散步,留待后来出发的人辛苦追赶,这就是提早规划的好处。

【例3-19】陈先生和王先生都对未来的养老进行了规划,陈先生20岁起就每月定期定额投资500元买基金,假设平均年报酬率为10%,他投资7年就不再扣款,然后让本金与获利一路成长,以此作为他60岁退休后的补充养老金。而王先生则 27 岁才开始投资，同样每月 500 元，10%的年报酬率，持续扣款到 60 岁作为他退休后的补充养老金。陈先生和王先生的投资在 60 岁退休时的积累的养老金总额是多少？假设按月复利。

(1)首先，建立如图 3-27 的财务模型。

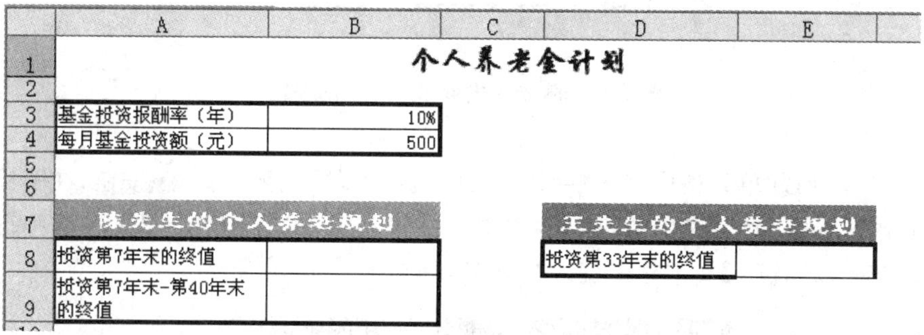

图 3-27 个人养老计划

(2)在 B8 单元格中键入“=FV(”，然后单击【插入函数】 按钮，在弹出的【函数参数】对话框中的【Rate】文本框中键入“B3/12”，【Nper】文本框中键入“7＊12”，【Pmt】文本框中键入“－B4”，如图 3-28 所示。

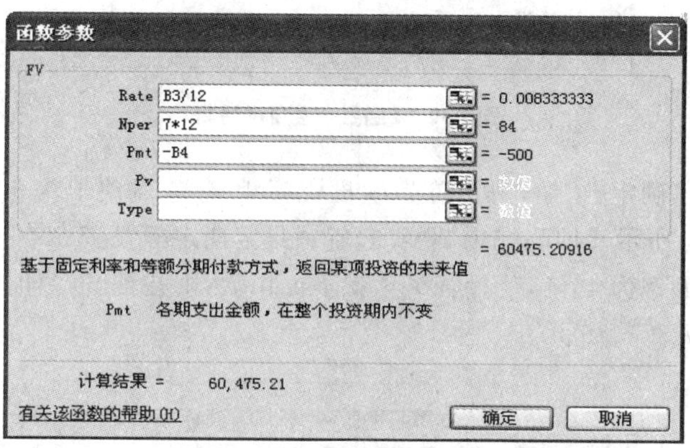

图 3-28 【函数参数】对话框

(3)单击【确定】按钮，得出陈先生投资第 7 年末的终值为 60 475.21，如图 3-29 所示。

7	陈先生的个人养老规划	
8	投资第7年末的终值	60,475.21
9	投资第7年末-第40年末的终值	

图 3-29 陈先生投资第 7 年末的终值

(4)在 B9 单元格中键入"=FV(",然后单击【插入函数】 *fx* 按钮,在弹出的【函数参数】对话框中的【Rate】文本框中键入"B3/12",【Nper】文本框中键入"33＊12",【Pv】文本框中键入"－B8",如图 3-30 所示。

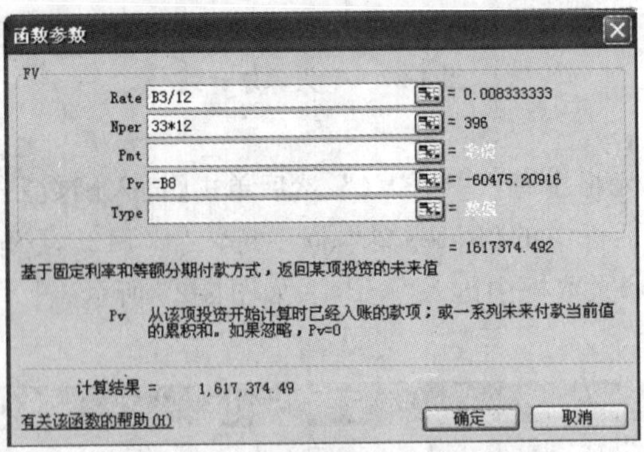

图 3-30 【函数参数】对话框

(5)单击【确定】按钮,得出陈先生投资第 40 年末的终值为 1 617 374.49 元,如图 3-31 所示。即陈先生 20 岁起就每月定期定额投资 500 元买基金,假设平均年报酬率为 10%,他投资 7 年就不再扣款,则在他 60 岁时这笔投资就累积为 1 617 374.49 元。

7	陈先生的个人养老规划	
8	投资第7年末的终值	60,475.21
9	投资第7年末-第40年末的终值	1,617,374.49

图 3-31 陈先生投资第 40 年末的终值

(6)在E8单元格中键入"=FV(",然后单击【插入函数】fx按钮,在弹出的【函数参数】对话框中的【Rate】文本框中键入"B3/12",【Nper】文本框中键入"33＊12",【Pmt】文本框中键入"－500"。

(7)单击【确定】按钮,得出王先生投资第33年末的终值为1 544 665.30元,如图3-32所示。即王先生27岁起就每月定期定额投资500元买基金,假设平均年报酬率为10%,一直投资到60岁,则在他60岁时这笔投资累积为1 544 665.30元。

	陈先生的个人养老规划	
8	投资第7年末的终值	60,475.21
9	投资第7年末-第40年末的终值	1,617,374.49

王先生的个人养老规划	
投资第33年末的终值	1,544,665.30

图3-32 王先生投资在他60岁时的终值

相比之下,陈先生的日子过得要比王先生舒服多了。陈先生只投资了七年,而王先生投资了33年,陈先生很轻松地积累的养老金超过了王先生,时间和复利的威力巨大。

假设那位陈先生没有在27岁停止投资,而是继续坚持每月投资500元,那么,到了60岁,累积的财富可以计算出来将是3 162 039.79元,几乎是王先生的2倍!而他仅仅只比王先生提前投资了7年而已。所以,投资一旦开始,就千万别停下来。时间越长,投资的效益就会越显著。

时间是世界上最大的魔法师,它对投资结果的改变是惊人的。所以说,退休养老规划是贯穿人一生的规划,对于年轻人来说尤为重要,一个好的开端,一个有计划的过程,将使老年生活富足而有尊严。

【例3-20】假设陈先生从20岁开始每年定期投资相同的金额,王先生则从40岁起开始每年定期投资相同的金额,两人都投资到60岁,假设每年的投资回报率均为10%,两人都想在年满60岁积累100万的养老金,则两人每年分别需定期投资多少金额?

(1)首先,建立如图3-33的财务模型。C8、F8的年投资额可设任意值。C9单元格中键入"=FV(C6,C7,－C8)",F9单元格中键入"=FV(F6,F7,－F8)"。

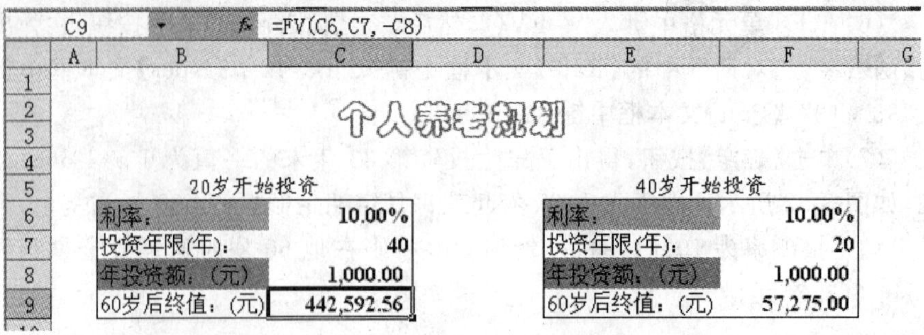

图 3-33 【例 3-20】个人养老规划

(2)单击【工具】菜单栏中的【单变量求解】选项，弹出【单变量求解】对话框，在【目标单元格】中键入“＄C＄9”，在【目标值】中键入“1 000 000”，在【可变单元格】中键入“＄C＄8”，如图 3-34 所示。

图 3-34 【单变量求解】对话框

(3)单击【确定】按钮，弹出【单变量求解状态】对话框，同时 C8 单元格值求解为 2 259.41，C9 单元格值变为目标值 1 000 000，如图 3-35 所示。即陈先生从 20 岁开始每年定额进行投资，一直投资到 60 岁，年投资回报率为 10%，则如果他想在 60 岁时累积 100 万的养老金，则每年需定额投资 2 259.41元。

(4)单击【确定】按钮。

(5)单击【工具】菜单栏中的【单变量求解】选项，弹出【单变量求解】对话框，在【目标单元格】中键入“＄F＄9”，在【目标值】中键入“1 000 000”，在【可变单元格】中键入“＄F＄8”，单击【确定】按钮，弹出【单变量求解状态】对话框，再单击【确定】按钮。结果如图 3-36 所示。

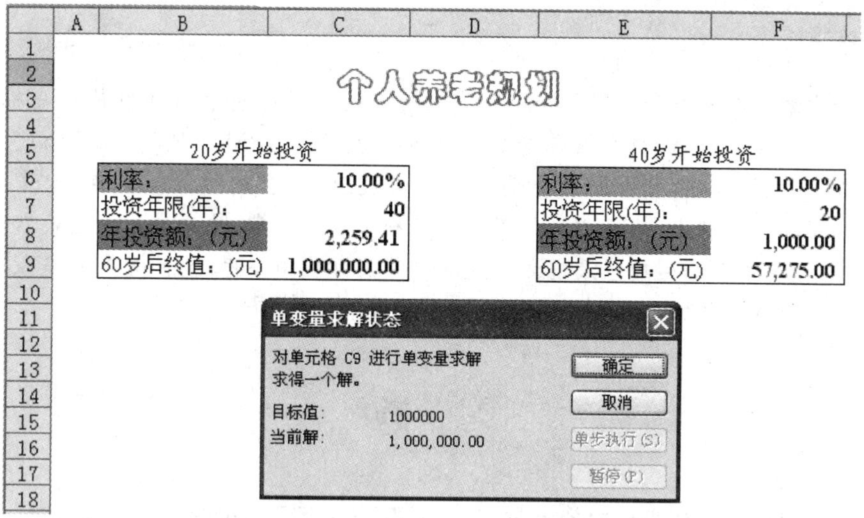

图 3-35 【单变量求解状态】对话框

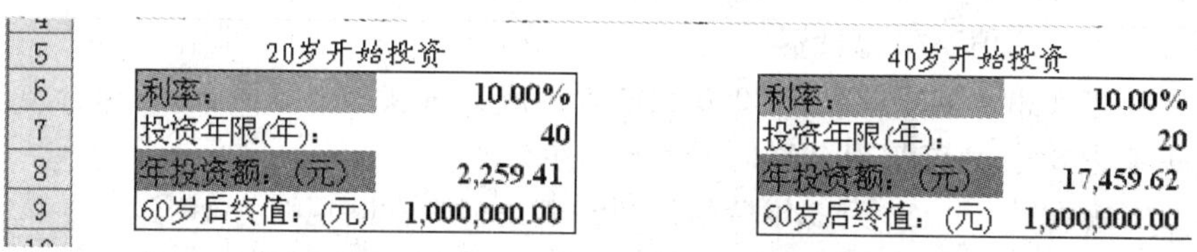

图 3-36 为了 60 岁时养老目标 100 万，陈先生、王先生的投资规划

即王先生在 40 岁时开始每年定额投资，一直投资到 60 岁，年投资回报率为 10%，则他为了 60 岁时 100 万元养老金的目标，每年需定额投资17 459.62 元。

从图 3-36 中可看出，同样是 60 岁时养老目标 100 万元，陈先生比王先生早投资了 20 年，他只需年投资 2 259.41 元即可，这个投资额很容易做得到，而王先生晚投资了 20 年，为了同样的养老目标，他每年需投资高达 17 459.62 元。

“时间＋复利＝原子弹”，诚哉斯言。

本章提要

本章主要介绍了利用 Excel 提供的财务函数进行资金时间价值的分析，辅助贷款决策和规划个人养老。内容包括用 FV、IPMT、PV、PMT、NPV、PPMT 等投资计算函数计算复利的终值与现值、年金的终值与现值；计算实际利率和名义利率；然后通过计算贷款年利率和偿还期，住房贷款的还款方式选择、提前还贷等问题以及规划个人养老等实际应用举例，使读者能够综合运用有关财务函数解决相关的资金时间价值应用问题。

习 题

1. 有一个 5 年期的投资计划，目前需要 100 万元的投资成本，当前的贷款利率为 10%，此项投资在第 0 年一次性投入。1～5 年的预估收入依次为 30 万元、30 万元、25 万元、20 万元、20 万元，试问该投资计划的净现值(NPV)为多少？该计划值不值得投资？

2. 将在第 4 期末收到 10 000 元的现金流。对该现金流而言，各期合适的贴现率为 8%，则该笔现金流的现值是多少？

3. 现在的 50 000 元 5 年后的复利终值是多少？贴现率为 10%。

4. 某人每年年末存入银行 5 000 元，若年率为 8%，则第 4 年末可从银行一次性取出多少钱？

5. 假设某企业有一笔 3 年后到期的借款，到期值为 1 000 万元。若存款年利率为 10%，则为偿还该项借款应建立的偿债基金应为多少？

6. 某公司预计在 6 年中，从一名顾客处每年年末收取 8 000 元的汽车贷款还款，贷款利率为 8%，该顾客借了多少资金，即这笔贷款的现值是多少？

7. 某企业于年初投资一项目，估计从第四年开始至第十年，每年年末可得收益 100 万元，假定年利率为 6%。要求：计算投资项目年收益的终值。

8. 为了购房，王宏办理了一笔期限为 10 年额度 50 万元的按揭贷款，年利率为 12%，分别计算在等额还款法和等本还款法下，王宏每月的还款额是多少？其中多少用来偿还利息？多少用来偿还本金？

9. 制作期数为 60，贴现率从 1%～30%(间隔为 1%)的 1 元复利终值系数表、1 元复利现值系数表。

10. 制作期数为 50，贴现率从 1%～20%(间隔为 0.5%)的 1 元年金终值系数表、1元年金现值系数表。

11.综合练习:根据以下资料,提交理财报告书。

时间:2005.1.1—2008.6.30

人物:张先生

假设:

(1)张先生2005年年龄为28岁,称之为小张。

(2)张先生2005年年龄为45岁,称之为中年张。

(3)张先生2005年年龄为60岁,称之为老张。

基本情况:

张先生手头有闲置资金20万元,长期放在活期账户上,收益太低,因此,张先生决定学习相关理财知识,以打理这部分闲置资金。张先生预计在最近3至5年内不会动用这部分资金,也没有置办产业的打算。张先生已经办理了很齐全的社保和商业补充保险,考虑到自己朝九晚五,又匮乏专业证券知识,因此不打算投资股票,考虑投资基金。

要求:

(1)如果你是张先生,分处于不同的三个假设年龄段,你将如何配置这20万元的闲置资金?可以选择银行储蓄和开放式基金两种理财途径。假设你的理财期为2005.1.1—2008.6.30,计算出你的每种投资方式截止到2008年6月30日的收益率,以及20万元的总收益率及你的资金的期末余额,制作出理财报告书。

(2)对于你的配置比例及每种投资,请给出相应的理由。

(3)如果投资基金,在基金分红时,要及时更新你的基金份额或资金余额,并请说明你所选择的分红方式及理由。

(4)对于所用到的每种基金的原始数据,请在理财报告书上注明。

(5)请说明你的基金投资渠道。例如:是通过何种银行卡?是银行代销还是直销?是柜台办理还是网上交易?投资某种基金后,要及时计算出基金份额和投资成本,以方便计算收益率。关于投资基金的申(认)购和赎回费用要严格按照基金公司规定或银行规定的费率,不考虑网银的转账费用。

(6)你有充分的自由随时申(认)购任何基金,随时赎回任何你持有的基金,并请说明你操作的理由。赎回时,请注意你资金到账的时间间隔,并请注明。

(7)请总结你这三年半理财的心得、体会、感慨、得失经验。

(8)提交理财报告书。

以下网址可查询有关基金资料：

(1)http://money. business. sohu. com/jijin. shtml,此网站有各基金公司的链接。

(2)www. ourku. com.

(3)www. fund123. cn.

第4章 财务预算

知识要求

通过本章的学习，掌握

- 日常业务预算的编制方法
- 现金预算的编制方法

技能要求

通过本章的学习，能够利用Excel进行预算编制，包括销售预算、生产预算、直接人工、直接材料和制造费用、销售及管理费用预算、现金预算的编制。

预算是对计划所做的数量说明。财务预算是企业内部各级部门的奋斗目标。企业目标是多种的，而财务预算表达的主要是资金、收入、成本、费用和利润等目标，其中利润目标是企业的主要奋斗目标，而为了达到企业目标，各级部门就必须根据具体的财务目标安排各自的经营活动，使企业总体目标有保障。财务预算是协调企业内部工作的重要工具；同时又可以作为控制经营活动和考核各部门工作的依据。财务预算就是一系列专门反映企业未来一定预算期内预计财务状况和经营成果以及现金收支等价值指标的各种预算的总称，具体包括现金预算、预计利润表、预计资产负债表等。

第一节 日常业务预算

【例4-1】科达公司生产甲产品，假定该企业2009年末的资产负债表如图

4-1 所示。销售部门根据预测指标、销售单价及收款条件，分季度来编制销售预算并预计销售收入。

	A	B	C	D
1	科达公司2009年末的资产负债表		单位：元	
2	资产	金额	负债及所有者权益	金额
3	流动资产：		流动负债：	
4	货币资金	50,000.00	应付账款	24,000.00
5	应收账款	30,000.00	应付职工薪酬	39,930.00
6	存货	22,200.00	其他应付款	62,880.00
7	流动资产合计	102,200.00	流动负债合计	126,810.00
8				
9	非流动资产：		所有者权益：	
10	可供出售金融资产	250,000.00	实收资本	400,000.00
11	固定资产	199,910.00	资本公积	5,300.00
12	无形资产	20,000.00	留用利润（含盈余公	40,000.00
13			积和未分配利润）	
14				
15	非流动资产合计：	469,910.00	所有者权益合计	445,300.00
16	资产总计	572,110.00	负债及所有者权益	572,110.00

图 4-1　科达公司 2009 年末的资产负债表

2010 年的有关预测资料如下：

(1)各季度甲产品预计销量分别为 2 000 件、3 000 件、3 000 件、2 000 件，产品售价为 100 元/件。甲产品的现销比例为 80%，其余 20%的货款在下季度收回。销售计划数据见图 4-2。

	A	B	C
1	销售计划		
2	一季度销售量（件）		2,000.00
3	二季度销售量（件）		3,000.00
4	三季度销售量（件）		3,000.00
5	四季度销售量（件）		2,000.00
6	销售单价		100.00

图 4-2　科达公司 2010 年销售计划

(2)甲产品 2009 年末存货量为 200 件，单位成本为 70 元/件，2010 年各季度的期末存货分别为下一季度预计销量的 10%，2010 年末存货预计为 220 件。

(3)预计材料存料量和付款方式如下：A 材料 2009 年末存料量为 820 千克，单价为 10 元/千克，2010 年各季度的期末存料量均为预计下一季度生产耗用量的 20%。2010 年末 A 材料预计存料量为 900 千克。2010 年 A 材料的单价为 10 元，每季度的购料款当季只需支付 60%现金，余款下季付清。

(4)预计 2010 年预算期制造费用见图 4-3，制造费用按标准总工时分配。

	A	B
1	预计预算期制造费用开支如下：	
2	项目	金额
3	工资	50,000.00
4	职工福利费	7,000.00
5	修理费	27,000.00
6	折旧费	20,000.00
7	办公费	8,000.00
8	水电费	12,000.00
9	物料消耗费	10,000.00
10	劳动保护费	8,000.00
11	租赁费	20,000.00
12	差旅费	10,000.00
13	保险费	10,000.00
14	其他	18,400.00
15	合计	200,400.00

图 4-3 预计 2010 年预算期制造费用

(5)预计 2010 年预算期财务费用各项开支数额见图 4-4。

	A	B	C
1	预计财务费用开支数额		
2	项目		金额
3	利息支出		2,660.00
4	利息收入		2,360.00
5	汇兑损失		4,000.00
6	汇兑收益		3,000.00
7	手续费		10,700.00
8	其他		18,800.00
9	合计		30,800.00

图 4-4 预计 2010 年财务费用各项开支

(6)预计 2010 年预算期管理费用项目开支数额见图 4-5。

	A	B
1	预计预算期管理费用各项目开支	
2	项目	金额
3	工资	20,000.00
4	职工福利费	2,800.00
5	折旧费	5,930.00
6	办公费	15,000.00
7	差旅费	12,000.00
8	保险费	3,000.00
9	物料消耗	6,000.00
10	低值易耗品摊销	1,170.00
11	无形资产摊销	10,000.00
12	坏账损失	1,000.00
13	业务招待费	3,000.00
14	工会经费	7,492.00
15	职工教育费	5,619.00
16	税金	
17	车船使用税	80.00
18	印花税	40.00
19	其他	869.00
20	合计	94,000.00

图 4-5　预计 2010 年管理费用项目开支

(7)预计销售各项费用开支数额有计算比例如下：

工资每季度为 1 000 元，第二季度广告费开支为 1 440 元，业务费、运输费、保险费、保管费均为预计销售额的 1‰。

(8)预计预算期第四季度投资收益 20 000 元，营业外收入 41 560 元，营业外支出第一季度为 7 600 元，第二季度为 1 800 元，第四季度为 18 600 元。

(9)根据资本预算，该公司计划预算期第二季度以分期付款方式购入一套设备，价值 81 700 元，该季度付款 55 000 元，第三季度付款 16 700 元，余款第四季度付清。

(10)预计各季度销售税金分别为 12 040 元、15 460 元、16 260 元和 12 510元。

(11)公司定额成本资料如图 4-6。

(12)该公司按年末应收账款余额的 3‰计提坏账准备。

(13)该公司适用的所得税税率为 25%，假设不需要进行纳税调整。

(14)按税后利润的 10%分别计提法定盈余公积和公益金，按税后利润的 20%分配给投资单位利润。

	A	B	C	D	E
1	公司定额成本资料				
2	单位产品A材料消耗定额（千克）				2
3	A材料单价（元/千克）				10
4	单位产品定时定额（工时）				5
5	单位工时的工资率（元）				6

图 4-6　定额成本资料

(15)该公司第二季度向银行借款 21 000 元，第三季度归还，假设利息为 2 000元。

(16)该公司每季度最低现金余额要求保持在 23 000 元左右。各季度现金余缺可通过取得或归还短期贷款以及进行短期证券投资或出售短期证券投资来解决。

首先创建一个新的 Excel 工作簿，将其命名为“财务预算. xls”，然后在此工作簿上建立财务预算的各项分表，将有关原始资料放在相应的工作表中，如同上面给出的原始资料样式。然后从这些原始资料的各工作表中取数，加工成我们所需要的预算表。

一、销售预算

销售预算是用于规划预算期销售活动的一种业务预算。销售预算是编制全面预算的出发点，也是编制日常业务预算的基础。销售预算表上应包括两部分内容：其一是各个季度及全年的预计销售收入，可根据预计的销售量乘以预计销售单价计算；其二是预计各季度及全年现金收入，可根据各个季度全部销售额中赊销和现销的比例情况确定。

根据【例 4-1】的有关资料，可编制科达公司 2010 年度的分季度销售预算，如图 4-7 和 4-8 所示，在工作簿“财务预算. xls”中建立一个名为“全年分季度的销售预算”的工作表，表中各单元格的公式如下：

(1)各季度的预计销售量和销售单价取自工作表“销售计划”中的原始资料。

(2)各季度的预计销售金额＝预计销售量×销售单价

(3)第一季度预期现金收入。包括上期末应收账款：单元格 B6＝“预算期初资产负债表！B5”和本期现销收入：单元格 B7＝“B5＊0.8”。

	A	B	C	D	E	F
1	全年分季度销售预算					
2	摘要	一季度	二季度	三季度	四季度	全年
3	预计销售量（件）	2,000.00	3,000.00	3,000.00	2,000.00	10,000.00
4	销售单价（元）	100.00	100.00	100.00	100.00	100.00
5	预计销售额（元）	200,000.00	300,000.00	300,000.00	200,000.00	1,000,000.00
6	期初应收账款（元）	30,000.00				30,000.00
7	一季度销售收入（元）	160,000.00	40,000.00			200,000.00
8	二季度销售收入（元）		240,000.00	60,000.00		300,000.00
9	三季度销售收入（元）			240,000.00	60,000.00	300,000.00
10	四季度销售收入（元）				160,000.00	160,000.00
11	现金合计	190,000.00	280,000.00	300,000.00	220,000.00	990,000.00
12						

销售预算 / 生产预算 / 材料采购现金支出预算 / 直接工资预算 / 制造费用预

图 4-7　全年分季度的销售预算

	A	B	C	D	E	F
1	全年分季度销售预算					
2	摘要	一季度	二季度	三季度	四季度	全年
3	预计销售量（件）	=销售计划!C2	=销售计划!C3	=销售计划!C4	=销售计划!C5	=SUM(B3:E3)
4	销售单价（元）	=销售计划!C6	=销售计划!C6	=销售计划!C6	=销售计划!C6	=销售计划!C6
5	预计销售额（元）	=B3*B4	=C3*C4	=D3*D4	=E3*E4	=F3*F4
6	期初应收账款（元）	=预算期初资产负债表!B5				=SUM(B6:E6)
7	一季度销售收入（元）	=B5*0.8	=B5-B7			=SUM(B7:E7)
8	二季度销售收入（元）		=C5*0.8	=C5-C8		=SUM(B8:E8)
9	三季度销售收入（元）			=D5*0.8	=D5-D9	=SUM(B9:E9)
10	四季度销售收入（元）				=E5*0.8	=SUM(B10:E10)
11	现金合计	=SUM(B6:B10)	=SUM(C6:C10)	=SUM(D6:D10)	=SUM(E6:E10)	=SUM(F6:F10)

图 4-8　全年分季度的销售预算(公式设置)

(4)第二季度预期现金收入。包括上期末应收账款:单元格 C7＝“B5－B7”和本期现销收入:单元格 C8＝“C5＊0.8”。

(5)第三季度预期现金收入。包括上期末应收账款:单元格 D8＝“C5－C8”和本期现销收入:单元格 D9＝“D5＊0.8”。

(6)第四季度预期现金收入。包括上期末应收账款:单元格 E9＝“D5－D9”和本期现销收入:单元格 E10＝“E5＊0.8”。

(7)全年合计值的计算。运用SUM函数,合计B列至E列相应各行中单元格数据,如图4-8所示。

(8)现金合计。在单元格B11中键入"=SUM(B6:B10)",之后按Enter键,然后一直向右填充到F11单元格,计算出各季度及全年的现金收入合计。

销售预算中的现金收入是企业最主要的现金流入来源,现金支出各项目的预算数主要来自生产预算、采购预算、直接工资预算、制造费用预算、管理费用预算及销售费用预算。下面逐个说明。

二、生产预算

生产预算是为规划预算期生产规模而编制的一种业务预算。生产预算应以销售预算为依据,结合期初期末存货水平进行编制。编制生产预算的主要目的是预计生产量并据此估计材料和人工的需要量。预计生产量的计算公式为:

预计生产量=预计销售量+预计期末存货量−计划期初存货量

生产预算既是企业安排生产进程表的基础,也可以为下一步编制成本和费用预算提供依据。

在工作簿"财务预算.xls"中建立一个名为"生产预算"的工作表,编制预算年度的分季生产预算,如图4-9和4-10所示。

	A	B	C	D	E	F
1	生产预算					
2	摘要	一季度	二季度	三季度	四季度	全年
3	预计销售量	2,000.00	3,000.00	3,000.00	2,000.00	100,000.00
4	加:预计期末存货量	300.00	300.00	200.00	220.00	220.00
5	预计需要量合计	2,300.00	3,300.00	3,200.00	2,220.00	10,220.00
6	减:期初存货量	200.00	300.00	300.00	200.00	200.00
7	预计产量	2,100.00	3,000.00	2,900.00	2,020.00	10,020.00
8	直接材料消耗:					
9	单位产品材料消耗定额(千克)	4,200.00	6,000.00	5,800.00	4,040.00	20,040.00
10	直接人工消耗:					
11	单位产品工时定额(工时)	10,500.00	15,000.00	14,500.00	10,100.00	50,100.00

定额成本 / 预算期初资产负债表 / 销售预算 / 生产预算

图4-9 生产预算

	A	B	C	D	E	F
1	生产预算					
2	摘要	一季度	二季度	三季度	四季度	全年
3	预计销售量	=销售预算!B3	=销售预算!C3	=销售预算!D3	=销售预算!E3	=SUM(B3:E3)
4	加：预计期末存货量	=C3*10%	=D3*10%	=E3*10%	=220	=E4
5	预计需要量合计	=SUM(B3:B4)	=SUM(C3:C4)	=SUM(D3:D4)	=SUM(E3:E4)	=SUM(F3:F4)
6	减：期初存货量	200	=B4	=C4	=D4	=B6
7	预计产量	=B5-B6	=C5-C6	=D5-D6	=E5-E6	=F5-F6
8	直接材料消耗：					
9	单位产品材料消耗定额（千克）	=B7+定额成本!E2	=C7+定额成本!E2	=D7+定额成本!E2	=E7+定额成本!E2	=F7+定额成本!E2
10	直接人工消耗：					
11	单位产品工时定额（工时）	=B7+定额成本!E4	=C7+定额成本!E4	=D7+定额成本!E4	=E7+定额成本!E4	=F7+定额成本!E4

图 4-10 生产预算(公式设置)

该表的公式设置注意以下几点：

(1)第 3 行的预计销售量取自刚刚作好的销售预算表,如图 4-10 所示。

(2)第 3 行的预计期末存货量中,一至三季度的预算期末存货量计算公式为：

预计期末存货量＝下一季度预计销售量×10％

而第四季度的期末存货量则由【例 4-1】的预测资料(2)给定。

(3)第一季度初期初存货量根据【例 4-1】的预测资料(2)给定。

(4)第 9 行和第 11 行的计算公式为：

直接材料消耗＝预计生产量×单位产品材料消耗定额

直接人工材料＝预计生产量×单位产品工时定额

这里单位产品材料消耗定额和单位产品工时定额出自工作表“定额成本.xls”。

(5)有关单元格公式见图 4-10。

三、直接材料消耗及采购预算

直接材料消耗及采购预算是为规划预算期直接材料消耗情况及采购活动而编制的。该预算表应包括两部分内容:其一是全年及各季度各种材料消耗及采购总量及预计采购金额,可根据生产预算、材料消耗定额、材料单价及期初期末存料水平等计算,其计算公式如下：

预计购料量＝生产需要量＋预算期末预计存料量－预算期初存料量

其二是预计预算期材料采购现金支出,可根据每个季度预计采购金额中现金支付和赊购的比例分析计算,为以后编制现金预算提供依据。

在工作簿“财务预算.xls”中建立一个名为“直接材料采购现金支出预算”的工作表,如图 4-11 和 4-12 所示。

	A	B	C	D	E	F
1	材料采购现金支出预算					
2	摘要	一季度	二季度	三季度	四季度	全年
3	预计生产需要量（件）	4,200.00	6,000.00	5,800.00	4,040.00	20,040.00
4	加：预计期末存料量（千克）	1,200.00	1,160.00	808.00	900.00	900.00
5	预计需要量合计（千克）	5,400.00	7,160.00	6,608.00	4,940.00	20,940.00
6	减：期初存料量（千克）	820.00	1,200.00	1,160.00	808.00	820.00
7	预计材料采购量（千克）	4,580.00	5,960.00	5,448.00	4,132.00	20,120.00
8	材料计划单价（元）	10.00	10.00	10.00	10.00	10.00
9	预计购料金额（元）	45,800.00	59,600.00	54,480.00	41,320.00	201,200.00
10	期初应付账款（元）	24,000.00				24,000.00
11	一季度购料（元）	27,480.00	18,320.00			45,800.00
12	二季度购料（元）		35,760.00	23,840.00		59,600.00
13	三季度购料（元）			32,688.00	21,792.00	54,480.00
14	四季度购料（元）				24,792.00	24,792.00
15	现金支出合计	51,480.00	54,080.00	56,528.00	46,584.00	208,672.00
16						

销售预算 / 生产预算 / 直接材料采购现金支出预算 / 直接

图 4-11 直接材料消耗及采购现金支出预算

	A	B	C	D	E	F
1	材料采购现金支出预算					
2	摘要	一季度	二季度	三季度	四季度	全年
3	预计生产需要量（件）	=生产预算!B9	=生产预算!C9	=生产预算!D9	=生产预算!E9	=生产预算!F9
4	加：预计期末存料量（千克）	=C3*0.2	=D3*0.2	=E3*0.2	900	=E4
5	预计需要量合计（千克）	=SUM(B3:B4)	=SUM(C3:C4)	=SUM(D3:D4)	=SUM(E3:E4)	=SUM(F3:F4)
6	减：期初存料量（千克）	820	=B4	=C4	=D4	=B6
7	预计材料采购量（千克）	=B5-B6	=C5-C6	=D5-D6	=E5-E6	=F5-F6
8	材料计划单价（元）	10	10	10	10	10
9	预计购料金额（元）	=B7*B8	=C7*C8	=D7*D8	=E7*E8	=F7*F8
10	期初应付账款（元）	=预算期初资产负债表!D4				=B10
11	一季度购料（元）	=B9*60%	=B9-B11			=SUM(B11:E11)
12	二季度购料（元）		=C9*60%	=C9-C12		=SUM(B12:E12)
13	三季度购料（元）			=D9*60%	=D9-D13	=SUM(B13:E13)
14	四季度购料（元）				=E9*60%	=SUM(B14:E14)
15	现金支出合计	=SUM(B10:B14)	=SUM(C10:C14)	=SUM(D10:D14)	=SUM(E10:E14)	=SUM(F10:F14)

图 4-12 直接材料消耗及采购现金支出预算(公式设置)

该表的公式设置注意以下几点：

(1)第 3 行的预计生产需要量的数据取自生产预算表的第 9 行。

(2)第 4 行的预计期末存料量中，一至三季度的预算期末存料量计算公式为：

预计期末存料量＝下一季度预计生产需要量×10％

而第四季度的期末存料量则由【例 4-1】的预测资料 3 给定。

(3)第 6 行中第一季度期初存料量 820 来自【例 4-1】的预测资料(3)，第二季度至第四季度的期初存料量分别等于上一季度的预计期末存料量。

(4)第 8 行的材料计划单价 10 元/千克来自【例 4-1】的预测资料(3)。

(5)第 10 行的期初应付账款数据来自上年的资产负债表，即 B10＝预算期初资产负债表！D4。

(6)第一季度预计现金支出。包括期初应付账款：单元格 B10＝“预算期初资产负债表！D4”和本期现购金额：单元格 B11＝“B9＊60％”。

(7)第二季度预计现金支出。包括期初应付账款：单元格 C11＝“B9－B11”和本期现购金额：单元格 C12＝“C9＊60％”。

(8)第三季度预计现金支出。包括期初应付账款：单元格 D12＝“C9－C12”和本期现购金额：单元格 D13＝“D9＊60％”。

(9)第四季度预计现金支出。包括期初应付账款：单元格 E13＝“D9－D13”和本期现购金额：单元格 E14＝“E9＊60％”。

(10)全年期初应付账款：单元格 F10＝B10。

(11)现金支出合计。在单元格 B15 中键入“＝SUM(B10:B14)”，之后按 Enter 键，然后一直向右填充到 F15 单元格，计算出各季度及全年的现金支出合计。

注：各季度购料预计现金支出额见【例 4-1】给定的预测资料中的付款条件说明，应按以下公式计算：

预计现金支出＝前期应付账款＋本期购料款现购额

＝期初应付账款余额(或前期购料款×40％)＋本期购料款×60％

四、直接人工成本预算

直接人工成本预算是一种反映预算期内人工工时消耗水平并规划人工成本开支的业务预算。该预算应根据生产预算、工时单耗及小时工资率等有关资料编制。具体计算公式如下：

直接人工总成本＝预计生产量×单位产品工时耗用量×小时工资率

在工作簿“财务预算.xls”中建立一个名为“直接工资预算”的工作表，如图 4-13 和 4-14 所示。

	A	B	C	D	E	F
1	直接工资预算					
2	摘要	一季度	二季度	三季度	四季度	全年
3	预计生产需要工时总数（工时）	10,500.00	15,000.00	14,500.00	10,100.00	50,100.00
4	单位工时的工资率（元）	6.00	6.00	6.00	6.00	6.00
5	预计直接工资支出总额（元）	63,000.00	90,000.00	87,000.00	60,600.00	300,600.00

图 4-13 直接工资预算

	A	B	C	D	E	F
1	直接工资预算					
2	摘要	一季度	二季度	三季度	四季度	全年
3	预计生产需要工时总数（工时）	=生产预算!B11	=生产预算!C11	=生产预算!D11	=生产预算!E11	=SUM(B3:E3)
4	单位工时的工资率（元）	=定额成本!E5	=定额成本!E5	=定额成本!E5	=定额成本!E5	=定额成本!E5
5	预计直接工资支出总额（元）	=B3*B4	=C3*C4	=D3*D4	=E3*E4	=F3*F4

图 4-14 直接工资预算(公式设置)

假定该公司实行计件工资制，预算期间所需直接人工只有一个工种。

各单元格计算公式如下：

(1)第 3 行的预计生产需要工时总数取自工作表“生产预算. xls”第 11 行的数据。

(2)第 4 行的单位工时工资率取自工作表“定额成本. xls”中 E5 单元格数据。

(3)第 5 行的各期预计直接工资支出总额＝各期预计生产需要工时总数×单位工时的工资率。

五、制造费用预算

制造费用预算是指用于规划除直接材料、直接人工以外的其他一切生产费用的一种业务预算。编制制造费用预算时，应以预算期一定的产量为基础，同时考虑计划期成本降低指标、各种明细费用的具体情况、上年计划执行情况，以及预算期全年的标准总工时等来逐项预计各费用项目全年的支出数额，然后汇总，求得预算期制造费用总数。将预算期制造费用总数除以标准总工时，求得单位工时制造费用分配率。制造费用预算表上还应附加预计的现金支出项目，即从各期的制造费用中剔除固定资产折旧费用等不需要现金支出的项目，以便为编制现金预算提供依据。在一定情况下，制造费用发生各季都较均匀,因此,将制造费用全年现金支出总数除以 4,即可得出制造费用每季现金支出数。

在工作簿"财务预算.xls"中建立一个名为"制造费用预算"的工作表,如图 4-15 和 4-16 所示。

	A	B	C
1	制造费用预算		
2			
3	费用项目	金额	费用分配率(元/小时)
4	工资	50,000.00	
5	职工福利费	7,000.00	
6	修理费	27,000.00	
7	折旧费	20,000.00	
8	办公费	8,000.00	
9	水电费	12,000.00	
10	物料消耗费	10,000.00	
11	劳动保护费	8,000.00	
12	租赁费	20,000.00	
13	差旅费	10,000.00	
14	保险费	10,000.00	
15	其他	18,400.00	
16	合计	200,400.00	
17	减:折旧	20,000.00	
18	制造费用全年现金支出	180,400.00	
19	制造费用每季现金支出	45,100.00	4.000

直接工资预算 / 制造费用预算 / 管理费用预算 / 财务费用

图 4-15 制造费用预算

各单元格的计算公式如图 4-16 所示。

六、管理费用预算

管理费用预算是指用于规划企业的行政管理部门为维持企业的一般行政管理工作而发生的必要的各项管理费用支出的一种业务预算。根据不同的情况,各不同的费用项目可分别按业务量水平、费用列支标准等并结合管理控制目标分析确定。该预算表上应附加现金支出项目,以便为编制现金预算提供依据。管理费用中的固定资产折旧费、低值易耗品摊销、无形资产摊销及递延费用摊销均是不需用现金支出的项目,在预算管理费用现金支出时,应予以扣除。在通常情况下,管理费用各季支出也比较均衡,因此,各季的管理费用现金支出数为预计全年管理费用现金支出总数的 1/4。

	A	B	C
1	制造费用预算		
2			
3	费用项目	金额	费用分配率（元/小时）
4	工资	=预计制造费用!B3	
5	职工福利费	=预计制造费用!B4	
6	修理费	=预计制造费用!B5	
7	折旧费	=预计制造费用!B6	
8	办公费	=预计制造费用!B7	
9	水电费	=预计制造费用!B8	
10	物料消耗费	=预计制造费用!B9	
11	劳动保护费	=预计制造费用!B10	
12	租赁费	=预计制造费用!B11	
13	差旅费	=预计制造费用!B12	
14	保险费	=预计制造费用!B13	
15	其他	=预计制造费用!B14	
16	合计	=预计制造费用!B15	
17	减：折旧	=制造费用预算!B7	
18	制造费用全年现金支出	=B16-B17	
19	制造费用每季现金支出	=B18/4	=B16/直接工资预算!F3

图 4-16 制造费用预算(公式设置)

在工作簿“财务预算.xls”中建立一个名为“管理费用预算”的工作表，如图 4-17 和 4-18 所示。

	A	B
1	计划年度管理费用预算	
2	项目	金额
3	管理费用合计	94,000.00
4	减：折旧费	5,930.00
5	低值易耗品摊销	1,170.00
6	无形资产摊销	10,000.00
7	管理费用全年现金支出总额	76,900.00
8	管理费用每季现金支出总额	19,225.00

图 4-17 管理费用预算

各单元格的计算公式如图 4-18 所示。

七、财务费用预算

财务费用预算是指对预算期企业筹集生产经营所需要资金而发生的费用

	A	B
1	计划年度管理费用预算	
2	项目	金额
3	管理费用合计	=预计预算期管理费用!B20
4	减：折旧费	=预计预算期管理费用!B5
5	低值易耗品摊销	=预计预算期管理费用!B10
6	无形资产摊销	=预计预算期管理费用!B11
7	管理费用全年现金支出总额	=B3-SUM(B4:B6)
8	管理费用每季现金支出总额	=B7/4

图 4-18 管理费用预算(公式设置)

进行的一种业务预算，包括利息收支、汇兑损失(或收益)以及相关的金融机构手续费等项目数额的计算。财务费用各项目均需支付现金，费用的预算数即预计财务费用现金支出数，所有资料均来自【例 4-1】的预测资料(5)。

在工作簿“财务预算.xls”中建立一个名为“财务费用预算”的工作表，如图 4-19 和 4-20 所示。

	A	B
1	预计财务费用开支	
2	项目	金额
3	利息支出	2,660.00
4	利息收入	2,360.00
5	汇兑损失	4,000.00
6	汇兑收益	3,000.00
7	手续费	10,700.00
8	其他	18,800.00
9	合计	30,800.00

图 4-19 财务费用预算

	A	B
1	预计财务费用开支	
2	项目	金额
3	利息支出	=预计财务费用!C3
4	利息收入	=预计财务费用!C4
5	汇兑损失	=预计财务费用!C5
6	汇兑收益	=预计财务费用!C6
7	手续费	=预计财务费用!C7
8	其他	=预计财务费用!C8
9	合计	=B3-B4+B5-B6+B7+B8

图 4-20 财务费用预算(公式设置)

各单元格的计算公式如图 4-20 所示。

八、销售费用预算

销售费用预算是指对企业产品销售过程中为推销产品而发生的各项费用

支出进行的一种业务预算。它以销售预算为基础，根据预测资料编制预算年度分季销售费用预算。

在工作簿“财务预算.xls”中建立一个名为“销售费用预算”的工作表，如图 4-21 和 4-22 所示。

	A	B	C	D	E	F
1	销售费用预算					
2	摘要	一季度	二季度	三季度	四季度	全年
3	工资	1,000.00	1,000.00	1,000.00	1,000.00	4,000.00
4	福利费	140.00	140.00	140.00	140.00	560.00
5	业务费	200.00	300.00	300.00	200.00	1,000.00
6	广告费		1,440.00			1,440.00
7	包装费	200.00	300.00	300.00	200.00	1,000.00
8	运输费	200.00	300.00	300.00	200.00	1,000.00
9	保管费	200.00	300.00	300.00	200.00	1,000.00
10	合计	1,940.00	3,780.00	2,340.00	1,940.00	10,000.00

图 4-21 销售费用预算

	A	B	C	D	E	F
1	销售费用预算					
2	摘要	一季度	二季度	三季度	四季度	全年
3	工资	1000	1000	1000	1000	=SUM(B3:E3)
4	福利费	=B3*0.14	=C3*0.14	=D3*0.14	=E3*0.14	=F3*0.14
5	业务费	=销售预算!B5*0.001	=销售预算!C5*0.001	=销售预算!D5*0.001	=销售预算!E5*0.001	=SUM(B5:E5)
6	广告费		1440			=SUM(B6:E6)
7	包装费	=B5	=C5	=D5	=E5	=SUM(B7:E7)
8	运输费	=B5	=C5	=D5	=E5	=SUM(B8:E8)
9	保管费	=B5	=C5	=D5	=E5	=SUM(B9:E9)
10	合计	=SUM(B3:B9)	=SUM(C3:C9)	=SUM(D3:D9)	=SUM(E3:E9)	=SUM(B10:E10)

图 4-22 销售费用预算(公式设置)

表中的业务费、包装费、运输费、保管费均按下面公式计算：

$$预计销售费用 = 预计销售额 \times 预计销售费用率$$

其中预计销售费用率为 1‰。

各单元格的计算公式如图 4-22 所示。

第二节　现金预算

现金预算是以日常业务预算和特种决策预算为基础所编制的反映现金收支情况的预算。这里的现金是广义的现金，不仅包括库存现金，还包括银行存款和其他货币资金。

现金预算表中应包含以下的内容：现金收入、现金支出、现金收支差额、现金筹措和使用情况以及期初期末现金余额。现金收入应根据期初现金余额和销售预算中的现金收入项目确定；现金支出应根据预算期的料、工、费等各种预算的有关项目确定；现金收支差额等于各期现金收入和支出相比较后的差额；期末现金余额应在合理的上下限内波动。当现金收支差额低于期末目标现金余额时，代表当期现金不足，企业应进行筹资；反之，当现金收支差额高于期末目标现金余额时，代表当期现金多余，企业应组织还款或进行投资。现金预算一般应按季度反映现金收支情况，每个季度的期末现金余额就是下个季度的期初现金余额。

各业务部门的预算编制完成以后，财务部门根据各分预算编制出现金预算。

在工作簿“财务预算. xls”中建立一个名为“现金收支预算”的工作表，如图 4-23 和 4-24 所示。

	A	B	C	D	E	F
1	现金收支预算					
2	摘要	一季度	二季度	三季度		全年
3	期初现金余额	50,000.00	23,777.50	23,495.00	23,504.50	50,000.00
4	加现金收入：					
5	收回应收账款及销货现金收入	190,000.00	280,000.00	300,000.00	220,000.00	990,000.00
6	其他现金收入				61,560.00	61,560.00
7	可供使用现金合计	240,000.00	303,777.50	323,495.00	305,064.50	1,101,560.00
8	减现金支出：					
9	采购直接材料	51,480.00	54,080.00	56,528.00	46,584.00	208,672.00
10	支付直接工资	63,000.00	90,000.00	87,000.00	60,600.00	300,600.00
11	支付制造费用	45,100.00	45,100.00	45,100.00	45,100.00	180,400.00
12	支付管理费用	19,225.00	19,225.00	19,225.00	19,225.00	76,900.00
13	支付财务费用	7,700.00	7,700.00	7,700.00	7,700.00	30,800.00
14	支付销售费用	1,940.00	3,780.00	2,340.00	1,940.00	10,000.00
15	支付销售税金	12,040.00	15,460.00	16,260.00	12,510.00	56,270.00
16	支付所得税	8,137.50	8,137.50	8,137.50	8,137.50	32,550.00
17	购置固定资产		55,000.00	16,700.00	10,000.00	81,700.00
18	分给其他单位的利润				19,530.00	19,530.00
19	其他现金支出	7,600.00	1,800.00		18,600.00	28,000.00
20	现金支出合计	216,222.50	300,282.50	258,990.50	249,926.50	1,025,422.00
21	现金多余（或不足）	23,777.50	3,495.00	64,504.50	55,138.00	76,138.00
22	资金的筹集运用					
23	向银行借款		20,000.00			20,000.00
24	归还借款			-21,000.00		-21,000.00
25	短期证券投资			-20,000.00	-54,000.00	-74,000.00
26	出售短期投资证券				22,000.00	22,000.00
27	运用资金获利合计				2,000.00	2,000.00
28	筹集运用资金合计	23,777.50	23,495.00	23,504.50	23,138.00	23,138.00

图 4-23　现金收支预算

	A	B	C	D	E	F
1	现金收支预算					
2	摘要	一季度	二季度	三季度		全年
3	期初现金余额	=预算期初资产负债表!B4	=B28	=C28	=D28	=B3
4	加现金收入：					
5	收回应收账款及销货现金收入	=销售预算!B11	=销售预算!C11	=销售预算!D11	=销售预算!E11	=销售预算!F11
6	其他现金收入				=20000+41560	=E6
7	可供使用现金合计	=SUM(B3:B6)	=SUM(C3:C6)	=SUM(D3:D6)	=SUM(E3:E6)	=SUM(F3:F6)
8	减现金支出：					
9	采购直接材料	=直接材料采购现金支出预	=直接材料采购现金支	=直接材料采购现金	=直接材料采购现金	=直接材料采购现金支
10	支付直接工资	=直接工资预算!B5	=直接工资预算!C5	=直接工资预算!D5	=直接工资预算!E5	=直接工资预算!F5
11	支付制造费用	=制造费用预算!B19	=制造费用预算!B19	=制造费用预算!B19	=制造费用预算!B19	=SUM(B11:E11)
12	支付管理费用	=管理费用预算!B8	=管理费用预算!B8	=管理费用预算!B8	=管理费用预算!B8	=SUM(B12:E12)
13	支付财务费用	=财务费用预算!B9/4	=财务费用预算!B9/4	=财务费用预算!B9/4	=财务费用预算!B9/4	=SUM(B13:E13)
14	支付销售费用	=销售费用预算!B10	=销售费用预算!C10	=销售费用预算!D10	=销售费用预算!E10	=销售费用预算!F10
15	支付销售税金	12040	15460	16260	12510	=SUM(B15:E15)
16	支付所得税	=(销售预算!F11+F6-直接材	=B16	=B16	=B16	=SUM(B16:E16)
17	购置固定资产		55000	16700	10000	=SUM(C17:E17)
18	分给其他单位的利润				=B16*4/0.25*0.75*0.2	=E18
19	其他现金支出	7600	1800		18600	=SUM(B19:E19)
20	现金支出合计	=SUM(B9:B19)	=SUM(C9:C19)	=SUM(D9:D19)	=SUM(E9:E19)	=SUM(F9:F19)
21	现金多余(或不足)	=B7-B20	=C7-C20	=D7-D20	=E7-E20	=F7-F20
22	资金的筹集运用					
23	向银行借款		20000			=SUM(B23:E23)
24	归还借款			-21000		=SUM(B24:E24)
25	短期证券投资			-20000	-54000	=SUM(B25:E25)
26	出售短期投资证券				22000	=SUM(B26:E26)
27	运用资金获利合计				=E26+D25	=SUM(B27:E27)
28	筹集运用资金合计	=B21+SUM(B23:B26)	=C21+SUM(C23:C26)	=D21+SUM(D23:D26)	=E21+SUM(E23:E26)	=F21+SUM(F23:F26)

图 4-24 现金收支预算(公式设置)

一、各单元格的计算公式

(1)第 3 行的第一季度期初现金余额取自上年的资产负债表，其余季度期初现金余额等于上季度期末余额。即：

B3＝预算期初资产负债表！B4；C3＝B28；D3＝C28；E3＝D28；F3＝B3。

(2)第 5 行收回应收账款及销货现金收入取自销售预算工作表。即：

B5＝销售预算！B11；C5＝销售预算！C11；D5＝销售预算！D11；E5＝销售预算！E11；F5＝销售预算！F11。

(3)第 6 行其他现金收入数据由【例 4-1】的预测资料(8)直接输入得到：

E6＝20 000＋41 560

(4)第 9 行采购直接材料数据由采购预算表第 15 行得到。

(5)第 10 行支付直接工资的数据取自工资预算表。

(6)第 11 支付制造费用的数据取自制造费用预算表。

(7)第 12 行支付管理费用的数据取自管理费用预算表。

(8)第 13 行支付财务费用的数据取自财务费用预算表。

(9)第 14 行支付销售费用的数据取自销售费用预算表。

(10)第 15 行支付销售税金的数据取自【例 4-1】的预测资料(10)。

(11)第 16 行支付所得税应纳税额按应税所得额的 25％计算，该计算公式比较烦琐：

B16＝(销售预算！F11＋F6－直接材料采购现金支出预算！F9－直接工资预算！F5－制造费用预算！B16－管理费用预算！B3－财务费用预算！B9－销售费用预算！F10－现金收支预算！F15－预算期初资产负债表！B5 * 0.003－F19) * 0.25/4

C16＝B16,D16＝B16,E16＝B16,F16＝SUM(B16:E16)

(12)第 17 行购置固定资产见【例 4-1】资本预算的预测资料(9)。

(13)第 18 行支付给其他单位的利润计算公式是：

E18＝(销售预算！F11＋F6－直接材料采购现金支出预算！F9－直接工资预算！F5－制造费用预算！B16－管理费用预算！B3－财务费用预算！B9－销售费用预算！F10－现金收支预算！F15－预算期初资产负债表！B5 * 0.003－F19) * 4/0.25 * 0.75 * 20％

(14)第 19 行其他现金支出见【例 4-1】的预测资料(8)。

计算出以上数据后就可以得到科达公司各季度以及全年的现金支出合计,根据各季度以及全年的现金收入就可以对各季度的现金多余或不足做出调整,对此例我们可以采取以下措施：

第一季度现金多余 23 777.50,符合最低现金保有量;第二季度现金不足为 3 495.00,应向银行借款 20 000 元,维持最低现金保有量;第三季度现金多余 64 504.50 元,可归还前期银行借款连同利息共还款 22 000 元,期末保留现金 23 000 元左右,剩余的现金 20 000 用于短期证券投资,提高资金的利用效率;第四季度现金多余 55 138.00 元,出售前期短期证券投资得款 22 000 元,获利 2 000 元,期末保留现金 23 000 元左右。剩余的现金 54 000 元用于短期证券投资。这些现金的筹集或应用的措施反映在第 21 到第 27 行。

二、深入思考

该例的思路与一般的手工预算编制基本相同,但借助于 Excel 可使计算简化,不过若就此止步是不应当的,使用 Excel 完全可能做得更好。上面这些工作表已经动态地链接在了一起,它们已经组成为一个预算模型。我们可以尝试调整一些原始资料,看整个预算额会发生什么变化。例如,若将销售单价从 100 元/件上调到 102 元/件,各季销售量不变,各季现金多余或不足就会自动调整到一个新的平衡点。如果将各季的销售量做些调整,立刻又会得到一套新的数据。

但对目前这个模型,只能对某些参数做些小的微调,否则会出问题。因为原始资料中有些数据已经被作为独立参数而成为固定数据了,如销售税金。如果想使参数能做较大幅度的变动，那就需要重新考察原始资料，去掉其中一些独立的数据，将其改写为独立参数的函数，如果利用 Excel 建模适当，那么不仅可以做输入参数有较大幅度变动时的实验，而且可以使用“单变量求解”做逆向的试验，例如要使利润达到某某数，只改变销售数量，则目标销售量应是多少。

利用 Excel 建立财务模型是逐步完善的过程。

第三节 综合应用

一、项目净现值

【例 4-2】假设光华公司正在考虑下面这个项目：在第 0 年，该项目需要投资 11 350 000 元购买厂房和设备。以后 7 年这些固定资产以直线法折旧，到第 7 年时它们的残值为 300 000 元，该项目预计第 1 年产生 2 000 件 A 产品的销量，第 2 年销售量为 4 000 件，第 3 年销售量为 5 000 件，第 4 年销售量为 7 000 件，第 5 年销售量为 8 000 件，第 6 年销售量为 4 000 件，第 7 年销售量为 2 000 件，第 8 年时销售量减少为 0。预计第 1 年的通货膨胀率为 2.0%，以后每年以 0.5%的速度递增，到第 5 年时增加到 4.0%，随后在这个水平上保持不变。第 1 年预计的实际资本成本为 11.0%，以后每年以 0.2%的速度递增，到第 7 年时增加为 12.2%，税率预计保持在 33.0%。预计第 1 年的单位销售收入为 9 700 元，以后每年会随着通货膨胀率的增长而增长。预计第 1 年单位可变成本为 7 400 元，以后每年也会随着通货膨胀率的增长而增长。预计第 1 年的现金固定成本为 5 280 000 元，则该项目的净现值是多少？

净现值是指把项目计算期内各年的净现金流量，按照一个给定的标准折现率（基准收益率）折算到建设期初（项目计算期第一年年初）的现值之和。

（一）解决方案

预测以后 7 年中的关键假设条件：贴现率、单位销售收入、单位可变成本以及固定成本。然后预测该项目的收入和支出项，计算净现金流，将每一笔现金流进行贴现求现值并对其求和得出该项目的净现值。

（二）建模问题

单独预测通货膨胀率并将其直接应用于贴现率和每单位的价格或成本的计算中。这样可以确保我们在进行如下处理时使用了相同的方法：处理净现值公式的分子中现金流的通货膨胀率和处理净现值公式的分母中贴现率的通货膨胀率部分。这避免了实际操作中的一个常见错误，即：人们总是把现金流和贴现率当成不相关的两个变量来处理，因此在处理通货膨胀率时这二者之间产生了不一致。

（三）构建电子数据表模型

根据题目的已知条件和要求，构建如图 4-25 的财务模型。

	A	B	C	D	E	F	G	H	I
1	项目净现值 （单位：千元）								
2		1999年	2000年	2001年	2002年	2003年	2004年	2005年	2006年
3		第0年	第1年	第2年	第3年	第4年	第5年	第6年	第7年
4	关键假设								
5	销售量		2000	4000	5000	7000	8000	4000	2000
6	通货膨胀率		2.0%	2.5%	3.0%	3.5%	4.0%	4.0%	4.0%
7	实际资本成本		11.0%	11.2%	11.4%	11.6%	11.8%	12.0%	12.2%
8	税率		33.0%	33.0%	33.0%	33.0%	33.0%	33.0%	33.0%
9									
10	贴现								
11	贴现率＝资本成本		13.2%	14.0%	14.7%	15.5%	16.3%	16.5%	16.7%
12	累积贴现率	0.0%	13.2%	29.0%	48.1%	71.0%	98.9%	131.6%	170.3%
13									
14	单位价格或费用								
15	单位销售收入		9.70	9.94	10.24	10.60	11.02	11.46	11.92
16	单位可变成本		7.40	7.59	7.81	8.09	8.41	8.75	9.10
17	现金固定成本		5,280	5,412	5,574	5,769	6,000	6,240	6,490
18									
19	现金流预测								
20	销售收入		19,400	39,770	51,204	74,194	88,185	45,856	23,845

图 4-25(1) 项目净现值

	A	B	C	D	E	F	G	H	I
1	项目净现值 （单位：千元）								
2		1999年	2000年	2001年	2002年	2003年	2004年	2005年	2006年
3		第0年	第1年	第2年	第3年	第4年	第5年	第6年	第7年
21	可变成本		14,800	30,340	39,063	56,602	67,275	34,983	18,191
22	毛利		4,600	9,430	12,141	17,592	20,910	10,873	5,654
23									
24	现金固定成本		5,280	5,412	5,574	5,769	6,000	6,240	6,490
25	折旧		1,621	1,621	1,621	1,621	1,621	1,621	1,621
26	总固定成本		6,901	7,033	7,196	7,391	7,622	7,862	8,111
27									
28	营业利润		-2,301	2,397	4,945	10,202	13,288	3,011	-2,457
29	所得税		0	791	1,632	3,367	4,385	994	0
30	净利润		-2,301	1,606	3,313	6,835	8,903	2,018	-2,457
31									
32	回加折旧		1,621	1,621	1,621	1,621	1,621	1,621	1,621
33	营业活动现金流		-680	3,227	4,935	8,456	10,525	3,639	-836
34									
35	厂房、设备投资	-11,350							300
36	现金流	-11,350	-680	3,227	4,935	8,456	10,525	3,639	-536
37	每笔现金流现值	-11,350	-601	2,501	3,333	4,944	5,292	1,571	-198
38	净现值	5,492							

图 4-25(2) 项目净现值续表

1.建立标题并设置窗口冻结

在图4-25所示的工作表第2行中输入列标题，例如2001年、2002年等等。在第3行中输入第0年、第1年等等。然后将光标移到单元格B4处，点击菜单栏【窗口】中的【冻结窗格】选项。上述操作冻结了最上面的三行以提供列标题。

2.输入

在C5:I8区域内输入关键的假设条件，在C15:C17区域内输入第1年的价格和成本，在单元格B35中输入第0年对厂房和设备的投资额(负数)，在单元格I35中输入第7年时的固定资产残值。

3.贴现

计算名义贴现率，即名义资本成本，然后计算累积贴现率。

(1)贴现率＝资本成本。名义贴现率＝(1＋通货膨胀率)×(1＋实际贴现率)－1，在单元格C11中输入"＝(1＋C6)*(1＋C7)－1"，并依此类推，将C11单元格的内容利用自动填充的功能填充到D11:I11区域。

(2)累积贴现率。在单元格B12中输入0.0%，即：今年的累积贴现率为0.0%。其余各年的累积贴现率按如下公式计算：

今年的累积贴现率＝(1＋去年的累积贴现率)×(1＋今年的贴现率)－1

在单元格C12中输入"＝(1＋B12)*(1＋C11)－1"，并依此类推，将C12单元格的内容利用自动填充的功能填充到D12:I12区域。

4.预测价格和成本项目

价格和成本是通过通货膨胀率得到的：今年的价格或成本＝(去年的价格或成本)×(1＋今年的通货膨胀率)。在单元格D15中输入"＝C15*(1＋D6)"，并依此类推，在D15:I17区域内的单元格中输入对应的等式。

5.现金流预测

预测每笔现金流：

(1)销售收入＝单位销售收入×销售数量。在单元格C20中输入"＝C15*C5"，并依此类推，在D20:I20区域内的单元格中输入对应的等式。

(2)可变成本＝单位可变成本×销售数量。在单元格C21中输入"＝C16*C5"，并依此类推，在D21:I21区域内的单元格中输入对应的等式。

(3)毛利＝销售收入－可变成本。在单元格C22中输入"＝C20－C21"，并依此类推，在D22:I22区域内的单元格中输入对应的等式。

(4)现金固定成本＝现金固定成本。在单元格C24中输入"＝C17"，并依此类推，在D24:I24区域内的单元格中输入对应的等式。

(5)折旧=-对厂房设备的投资额/全部折旧年限。每年的折旧是固定的，因为光华公司采用的是直线折旧法。在在单元格C25中输入“=-$B$35/7”，并依此类推，在D25:I25区域内的单元格中输入对应的等式。

(6)总固定成本=现金固定成本+折旧。在单元格C26中输入“=SUM(C24:C25)”，并依此类推，在D26:I26区域内的单元格中输入对应的等式。

(7)营业利润=毛利-总固定成本。在单元格C28中输入“=C22-C26”，并依此类推，在D28:I28区域内的单元格中输入对应的等式。

(8)所得税=营业利润×所得税率。在单元格C29中输入“=IF(C28>0,C28*C8,0)”，并依此类推，在D29:I29区域内的单元格中输入对应的等式。假设我们不考虑税前利润补亏。

(9)回加折旧=折旧。在单元格C32中输入“=C25”，并依此类推，在D32:I32区域内的单元格中输入对应的等式。

(10)营业活动现金流=净利润+折旧。在单元格C33中输入“=C30+C32”，并依此类推，在D33:I33区域内的单元格中输入对应的等式。

(11)现金流=营业活动现金流+厂房、设备投资。在单元格B36中输入“=B33+B35”。

(12)现值和净现值

将预测的现金流按如下方法进行贴现：

每笔现金流的现值=现金流/(1+累积贴现率)。在单元格B37中输入“=B36/(1+B12)”，并依此类推，在C37:I37区域内的单元格中输入对应的等式。

净现值=各笔现金流现值的总和。在B38中输入“=SUM(B37:I37)”。

该项目的净现值为5 492 000元，因此该项目可行。

二、预测现金流

【例4-3】考虑和【例4-2】中相同的一个项目。假设第一年预测的直接人工、原材料、销售费用和其他可变成本分别为3 500元、2 000元、1 200元和700元，然后这些值每年会随着通货膨胀率而增加，第一年预测的现金固定成本中租赁费、销售费用、管理、广告费和其他现金固定成本分别为2 800 000元、580 000元、450 000元、930 000元和520 000元，然后这些会随通货膨胀率而增加，则每单位的总可变成本和全部现金固定成本是多少？该项目的净现值是多少？

解决方案：更详细地预测单位可变成本和全部现金固定成本。然后对可变成本和现金固定成本所包含的细项求和，并将计算结果应用于上一例的项目净现值的分析中。

（一）复制“净现值”的数据表，并增加一些行

打开“净现值”的工作表，将其复制到另一空白的工作表中，命名为“预测现金流”。选中 A16:A21 区域，点击菜单栏【插入】中的【行】选项。选中 A23:A29 区域，点击菜单栏【插入】中的【行】选项。根据已知条件和问题要求，构建如图 4-26 的财务模型。

	A	B	C	D	E	F	G	H	I
1	预测现金流（单位：千元）								
2		1999年	2000年	2001年	2002年	2003年	2004年	2005年	2006年
3		第0年	第1年	第2年	第3年	第4年	第5年	第6年	第7年
4	关键假设								
5	销售量		2000	4000	5000	7000	8000	4000	2000
6	通货膨胀率		2.0%	2.5%	3.0%	3.5%	4.0%	4.0%	4.0%
7	实际资本成本		11.0%	11.2%	11.4%	11.6%	11.8%	12.0%	12.2%
8	税率		33.0%	33.0%	33.0%	33.0%	33.0%	33.0%	33.0%
9									
10	贴现								
11	贴现率＝资本成本		13.2%	14.0%	14.7%	15.5%	16.3%	16.5%	16.7%
12	累积贴现率	0.0%	13.2%	29.0%	48.1%	71.0%	98.9%	131.6%	170.3%
13									
14	单位价格或费用								
15	单位销售收入		9.70	9.94	10.24	10.60	11.02	11.46	11.92
16									
17	单位可变成本								
18	直接人工		3.50	3.59	3.70	3.82	3.98	4.14	4.30
19	原料		2.00	2.05	2.11	2.19	2.27	2.36	2.46
20	销售费用		1.20	1.23	1.27	1.31	1.36	1.42	1.47
21	其他		0.70	0.72	0.74	0.76	0.80	0.83	0.86
22	单位可变成本		7.40	7.59	7.81	8.09	8.41	8.75	9.10

图 4-26(1) 预测现金流

（二）输入值

在 C18:C21 区域的单元格内输入单位可变成本所包含的各个细项，在 C25:C29 区域的单元格内输入现金固定成本所包含的各个细项。

（三）预测详细的成本项目

单位可变成本项目和现金固定成本项目是根据通货膨胀率得到的。根据单元格 D15 中的公式，即“＝C15＊(1＋D6)”依此类推，并在 D18:I21 和 D25:I29 区域内的单元格内输入对应的公式。

（四）求和

对单位可变成本和现金固定成本求和，求出总的单位可变成本和现金总固定成本。

与上一例的计算一样，该项目的净现值仍为 5 492 000 元。

	A	B	C	D	E	F	G	H	I
1	预测现金流（单位：千元）								
2		1999年	2000年	2001年	2002年	2003年	2004年	2005年	2006年
3		第0年	第1年	第2年	第3年	第4年	第5年	第6年	第7年
23									
24	现金固定成本								
25	租凭费		2,800	2,870	2,956	3,060	3,182	3,309	3,442
26	销售费用		580	595	612	634	659	685	713
27	管理费		450	461	475	492	511	532	553
28	广告费		930	953	982	1,016	1,057	1,099	1,143
29	其 他		520	533	549	568	591	615	639
30	总现金固定成本		5,280	5,412	5,574	5,769	6,000	6,240	6,490
31									
32	现金流预测								
33	销售收入		19,400	39,770	51,204	74,194	88,185	45,856	23,845
34	可变成本		14,800	30,340	39,063	56,602	67,275	34,983	18,191
35	毛利		4,600	9,430	12,141	17,592	20,910	10,873	5,654
36									
37	现金固定成本		5,280	5,412	5,574	5,769	6,000	6,240	6,490
38	折旧		1,621	1,621	1,621	1,621	1,621	1,621	1,621
39	总固定成本		6,901	7,033	7,196	7,391	7,622	7,862	8,111
40									
41	营业利润		-2,301	2,397	4,945	10,202	13,288	3,011	-2,457
42	所得税		0	791	1,632	3,367	4,385	994	0
43	净利润		-2,301	1,606	3,313	6,835	8,903	2,018	-2,457
44									
45	回加折旧		1,621	1,621	1,621	1,621	1,621	1,621	1,621
46	营业活动现金流		-680	3,227	4,935	8,456	10,525	3,639	-836
47									
48	厂房、设备投资	-11,350							300
49	现金流	-11,350	-680	3,227	4,935	8,456	10,525	3,639	-536
50	每笔现金流现值	-11,350	-601	2,501	3,333	4,944	5,292	1,571	-198
51	净现值	5,492							

图 4-26(2)　预测现金流续表 1

本章提要

本章按照财务预算的主要流程，运用 Excel 的基本功能对销售预算、生产预算、直接人工、直接材料和制造费用、销售及管理费用预算、现金预算的编制方法及思路进行分析。通过本章的学习，使读者了解运用 Excel 进行财务预算的流程及方法。

习　题

1. 已知华发公司生产 A 产品，预计 2006 年度销售量为 5 000 件，其中各季度的销售量为 1 200 件、1 600 件、1 500 件、700 件；销售价格为每件 500 元。根据以往的经验并考虑预算期的情况，预计每个季度的销售中有 60%能于当季收到现金，其余 40%要等到下季度才能收到现金。2005 年末的应收账款余额为 150 000 元。根据上述资料，编制该公司的销售预算(按季度编制)。

2.假定华发公司各季度末存货按下一季度 10%计算，年初存货为 100 件，年末存货为 120 件。根据销售预算及上述资料编制生产预算。

3.假定华发公司生产 A 产品耗用甲材料，单位 A 产品耗用甲材料 10 千克，该材料单价为 20 元，年初和年末材料库存量分别为 2 000 千克和 2 200 千克，上年末应付账款余额为 100 000 元。各季度"期末材料存量"根据下季度生产量的 20%计算。每个季度材料采购货款的 60%在本季度支付，另外 40%在下季度付清。根据生产预算及上述资料编制直接材料预算。

4.假定华发公司生产 A 产品的单位直接人工工时为 10 小时，每小时人工工资为 10 元。根据生产预算及上述资料编制直接人工预算。

5.假定华发公司标准成本资料齐全，A 产品变动制造费用包括：间接人工、间接材料、维修费、水电费，其每小时的标准费用率分别为 1 元/小时、2 元/小时、0.5 元/小时、0.4 元/小时，A 产品的单位人工工时为 10 小时；固定制造费用包括管理人员工资、维修费、折旧费、保险费，按每季实际需要的支付额预计。根据生产预算及上述资料编制制造费用预算。

6.根据华发公司销售预算、生产预算及直接材料预算、直接人工预算、制造费用预算编制产品成本预算。

7.华发公司的 2006 年全年的销售费用及管理费用预算如下表所示，假定华发公司 2006 年年初现金余额为 70 000 元，并于 2006 年一季度支付股利 60 000元，第二季度购买设备 200 000 元，每季度缴纳所得税 30 000 元，其他有关资料见前述各项预算。该公司现金余额最低应保持 50 000 元，最高为 70 000元，当现金不足时向银行借款，多余时归还借款，如还有多余则购买有价证券进行交易性投资，借款在每期期初借入，在每期期末还款，借款年利率为 10%，还款同时支付所还款项的利息，向银行借款的金额要求是 10 000 元的整数倍。根据上述资料编制该公司的现金预算。

销售费用及管理费用预算

单位:元

项　目	金　额
销售费用:	
销售人员工资	40 000
广告费	32 000
包装、运输费	6 000

续表

项　目	金　额
保管费	2 000
小　计	80 000
管理费用	
管理人员工资	25 000
福利费	4 000
保险费	5 000
办公费	6 000
小　计	40 000
合　计	120 000
每季度支付现金(120 000/4)	30 000

第5章 筹资决策

知识要求

通过本章的学习，掌握

- 资金需要量预测
- 长期借款的还本付息方式及成本计算
- 债券估值
- 股票估值
- 最佳资本结构决策分析

技能要求

通过本章的学习，能够利用 Excel 提供的各种数据分析工具进行具体的筹资问题决策。

企业持续的生产经营活动，不断地产生对资金的需求，需要筹措和集中资金；同时，企业因开展对外投资活动和调整资本结构，也需要筹集和融通资金。企业一般会面临众多可供选择的筹资方式，因此，如何做好筹资决策至关重要。

第一节 资金需要量预测

企业筹集资金应以需定筹。测算资金需要量是企业筹集资金的基础工作。资金需要量预测是指根据企业未来的发展目标和现实条件，参考其他有关资料，利用专门方法对企业未来某一时期内的资金需要量所进行的推测和估算，合理预测一定时期的资金需要量，对于保证资金供应、有效组织资金运用、提高资金利用效率有重要意义。

资金需要量的预测方法主要有：销售百分比法、资金习性预测法和因果分析预测法。

一、销售百分比法

销售百分比法是指以未来销售收入变动的百分比为主要参数，考虑随销售变动的资产负债项目及其他因素对资金需求的影响，从而预测计划期企业需要从外部追加筹措的资金数额的方法。

基本公式是：

$$M=\Delta(\frac{A}{S})\times(S_1-S_0)-\Delta(\frac{L}{S})\times(S_1-S_0)-S_1\times R\times(1-D)+M_1$$

参数说明：

M——外部追加资金需要量

A——敏感性资产

L——敏感性负债

S_0——基期销售额

S_1——计划销售额

R——销售净利率

$\Delta(\frac{A}{S})$——敏感性资产占基期销售额百分比

$\Delta(\frac{L}{S})$——敏感性负债占基期销售额百分比

R——销售净利率

D——股利支付率

M_1——计划期其他资金需求，即不随销售额成正比例变动的其他资金需要量

【例 5-1】长兴公司 2007 年末的资产负债表及其他有关数据如图 5-1 所示，要求预测该公司 2008 年需要从外部追加的资金。如果该公司 2006 年需要从外部追加的资金全部以长期借款的方式筹资，要求编制 2008 年末的预计资产负债表。

如图 5-1 所示，预测长兴公司 2006 年需要从外部追加的资金需要量的具体步骤如下：

(1)根据实际情况对资产、负债及所有者权益各项目是否为敏感性项目进行判断，并输入到单元格区域 B13:B18 以及单元格区域 F13:F18 中。

2007年末资产负债简表 单位：万元

资产	金额	负债及所有者权益	金额
货币资金	360	短期借款	340
应收账款	660	应付账款	300
存货	1100	应交税费	180
长期股权投资	440	长期负债	740
固定资产	1240	实收资本	1140
无形资产	240	留存收益	1340
资产合计	4040	负债及所有者权益合计	4040

其他有关数据 金额单位：万元

项目	2007年	2008年计划
销售收入	3000	3600
销售净利率	8%	8%
股利支付率	60%	60%
其他资金需求		150

2008年外部追加资金需要量的计算 金额单位：万元

资产	是否敏感项目	占基期销售收入百分比	2006年计划	负债及所有者权益	是否敏感项目	占基期销售收入百分比	2006年计划
货币资金	是	12.00%	582.0	短期借款	是	11.33%	408.0
应收账款	是	22.00%	792.0	应付账款	是	10.00%	360.0
存货	是	36.67%	1320.0	应交税金	是	6.00%	216.0
长期股权投资	否	不适用	440.0	长期负债	否	不适用	1034.8
固定资产	否	不适用	1240.0	实收资本	否	不适用	1140.0
无形资产	否	不适用	240.0	留存收益	否	不适用	1455.2
合计		70.67%	4614.0	合计		27.33%	4614.0
2008年外部追加资金需要量			294.8				

图 5-1 销售百分比法预测资金需要量

(2)在单元格 C13 中输入公式"＝IF(B13＝"是",B3/＄F＄3,"不适用")",然后将其填充到单元格区域 C14:C18,计算敏感性资产占基期销售收入的百分比;在单元格 C19 中输入求和公式"＝SUM(C13:C18)"。

(3)在单元格 G13 中输入公式"＝IF(F13＝"是",D3/＄F＄3,"不适用")",然后将其填充到单元格区域 G14:G18,计算敏感性负债占基期销售收入的百分比;在单元格 G19 中输入求和公式"＝SUM(G13:G18)"。

(4)在单元格 D20 中输入公式"(C19－G19)＊(G3－F3)－G3＊G4＊(1－G5)＋G6",得到 2008 年的外部追加资金需要量为 294.8 元。

(5)在单元格 D13 中输入公式"＝G3＊C13＋G6";在单元格 D14 中输入公式"＝＄G＄3＊C14",然后将其填充到单元格 D15 中;在单元格 D16 中输入公式"＝B6",然后将其填充到单元格区域 D17:D18 中;在单元格 D19 中输入求和公式"＝SUM(D13:D18)",得到 2008 年各资产各项目的预计金额以及合计数。

(6)在单元格 H13 中输入公式"＝＄G＄3＊G13",然后将其填充到单元格区域 H14:H15 中;在单元格 H16 中输入公式"＝D6＋D20",在单元格 H17 中输入公式"＝D7",在单元格 H18 中输入公式"＝D8＋G3＊G4＊(1－G5)";在单元格 H19 中输入求和公式"＝SUM(H13:H18)",得到 2008 年负债及所有者权益各项目的预计金额以及合计数。

二、资金习性预测法

资金习性预测法是根据资金习性预测未来资金需要量的一种方法。所谓资金习性，是指资金变动与产销量变动之间的依存关系。按照资金习性可将资金分为不变资金、变动资金和半变动资金。

资金习性预测中常用的一种方法是高低点法。

资金预测的高低点法是指根据企业一定期间资金占用的历史资料，按照资金习性原理和 $y=a+bx$ 直线方程式，选用最高产销量和最低产销量的资金占用量之差，同这两个产销量期的产销量之差进行对比，先求 b 的值，然后再代入原直线方程，求出 a 的值，从而估计推测资金发展趋势。（注：a 是不变资金总额；b 是单位变动资金）。

高低点法预测资金需要量的优点是简单易行、便于理解，缺点是仅选择了历史资料中的两组数据建立预测模型，很可能不具有代表性，导致较大的预测误差。这种方法一般只适用于资金变化趋势比较稳定的企业使用。

【例 5-2】兴安公司 2002 年至 2006 年资金占用量和产销量之间的数据如图 5-2 所示，2007 年预计产销量为 29 万件，试利用高低点法预测 2007 年的资金需要量。

	A	B	C
1	已知条件		
2	年度	产销量(万件)	资金占用量(万元)
3	2002年	26	220
4	2003年	24	210
5	2004年	22	190
6	2005年	25	230
7	2006年	27	215
8	2007年预计产销量(万件)		29
9			
10		计算步骤	
11		产销量(万件)	资金占用量(万元)
12	高点	27	215
13	低点	22	190
14	单位变动资金(元/件)		5.00
15	不变资金总额(万元)		80.00
16	2007年预计资金需要量(万元)		225.00

图 5-2　高低点法预测资金需要量

在进行决策分析之前，先学习两个函数。

1. INDEX 函数

INDEX 函数的功能是返回列表或数组中的元素值，此元素由行序号和列序号的索引值给定。

INDEX 函数有两种语法形式：数组和引用。数组形式通常返回数值或数值数组，引用形式通常返回引用。当函数 INDEX 的第一个参数为数组常数时，使用数组形式。

语法为：

数组形式：INDEX(array,row_num,column_num)

参数说明：

Array——单元格区域或数组常量。

(1)如果数组只包含一行或一列，则相对应的参数 row_num 或 column_num 为可选。

(2)如果数组有多行和多列，但只使用 row_num 或 column_num，函数 INDEX 返回数组中的整行或整列，且返回值也为数组。

row_num——数组中某行的行序号，函数从该行返回数值。如果省略 row_num，则必须有 column_num。

column_num——数组中某列的列序号，函数从该列返回数值。如果省略 column_num，则必须有 row_num。

函数说明：

(1)如果同时使用 row_num 和 column_num，函数 INDEX 返回 row_num 和 column_num 交叉处的单元格的数值。

(2)如果将 row_num 或 column_num 设置为 0，函数 INDEX 则分别返回整个列或行的数组数值。若要使用以数组形式返回的值，请将 INDEX 函数以数组公式形式输入，对于行以水平单元格区域的形式输入，对于列以垂直单元格区域的形式输入。若要输入数组公式，请按 Ctrl＋Shift＋Enter。

(3)Row_num 和 column_num 必须指向 array 中的某一单元格；否则，函数 INDEX 返回错误值“#REF!”。

2. MATCH 函数

MATCH 函数的功能是返回在指定方式下与指定数值匹配的数组中元素的相应位置。如果需要找出匹配元素的位置而不是匹配元素本身，则应该使用 MATCH 函数而不是 LOOKUP 函数。

语法：

MATCH(lookup_value,lookup_array,match_type)

参数说明：

Lookup_value——需要在数据表中查找的数值。

(1)Lookup_value 为需要在 Look_array 中查找的数值。例如，如果要在电话簿中查找某人的电话号码，则应该将姓名作为查找值，但实际上需要的是电话号码。

(2)Lookup_value 可以为数值(数字、文本或逻辑值)或对数字、文本或逻辑值的单元格引用。

lookup_array——可能包含所要查找的数值的连续单元格区域。Lookup_array 应为数组或数组引用。

match_type——数字－1、0 或 1。Match_type 指明 Microsoft Excel 如何在 lookup_array 中查找 lookup_value。

(1)如果 match_type 为 1，函数 MATCH 查找小于或等于 lookup_value 的最大数值。Lookup_array 必须按升序排列：…，－2，－1，0，1，2，…，A，B，…，Z，FALSE，TRUE。

(2)如果 match_type 为 0，函数 MATCH 查找等于 lookup_value 的第一个数值。Lookup_array 可以按任何顺序排列。

(3)如果 match_type 为－1，函数 MATCH 查找大于或等于 lookup_value 的最小数值。Lookup_array 必须按降序排列：TRUE，FALSE，Z，Y，…，A，…，2，1，0，－1，－2，…。

(4)如果省略 match_type，则默认值为 1。

函数说明：

(1)函数 MATCH 返回 lookup_array 中目标值的位置，而不是数值本身。例如，MATCH("b"，{"a"，"b"，"c"}，0)返回 2，即"b"在数组{"a"，"b"，"c"}中的相应位置。

(2)查找文本值时，函数 MATCH 不区分大小写字母。

(3)如果函数 MATCH 查找不成功，则返回错误值"＃N/A"。

(4)如果 match_type 为 0 且 lookup_value 为文本，lookup_value 可以包含通配符、星号(＊)和问号(?)。星号可以匹配任何字符序列，问号可以匹配单个字符。

如图 5-2 所示，具体步骤如下：

(1)在单元格 B12 中输入公式"＝MAX(B3:B7)"，在单元格 C12 中输入公式"＝INDEX(C3:C7，MATCH(MAX(B3:B7)，B3:B7，0))"，分别确定高

点的产销量和资金占用量。

(2)在单元格 B13 中输入公式"＝MIN(B3：B7)",在单元格 C13 中输入公式"＝INDEX(C3:C7,MATCH(MIN(B3:B7),B3:B7,0))",分别确定低点的产销量和资金占用量。

(3)在单元格 C14 中输入公式"＝(C12－C13)/(B12－B13)",计算单位变动资金。

(4)在单元格 C15 中输入公式"＝C12－B12＊C14",计算不变资金总额。

(5)在单元格 C16 中输入公式"＝C8＊C14＋C15",得到 2007 年预测资金需要量为 225 万元。

第二节　长期借款的还本付息

长期借款是指企业向银行或其他非银行金融机构借入的,使用期超过一年的借款,主要用于购建固定资产和满足长期流动资产占用的需要。

一、长期借款的偿还方式

企业以长期借款方式筹集的资金属于借入资金,需要按期还本付息。企业在向银行或其他非银行金融机构借入款项之前,除了借贷双方协商确定借款的金额、借款利率、借款期限等基本条款之外,还要对还本付息的方式做出选择,在此基础上做好还本付息规划。

(一)还本付息方式

长期借款的还本付息方式主要有:一次性偿还法、等额利息法、等额摊还法及等额本金法等。

1.一次性偿还法

一次性偿付法是指在借款到期时一次性偿还本金和利息的方法。期末一次性偿还额的计算公式为:

$$S=P\times(1+i)^n$$

参数说明:

S——期末一次还款额

P——借款金额

i——借款年利率

n——借款期限

2.等额利息法

等额利息法是指借款期内每期末按利率偿还固定的利息，到期一次还本。每期还本付息额的计算公式为：

每期支付利息：$INT_t = P \times I \qquad t=1,2,\cdots,n$

每期偿还本金：$L_t = \begin{cases} 0 & t=1,2,\cdots,n-1 \\ P & t=n \end{cases}$

参数说明：

INT_t——第 t 年的偿还利息额。

L_t——第 t 年的偿还本金额。

3.等额摊还法

等额摊还法是指借款期内每期偿还相等数额的款项。在这种还款方式下，每期偿还本金和利息的总额相等，但每年偿还的利息各不相同，每年偿还的本金也各不相等。随着本金的不断偿还，每期剩余的未偿还本金逐步减少，从而每期偿还额中包含的利息逐步减少，而每期偿还额中所包含的本金逐步增加。等额摊还法是实践中比较常见的一种还本付息方式。

每期偿还额 A 的计算公式为：

$$A = INT_t + L_t = P \times \frac{i \times (1+i)^n}{(1+i)^n - 1} \qquad t=1,2,\cdots,n$$

公式中各符号的含义同前。

在等额摊还法还本付息的情况下，各期的等额偿还金额可以使用 Excel 提供的财务函数 PMT 计算，各期的付息额可以用 IPMT 函数进行计算，各期的还本额可以用 PPMT 函数来计算。详见第三章。

4.等额本金法

等额本金法是指借款期内每期偿还固定的本金及按借款余额计算利息还本付息的方式。在这种还款方式下，每期偿还本金的数额相等，每年支付利息的数额随着每期末剩余本金余额的减少而逐年降低。每期还本付息额的计算公式为：

每期支付利息：$INT_t = i \times [P - \frac{P}{n} \times (t-1)] \qquad t=1,2,\cdots,n$

每期偿还本金：$L_t = \frac{P}{n} \qquad t=1,2,\cdots,n$

(二)还本付息方式的选择

长期借款有多种还本付息方式，每种还本付息方式对企业财务指标和经营业绩的影响是不同的，主要表现在利息费用的抵税作用上，因为长期借款利息可以在税前列支。因此,企业需要在不同的还本付息方式中选择一种对企业最为有利的偿还方式。可以通过计算每种还本付息方式的税后成本代价现值来做决策。

长期借款的税后成本现值计算公式为:

$$税后成本现值=\sum_{t=1}^{n}\frac{L_t+INT_t\times(1-T)}{(1+i)^t}+F$$

参数说明:

T——所得税税率。

F——筹资费用。

【例 5-3】某企业向银行借款 1 000 万元,年利率 10%,期限 6 年,借款筹资的手续费为 5 万元,所得税税率 25%,现有两种还本付息方式:(1)方案 A,每年末等额还本付息;(2)方案 B,前 2 年每年末偿还本金 50 万元,并每年末支付按每年初借款余额计算的相应利息,其余的款项在后 4 年中每年末等额还本付息。

问:企业应选择哪种还本付息方式?

尽管两个借款方案的年利率相同,但由于还本付息的方式不同,借款利息具有的抵税作用不相等,可以使企业获得的税收抵免的利益不尽相同。因此,可以通过计算比较各个方案的税后成本现值来判定方案的优劣。

在解答问题之前,先来学习数组公式的应用。

(一)关于数组公式和数组常量

数组公式可以同时进行多个计算并返回一种或多种结果。数组公式对两组或多组被称为数组参数的数值进行运算。每个数组参数必须有相同数量的行和列。除了要用"Ctrl+Shift+Enter"组合键生成公式外,创建数组公式的方法与创建其他公式的方法相同。

在输入数组公式(数组公式:数组公式对一组或多组值执行多重计算,并返回一个或多个结果。数组公式括于大括号({})中,按"Ctrl+Shift+Enter"可以输入数组公式。

1. 使用数组公式计算单个结果

可用数组公式执行多个计算而生成单个结果。通过用单个数组公式代替多个不同的公式,可简化工作表模型。

步骤:

(1)请单击需输入数组公式的单元格。

(2)键入数组公式。

(3)按“Ctrl+Shift+Enter”组合键。

例如，下面的例子中用一组股票的价格和股份计算出了股票的总价值，而没有用一行单元格来计算和显示每支股票的总价值。

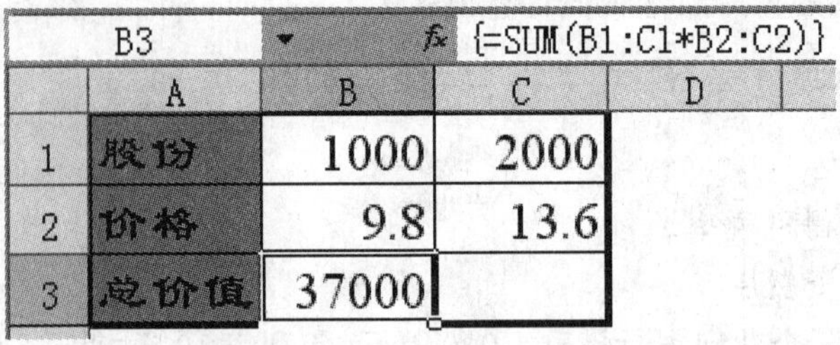

B3 | {=SUM(B1:C1*B2:C2)}

	A	B	C	D
1	股份	1000	2000	
2	价格	9.8	13.6	
3	总价值	37000		

图 5-3　产生单个结果的数组公式

当您将公式={SUM(B2:D2 * B3:D3)}作为一个数组公式输入，该公式就会将每支股票的“股份”和“价格”相乘，然后再将计算结果相加。

2.使用数组公式计算多个结果

一些工作表函数返回多组数值，或需要将一组值作为一个参数。如果要使数组公式能计算出多个结果，则必须将数组输入到与数组参数具有相同的列数和行数的单元格区域中。

(1)选中需要输入数组公式的单元格区域。

(2)键入数组公式。

(3)按“Ctrl+Shift+Enter”组合键。

(二)还本付息方式决策

如图 5-4 所示，具体的决策步骤如下：

1.方案 A 的计算

(1)选取单元格区域 C10:H10，输入数组公式“=PPMT(B3,C9:H9,B4,-B2)”。

(2)选取单元格区域 C11:H11，输入数组公式“=IPMT(B3,C9:H9,B4,-B2)”。

(3)选取单元格区域 C12:H12，输入数组公式“=C11:H11 * 25%”。

(4)选取单元格区域 C13:H13，输入数组公式“=C10:H10+C11:H11-C12:H12”。

(5)在单元格 I10 中输入公式“=NPV(B3,C13:H13)+B5”。

公式输入完毕后，就计算出了方案 A 的各年偿还本金、各年支付利息、各年利息成本、各年的税后成本以及成本的现值。

已知数据	
借款金额（万元）	1,000
借款年利率	10%
期限（年）	6
筹资费用（万元）	5

长期借款还本付息方式的选择

	各年还本付息（万元）							税后成本现值
	年份	1	2	3	4	5	6	
方案A	偿还本金	129.61	142.57	156.82	172.51	189.76	208.73	931.74
	支付利息	100.00	87.04	72.78	57.10	39.85	20.87	
	利息抵税	25.00	21.76	18.20	14.27	9.96	5.22	
	成本合计	204.61	207.85	211.41	215.33	219.65	224.39	
方案B	偿还本金	50.00	50.00	193.92	213.32	234.65	258.11	922.39
	支付利息	100.00	95.00	90.00	70.61	49.28	25.81	
	利息抵税	25.00	23.75	22.50	17.65	12.32	6.45	
	成本合计	125.00	121.25	261.42	266.27	271.60	277.47	

决策结果：应选方案B

图 5-4 长期借款还本付息方式的选择

2.方案 B 的计算

(1)在单元格 C14 和 D14 中分别输入“50”。

(2)选取单元格区域 E14:H14，输入数组公式“=IPMT(B3,C9:H9,B4,-B2)”。

(3)在单元格 C15 中输入公式“=B2 * B3”。

(4)在单元格 D15 中输入公式“=(B2-C14) * B3”。

(5)选取单元格区域 E15:H15，输入下面的数组公式：

“=IPMT(B3,E9:H9-2,H9-D9,-(B2-SUM(C14:D14)))”。

(6)选取单元格区域 C16:H16，输入数组公式“=C15:H15 * 25%”

(7)选取单元格区域 C17:H17，输入数组公式“=C14:H14+C15:H15-C16:H16”。

(8)在单元格 I14 中输入公式“=NPV(B3,C17:H17)+B5”。

公式输入完毕后，就计算出了方案 B 的各年偿还本金、各年支付利息、各年利息成本、各年的税后成本以及成本的现值。

(9)在单元格 B19 中输入公式“=IF(I10<I14,“应选方案 A”,“应选方案 B”)”。

可见，由于方案 B 的成本要低于方案 A 的成本，故该企业应采用方案 B 的还本付息方式。

二、建立长期借款计算分析模型

企业在向金融机构借款之前，首先要对借款金额、借款利率、借款期限及偿还方式等因素进行综合测算和分析，以选取一种比较合理的借款和偿还方案。通过建立长期借款计算分析模型，可以很方便地对各种借款和偿还方案进行分析。

建立长期借款计算分析模型的方法有很多，下面利用直接公式计算法来建立长期借款计算分析模型。

【例 5-4】建立长期借款计算分析模型。

1. 首先设计长期借款计算分析模型结构，如图 5-5 所示，模型由两部分组成：长期借款计算模型和长期借款分析模型。

	A	B	C	D	E	F	G	H
1	长期借款计算模型							
2	借款用途	购买设备			还款时点	还款方式		
3	借款金额（万元）	6,000,000			期末	按年		
4	借款年利率	8%			期初	按半年		
5	期限（年）	4				按季度		
6	还款时点	期末 1				按月		
7	还款方式	按月 4						
8	总还款次数（次）	48						
9	每期偿还额（元）	146,477.53						
10	总还款额（元）	7,030,921.63						
12	长期借款分析模型——每期偿还额　单位：元							
13	借款年限（年）	总还款次数（次）	借款年利率（%）					
14			4%	5%	6%	7%	8%	9%
15	2	24	260,549.53	263,228.34	265,923.66	268,635.47	271,363.75	274,108.45
16	3	36	177,143.91	179,825.38	182,531.62	185,262.58	188,018.19	190,798.40
17	4	48	135,474.33	138,175.76	140,910.17	143,677.47	146,477.53	149,310.25
18	5	60	110,499.13	113,227.40	115,996.81	118,807.19	121,658.37	124,550.13
19	6	72	93,871.10	96,629.60	99,437.33	102,294.04	105,199.44	108,153.22
21	长期借款分析模型——总偿还额　单位：元							
22	借款年限（年）	总还款次数（次）	借款年利率（%）					
23			4%	5%	6%	7%	8%	9%
24	2	24	6,253,188.79	6,317,480.12	6,382,167.88	6,447,251.39	6,512,729.97	6,578,602.89
25	3	36	6,377,180.76	6,473,713.77	6,571,138.49	6,669,452.92	6,768,654.94	6,868,742.25
26	4	48	6,502,767.74	6,632,436.55	6,763,688.37	6,896,518.46	7,030,921.63	7,166,892.20
27	5	60	6,629,947.94	6,793,644.11	6,959,808.55	7,128,431.47	7,299,501.94	7,473,007.88
28	6	72	6,758,719.09	6,957,330.91	7,159,487.57	7,365,170.80	7,574,359.94	7,787,032.06

图 5-5　长期借款分析模型

2. 如图 5-5 所示，输入 A1:B5，以及 E2:F6 的已知值。

3. 建立还款时点的组合框控件，具体步骤如下：

(1)单击菜单栏上的【视图】菜单，选择【工具栏】，在【工具栏】菜单中单击【窗体】，出现【窗体】工具栏，如图 5-6 所示。

(2)单击【组合框】控制按钮，再用鼠标单击单元格 B6，则出现矩形的【组合框】控件，然后调整其大小及位置。

(3)将鼠标指针移到建立的组合框控件上，单击右键，出现快捷菜单，选择【设置控件格式】，出现【设置控件格式】对话框，选择【控制】项，如图 5-7 所示。

(4)在【数据源区域】栏中填入“＄E3：＄E4”，在【单元格链接】栏中填入“＄B＄6”，在【下拉显示项数】栏中填入“2”；这里【单元格链接】表示链接单元格，即组合框控件当前被选中项目的返回值(项目内部编号)存入该链接单元格。

(5)建立还款方式的组合框控件，方法同上，但在【数据源区域】栏中填入“＄F3：＄F6”，在【单元格链接】栏中填入“＄B＄7”，在【下拉显示项数】栏中填入“4”；表示每年有 4 种可能的还款方式，即按年(每年 1 次)、按半年(每年 2 次)、按季度(每年 4 次)、按月(每年 12 次)。

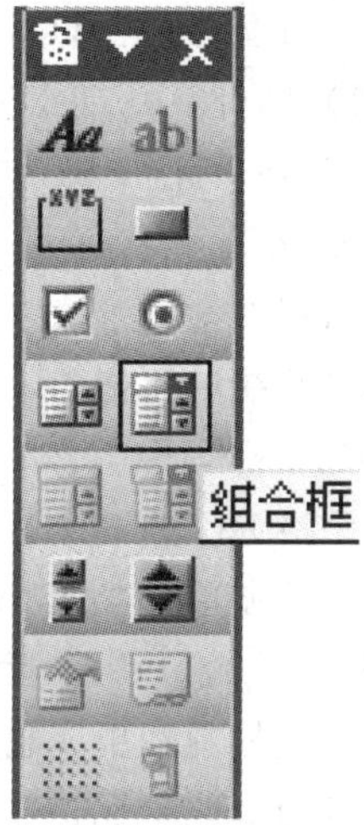

图 5-6 【窗体】工具栏

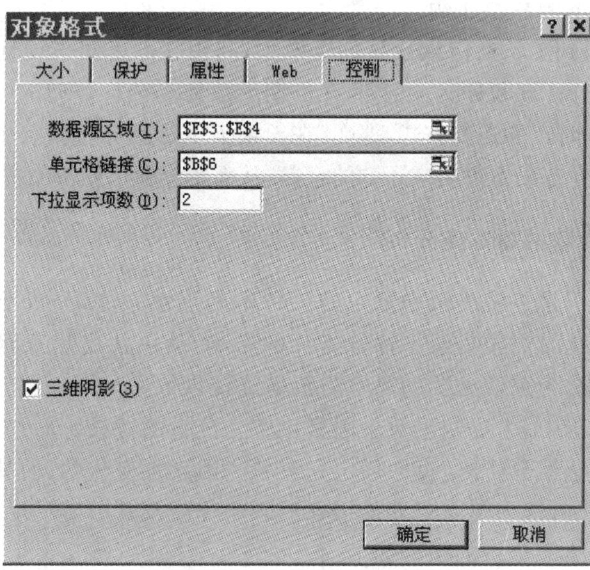

图 5-7 【设置控件格式】对话框

(6)在单元格 B8 中输入公式“＝IF(B7＝1，B5＊1，IF(B7＝2，B5＊2，IF(B7＝3，B5＊4，B5＊12)))”，计算借款期内总还款次数。

(7)在单元格 B9 中输入公式"=PMT(B4/(B8/B5),B8,-B3,IF(B6=1,0,1))",计算每期偿还额。

(8)在单元格 B10 中输入公式"=B9*B8",计算每期偿还额。

(9)在单元格区域 A15:A19 中输入借款年限数 2 至 6;在单元格区域 C14:H14 中输入借款年利率 4%至 9%。

(10)在单元格 B15 中输入公式:"=IF($B$7=1,A15*1,IF($B$7=2,A15*2,IF($B$7=3,A15*4,A15*12)))",然后将其向下一直填充到单元格 B19。

(11)在单元格 C15 中输入公式:"=PMT(C14/(B15/A15),B15,-B3,IF(B6=1,0,1))",然后通过调整绝对地址,相对地址的设置,将此公式向右向下一直复制到单元格 H19。

(12)选取单元格区域 A24:A28,输入数组公式"=A15:A19"。

(13)选取单元格区域 B24:B28,输入数组公式"=B15:B19"。

(14)选取单元格区域 C23:H23,输入数组公式"=C14:H14"。

(15)选取单元格区域 C24:H28,输入数组公式"=C15:H19*B15:B19",计算各种情况下的总偿还额。

如此,就得到了长期借款计算分析模型,利用它可以很方便地对各种可能的借款方案进行计算和分析。例如,在长期借款计算分析模型中可以任意改变借款金额、还款时点和还款方式,那么,在长期借款计算分析模型中就显示出各参数不同的组合方案下每期应还款的金额,从而给企业借款决策提供依据。

三、长期借款的敏感度分析

敏感性分析是经济决策中常用的一种不确定性方法,分析项目的现金流动情况发生变化时对项目经济评价指标的影响,从中找出敏感因素及其影响程度,明示风险,为采取必要的风险防范措施提供依据。

在案例分析中,主要侧重对单因素敏感性分析的考核。

在进行敏感性分析时,每次假定只有单一因素是变化的,而其他的因素均不发生变化,分析这个因素对评价指标的影响程度及其敏感程度。

单因素敏感性分析的做法如下:

(1)确定敏感性分析的对象,也就是确定要分析的评价指标。往往以净现值、内部收益率或投资回收期为分析对象。

(2)选择需要分析的不确定性因素。一般取总投资、销售收入或经营成本为影响因素。

(3)计算各个影响因素对评价指标的影响程度。这一步主要是根据现金流量表进行计算的。首先计算各影响因素的变化所造成的现金流量的变化,再计算出所造成的评价指标的变化。

(4)确定敏感因素。敏感因素是指对评价指标产生较大影响的因素。具体做法是:分别计算在同一变动幅度下各个影响因素对评价指标的影响程度,其中影响程度大的因素就是敏感因素。

(5)通过分析和计算敏感因素的影响程度,确定项目可能存在的风险的大小及风险影响因素。

【例 5-5】为购买一幢房屋,办理了一笔期限为 30 年的抵押贷款,这笔抵押贷款金额为 600 000 元,该抵押贷款的年利率为 7%,如果采用等额还款方式归还贷款,则这笔贷款的每年还款额是多少?其中多少用来偿还利息?多少用来偿还本金?

如果年利率由 7%降到 6%,情况将会如何变化?在这两种利率下,每年的还款额中有多少用来支付利息,又有多少用来偿还本金?每期偿还的本金和利息金额哪个对利率更敏感?

1. 编制分期贷款还款表,如图 5-8 所示,构建数据分析模型。

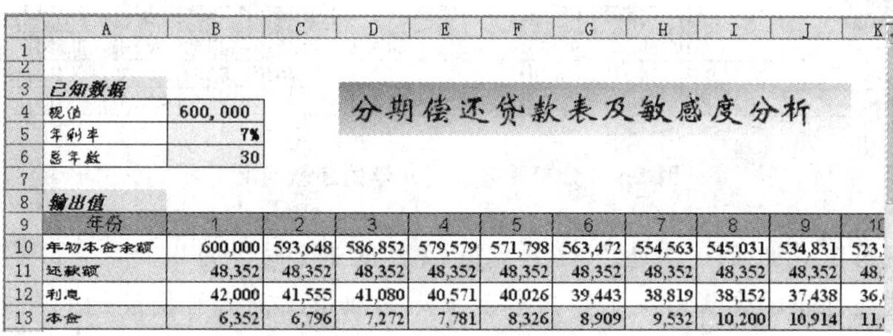

	A	B	C	D	E	F	G	H	I	J	K
1											
2											
3	已知数据				分期偿还贷款表及敏感度分析						
4	现值	600,000									
5	年利率	7%									
6	总年数	30									
7											
8	输出值										
9	年份	1	2	3	4	5	6	7	8	9	10
10	年初本金余额	600,000	593,648	586,852	579,579	571,798	563,472	554,563	545,031	534,831	523,
11	还款额	48,352	48,352	48,352	48,352	48,352	48,352	48,352	48,352	48,352	48,
12	利息	42,000	41,555	41,080	40,571	40,026	39,443	38,819	38,152	37,438	36,
13	本金	6,352	6,796	7,272	7,781	8,326	8,909	9,532	10,200	10,914	11,

图 5-8 分期贷款还款表

(1)已知数据。在 B3:AF9 区域的单元格内输入各项已知数据。

(2)年数与冻结窗口。在 B9:AF9 区域内输入 1,2,…,31。可在单元格 B9 中输入 1,在单元格 C9 中输入 2,选中 B9:C9,将其填充到 AF9。选中 C9 单元格,单击菜单栏中的【窗口】菜单,选择【冻结窗口】命令,这样可以锁定行和列的标题。

(3)年初本金余额。第 1 年年初的本金余额为全部的抵押贷款余额,在单元格 B10 中输入"=B4"。

(4)还款额。利用 PMT 函数计算每年应偿还的金额。在单元格 B11 中输入公式"＝PMT($B$5,$B$6,－$B$4,0)"。

(5)第N年偿还的利息＝年利率×第N年年初的本金余额。在单元格B12中输入公式"＝B10＊B5"。

(6)第N年偿还的本金＝当期还款额－当期偿还的利息。也就是说，偿还利息后剩余的偿付款项全部用来偿还本金。在单元格B13中输入公式"＝B11－B12"。

(7)第N年年初的本金余额＝(第N－1年年初的本金余额)－(第N－1年偿还的本金)。在单元格C10中输入公式"＝B10－B13"。

(8)填充公式。选中B11:B13区域，将其填充到C11:C13区域。选中C10:C13区域，将其填充到D11:AF13区域。

每年的还款额为48 352元。图5-9所示的是贷款最后几年的还款情况。

	A	W	X	Y	Z	AA	AB	AC	AD	AE	AF
1											
2											
3	已知数据	分期偿还贷款表及敏感度分析									
4	现值										
5	年利率										
6	总年数										
7											
8	输出值										
9	年份	22	23	24	25	26	27	28	29	30	31
11	还款额	48,352	48,352	48,352	48,352	48,352	48,352	48,352	48,352	48,352	
12	利息	22,052	20,211	18,241	16,133	13,878	11,464	8,882	6,119	3,163	0
13	本金	26,300	28,141	30,111	32,219	34,474	36,887	39,470	42,232	45,189	0

图5-9　分期贷款最后几年的还款情况

在第30年最后一次还款之后，到第31年时本金减少为0，贷款全部还清。

偿还利息的金额取决于年初本金余额的数量。第1年偿还的利息最多，为42 000元，因为第1年年初的本金余额也最多，为600 000元。偿还利息的金额随着年初本金余额的减少也逐年减少。

2.进行敏感度分析。

(1)在图5-8所示的工作表中继续建立分析模型，如图5-10所示。

(2)偿还利息部分的数据。

①在A18:A19区域内建立一个列表，输入年利率7%和6%。在单元格B17中输入公式"＝B12"，并将其填充到C17:AE17区域。

②选中A17:AE19，选择主菜单中的【数据】菜单，单击【模拟运算表】选项，将会弹出【模拟运算表】对话框，在【引用列的单元格】一栏中输入单元格地址"B5"，点击【确定】。

	A	B	C	D	E	F	G	H	I	J	K
2											
3	已知数据										
4	现值	600,000		分期偿还贷款表及敏感度分析							
5	年利率	7%									
6	总年数	30									
7											
8	输出值										
9	年份	1	2	3	4	5	6	7	8	9	1(
10	年初本金余额	600,000	593,648	586,852	579,579	571,798	563,472	554,563	545,031	534,831	523,
11	还款额	48,352	48,352	48,352	48,352	48,352	48,352	48,352	48,352	48,352	48,
12	利息	42,000	41,555	41,080	40,571	40,026	39,443	38,819	38,152	37,438	36,
13	本金	6,352	6,796	7,272	7,781	8,326	8,909	9,532	10,200	10,914	11,
14											
15	数据表：利息对年利率变化的敏感度										
16	输出公式：利息										
17		42000	41555	41080	40571	40026	39443	38819	38152	37438	36
18	7%	42000	41555	41080	40571	40026	39443	38819	38152	37438	36
19	6%	36000	35545	35062	34550	34008	33433	32824	32178	31493	30
20											
21	数据表：本金对年利率变化的敏感度										
22	输出公式：本金										
23		6352	6796	7272	7781	8326	8909	9532	10200	10914	116
24	7%	6352	6796	7272	7781	8326	8909	9532	10200	10914	116
25	6%	7589	8045	8527	9039	9581	10156	10766	11412	12096	128

图 5-10　分期贷款的敏感度分析

(3)偿还本金部分的数据。

①在 A24:A25 区域内建立一个列表，输入年利率 7%和 6%。在单元格 B23 中输入公式“=B13”，并将其填充到 C23:AE23 区域。

②选中 A23:AE25，选择主菜单中的【数据】菜单，单击【模拟运算表】选项，将会弹出【模拟运算表】对话框，在【引用列的单元格】一栏中输入单元格地址“B5”，点击【确定】。

(4)制作本金和利息偿还的图表。

选中 B9:AE9 区域，按住 Ctrl 键，再选中 B18:AE19 区域，继续按住 Ctrl 键，再选中 B24:AE25 区域，选择主菜单中的【插入】菜单，单击【图表】选项，将会弹出【图表向导】对话框，制作“XY 散点图”，并进行相应选择，完成图表向导。制作的散点图如图 5-11 所示。

在图 5-11 中我们可以看到，年利率为 6%时的利息还款额比年利率为 7%时少很多。第 1 年少偿还 6 000 元的利息(36 000 元和 42 000 元)。偿还利息的差额随时间的推移而减少。在两种利率情况下，年利率为 6%时的本金偿还额比年利率为 7%时要多一些，第 1 年的本金偿还额要多 1 237 元(7 589元和 6 352 元)，偿还本金的差额随时间的推移而增加。利息偿还对利率更加敏感些。

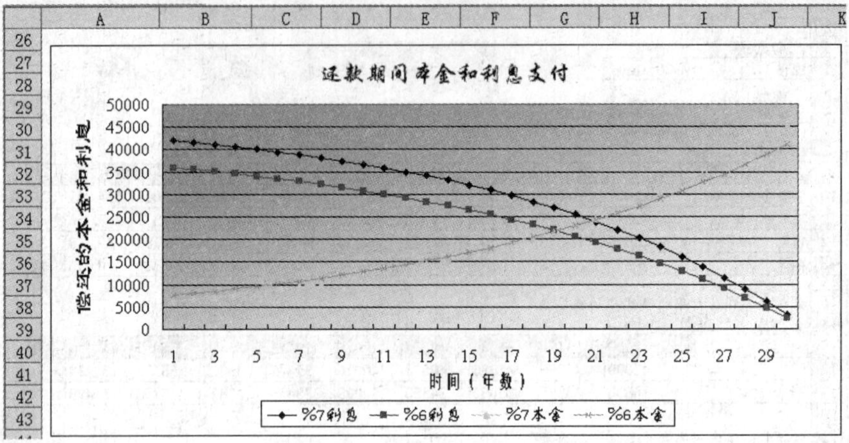

图 5-11　分期贷款的敏感度分析——图表

四、长期借款的资金成本

长期借款的资金成本是指企业为筹集和使用长期借款所支付的各种费用，包括筹资费用和资金占用费用。筹资费用主要包括企业为取得长期借款而支付的借款手续费。这项费用一般是在取得借款时一次性支付，所以计算长期借款的年资本成本率时将其从筹资总额中一次性扣除。有时借款手续费很少甚至为零，可将其忽略不计。资金占用费是指企业因使用长期借款而支付的利息。长期借款的利息费用有抵税作用，每年的利息费用扣除利息抵税额之后的差额称为税后利息费用，根据每年的税后利息费用可以计算出长期借款的年税后资本成本率。计算公式为：

$$K=\frac{I\times(1-T)}{L\times(1-f)}$$

参数说明：

K——长期借款的税后资本成本率

I——借款的年利息

L——借款额

T——所得税税率

f——筹资费费率

在忽略筹资费用的情况下，长期借款的税后资本成本率计算公式还可以简化为：

$$K=\frac{I\times(1-T)}{L}=i\times(1-T)$$

式中 i 为借款的年利率。

(一)周转信贷协议

实践中有的企业会与银行签订周转信贷协议,周转信贷协议是银行具有法律义务地承诺提供不超过某一最高限额的贷款协议。在协议的有限期限内,只要企业借款总额未超过最高限额,银行必须满足企业任何时候提出的贷款要求。企业享用周转信贷协议,要对贷款限额的未使用部分付给银行一笔承诺费。承诺费是银行向企业提供周转信贷的一种附加条件。计算长期借款资金成本时要充分考虑各种因素的影响。

【例 5-6】某公司准备扩大其现有产品生产线的生产能力,为此需要筹集 500 万元资金以购置新设备。公司启动了 5 年期的 500 万元的周转信贷协议,而且在承诺期满时可以转换成 5 年期定期贷款。周转贷款的年利率为 7%,定期贷款的年利率为 8.5%,银行对于企业没有使用的贷款额度要收取 0.5%的承诺费。该公司计划在第一年初借款 200 万元,在第一年末再借款 300 万元。在周转贷款期末,公司希望接受全部定期贷款。在第 6 年到第 10 年每年年末偿还本金 100 万元。要求计算:

1. 未来 10 年里,每年的预计承诺费用是多少?
2. 每年的利息费用是多少?
3. 如果公司的所得税税率为 33%,那么每年的税后利息费用是多少?
4. 每年的税后资金成本率是多少?

如图 5-12 所示,计算的具体步骤如下:

1. 在单元格 B12 中输入"=200",在单元格 C12 中输入"=$B$2",然后将其填充到 D12:G12;在单元格 H12 中输入"=G12-100",然后将其填充到 I12:K12,得到各年的借款额。

2. 在单元格 B13 中输入"=$B$2-B12",然后将其填充到 C13:K13,得到各年未使用的贷款额度。

3. 在单元格 B14 中输入"=B13 * $B$5",然后将其填充到 C14:K14,得到各年应支付的承诺费。

4. 在单元格 B15 中输入"=B12 * $B$3",然后将其填充到 C15:F15,得到前 5 年周转贷款期内各年的利息费用。

5. 在单元格 G15 中输入"=G12 * $B$4",然后将其填充到 H15:K15,得到后 5 年定期贷款期内各年的利息费用。

	A	B	C	D	E	F	G	H	I	J	K
1	已知条件										
2	贷款额度（万元）	500									
3	周转贷款年利率（前5年）	7.0%									
4	定期贷款年利率（后5年）	8.5%									
5	承诺费率	0.5%									
6	所得税税率	33.0%									
7											
8											
9											
10	贷款类型	周转贷款（万元）					定期贷款（万元）				
11	年份	1	2	3	4	5	6	7	8	9	10
12	年借款额	200	500	500	500	500	500	400	300	200	100
13	未使用的贷款额度	300	0	0	0	0	0	100	200	300	400
14	承诺费	1.50	0.00	0.00	0.00	0.00	0.00	0.50	1.00	1.50	2.00
15	利息费用	14.00	35.00	35.00	35.00	35.00	42.50	34.00	25.50	17.00	8.50
16	税后利息费用	9.38	23.45	23.45	23.45	23.45	28.48	22.78	17.09	11.39	5.70
17	税后资金成本率	5.19%	4.69%	4.69%	4.69%	4.69%	5.70%	5.78%	5.92%	6.20%	7.04%

图 5-12　周转信贷的资金成本计算

6. 在单元格 B16 中输入"＝B15＊(1－＄B＄6)"，然后将其填充到 C16：K16，得到各年的税后利息费用。

7. 在单元格 B17 中输入"＝(B14＊(1－＄B＄6)＋B16)/B12"，然后将其填充到 C17：K17，得到各年的税后资本成本率。

(二)补偿性余额

补偿性余额是银行要求借款企业在银行中保持按贷款限额或实际借款额一定百分比计算的最低存款额。通过补偿性余额的留存，从企业角度来讲，可以增进其信用意识及积极主动还款意识，提高偿债能力，但是却加重了利息负担；从银行角度来讲，可以降低风险，补偿可能透支的贷款损失。

补偿性余额法下的实际借款利率：

$$\text{实际借款利率}=\frac{\text{名义利率}}{1-\text{补偿性余额比例}}$$

【例 5-7】远大公司计划投资一个新项目，需要资金 1 000 万元，准备向银行申请贷款筹集所需的资金。银行提供贷款的年利率为 10%，但要求 20%的补偿性余额。公司的所得税税率为 33%，试计算其银行借款的税后资本成本率。

如图 5-13 所示，在单元格 B8 中输入公式"＝B2/(1－B4)"，计算公司的实际借款额；在单元格 B9 中输入公式"＝B3/(1－B4)"，计算实际借款年利率；在单元格 B10 中输入公式"＝B9＊(1－B5)"，计算银行借款的税后资本成本率，计算结果是 8.375%。

	A	B
1	已知条件	
2	资金需要量(万元)	**1000**
3	银行贷款年利率	**10%**
4	补偿性余额比例	**20%**
5	所得税税率	**33%**
6		
7	税后资金成本率的计算	
8	实际借款额(万元)	**1250**
9	实际借款年利率	**12.50%**
10	税后资金成本率	**8.375%**

图 5-13 补偿性余额法下银行借款税后资本成本率的计算

第三节 债券估值

债券是债券发行人为筹集资金而依照法定程序发行的，约定在一定期限还本付息的有价证券。公司长期债券是指企业发行的，期限超过一年的公司债券，其发行目的通常是为了建设大型项目而筹集的大额长期资金。

一、债券价值的确定

(一)债券估价的基本模型

债券的内在价值等于未来各期现金流量的总现值。

(二)计算公式

债券基本估价模型如图 5-14 所示。

基本计算公式为：

$$PV=\sum_{t=1}^{n}\frac{I_t}{(1+i)^t}+\frac{M}{(1+i)^n}$$

参数说明：

PV——债券价值，即图 5-14 的债券筹资额

I_t——每期支付的利息

i——贴现率，一般采用当时的市场利率或投资人要求的必要报酬率

n——债券期限

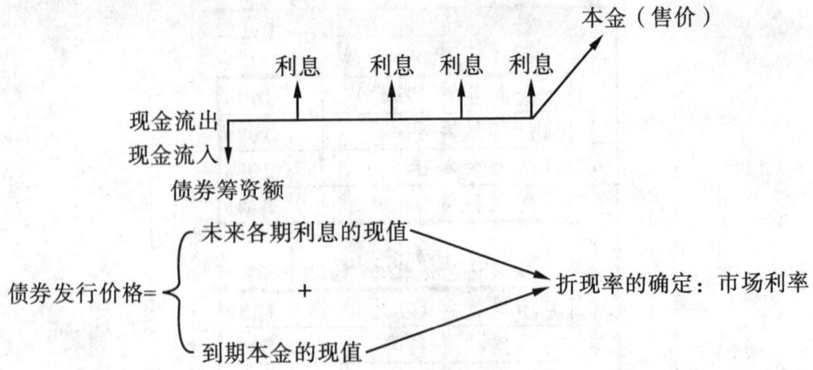

图 5-14　债券估价模型

t——付息期限

二、债券估值的计算

(一)用 Excel 确定债券价值

【例 5-8】ABC 公司拟发行 4 年期的、面额为 10 000 元的债券，债券票面利率为 5.0%，贴现率为 8%，每半年付息一次，计算在两种计息(单利和复利)方式下，债券的发行价格分别为多少？

用 Excel 确定债券发行价格的基本步骤如下：

1. 根据已知数据建立 Excel 模型，如图 5-15 所示。输入各项已知条件，对 B3:B7 区域的单元格逐一命名。选中单元格 B3，选择主菜单中的【插入】菜单，移动到【名称】项，单击【定义】选项，在【当前工作簿的名称】一栏中输入 CR。选中单元格 B4，重复以上操作并将其命名为 kd。对单元格 B5、B6、B7 重复上述操作，并将其分别命名为 NOP、N 和 M。

2. 计算各期贴现率。在不同的计息方式下，计算各期贴现率的公式是不同的。在单元格 B10 中输入公式"＝IF($B$2＝1,(1＋kd)^(1/NOP)－1,kd/NOP)"，根据步骤 1 的描述将其命名为 DR。

3. 计算各期债券利息。各期债券利息＝票面利率×债券面值/每年付息次数。在单元格 B11 中输入公式"＝CR＊M/NOP"，根据步骤 1 中的描述将其命名为 INT。

4. 利用现金流计算债券价格。将债券的价格当作各期现金流的现值来求。此债券每年产生两笔现金流，到期时共产生八笔现金流，在 B14:J14 区域的单元格内分别输入 0,1,2,…,8。按如下步骤完成对债券价格的计算：

	A	B	C	D	E	F	G	H	I	J
1	已知条件									
2	利率约定：1＝复利 0＝单利	0								
3	年票面利率(CR)	5.0%								
4	各期贴现率(按年计算)(kd)	8.0%								
5	每年付息次数 (NOP)	2			债券估值					
6	到期前的付息次数（N）	8								
7	面值（M）	10,000								
8										
9	输出值									
10	各期贴现率（DR）	4.0%								
11	各期债券利息（INT）	250								
12										
13	利用现金流计算债券价格									
14	期数	0	1	2	3	4	5	6	7	8
15	时间（年）	0	0.5	1	1.5	2	2.5	3	3.5	4
16	现金流		250.00	250.00	250.00	250.00	250.00	250.00	250.00	10250.00
17	现金流的现值		240.38	231.14	222.25	213.70	205.48	197.58	189.98	7489.57
18	债券价格	8,990.09								
19										
20	利用公式计算债券价格									
21	债券价格	8,990.09								
22										
23	利用PV函数计算债券价格									
24	债券价格	$8,990.09								

图 5-15 债券估值

(1)时间(年)＝期数/每年付息次数＝期数/NOP。在单元格 B15 中输入公式“＝B14/NOP”,然后将其填充到 C15:J15 单元格区域。

(2)第 1～7 期的现金流＝每期债券利息。在单元格 C16 中输入公式“＝INT”,然后将其填充到 D16:I16 单元格区域。

(3)第 8 期的现金流＝每期债券利息＋债券面值。在单元格 J16 中输入公式“＝INT＋M”。

(4)现金流的现值＝现金流/(1＋各期贴现率)^{期数}。在单元格 C17 中输入公式“＝C16/(1＋DR)^C14”,然后将其填充到 D17:J17 单元格区域。

(5)债券的现值＝各期现金流的现值之和。在单元格 B18 中输入公式“＝SUM(C17:J17)”。

5.利用公式计算债券价格。在单元格 B21 中输入公式“＝INT＊(1－(1＋DR)^(－N))/DR＋M/(1＋DR)^N”。

6.利用 PV 函数计算债券价格。在单元格 B24 中输入公式“＝－PV(DR,N,INT,M)”。

(二)债券价格和贴现率的关系

债券价格和贴现率之间有什么关系呢?我们可以在图 5-15 所示的电子数据表格的基础上构建数据分析模型来研究这个问题,如图 5-16 所示。

【例 5-9】ABC 公司拟发行 4 年期的、面额为 10 000 元的债券,债券票面

	A	B	C	D	E	F	G	H	I	J	K	L
1	已知条件											
2	利率约定：1=复利 0=单利	0										
3	年票面利率(CR)	5.0%										
4	各期贴现率(按年计算)(KD)	8.0%										
5	每年付息次数(NOP)	2										
6	到期前的付息次数(N)	8										
7	面值(M)	10,000										
8												
9	输出值											
10	各期贴现率(DR)	4.0%										
11	各期债券利息(INT)	250										
12												
13	图表输出											
14	各期贴现率(按年计算)	1.0%	2.0%	3.0%	4.0%	5.0%	6.0%	7.0%	8.0%	9.0%	10.0%	11.0%
15	各期贴现率	0.5%	1.0%	1.5%	2.0%	2.5%	3.0%	3.5%	4.0%	4.5%	5.0%	5.5%
16	债券价格	11,565	11,148	10,749	10,366	10,000	9,649	9,313	8,990	8,681	8,384	8,100

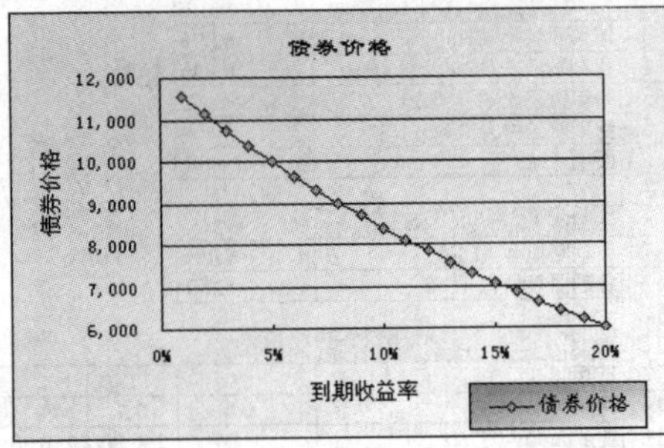

图 5-16　债券估值与贴现率之间的关系

利率为5.0%，贴现率可能为1.0%，2.0%，3.0%，4.0%，…，20.0%，每半年付息一次，计算在两种计息方式和各种可能的贴现率下，债券的发行价格分别为多少？

1. 打开图5-15所示的电子数据表格，然后选择主菜单中的【文件】，单击【另存为】，以一个新文件名将其保存下来。删除其中的13～24行。

2. 输入各期贴现率(按年计算)。在B14:U14区域的单元格内分别输入假定的贴现率1.0%，2.0%，3.0%，4.0%，…，20.0%。

3. 计算各期贴现率。在单元格B15中输入"=IF($B$2=1,(1+B14)^(1/NOP)-1,B14/NOP)"，并将其填充到C15:U15单元格区域。

4. 计算债券价格。在单元格B16中输入公式"=-PV(B15,N,INT,M)"，并将其填充到C16:U16单元格区域。

5. 做出债券价格随假定的贴现率变动的曲线图。选中B14:U14区域，然后按住Ctrl键，再选中B16:U16区域，单击工具栏中的 ，在图表类型中选择"XY(散点图)"，并完成图表向导中的其他选项。

该图形反映出债券价格和贴现率之间是一种反向关系。也就是说，贴现率较高时，债券的价值较低。该图形还反映出二者之间的关系是非线性相关关系。

(三)债券票面利率、贴现率的动态变化与债券价格的关系

如果提高债券的票面利率，债券的价格将如何变化？如果提高债券的贴

现率，债券价格又将如何变化？

我们可以用“微调项”(Spinner)建立一个动态图，并通过该动态图来解决上述问题。“微调项”是包含向上／向下箭头的按钮组，用鼠标点击这些箭头按钮就可以很轻松地改变模型中的数据，电子数据表会重新计算模型的结果，并立即根据新计算出的结果重新绘制曲线图。

【例 5-10】ABC 公司拟发行期限为 1～30 年期的、面额为 10 000 元的债券，债券票面利率和贴现率动态变化，每半年付息一次，计算在两种计息方式和各种可能的债券期限、债券票面利率和贴现率下，债券的发行价格分别为多少？

1. 打开图 5-16 所示的电子数据表格，然后选择主菜单中的【文件】，单击【另存为】，以一个新文件名将其保存下来。删除其中的第 6 行和第 14～16 行及图表，构建如图 5-17 的数据模型。

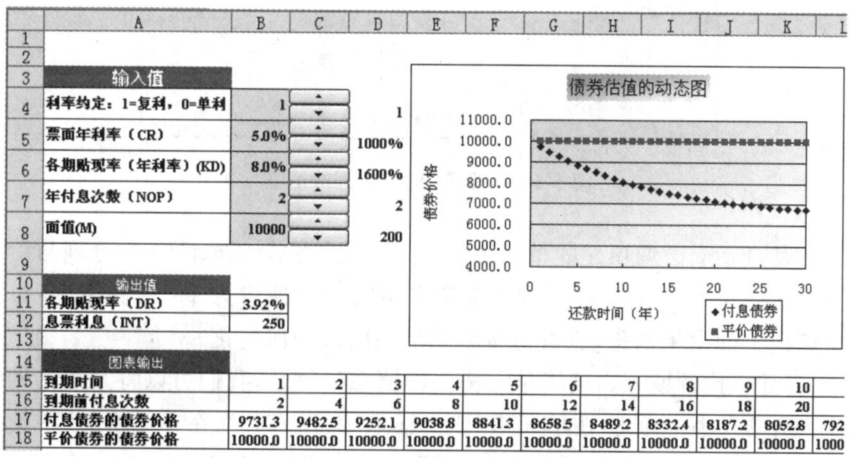

图 5-17 债券估值随债券票面利率、贴现率变化的动态图

2. 建立微调项控件，具体步骤如下：

(1)单击菜单栏上的【视图】菜单，选择【工具栏】，在【工具栏】菜单中单击【窗体】，出现【窗体】工具栏。

(2)单击【微调项】控制按钮，再用鼠标从单元格 C4 的左上角到右下角绘制微调项，这样微调项就会显示在单元格 C4 中。右键点击微调项，点击弹出的快捷菜单上的【复制】选项，然后选中 C5 单元格并点击 ，这样，就在 C5 中建立了一个同样的微调项，用同样的方法在单元格 C6、C7、C8 中建立微调项。

(3)建立单元格链接。右键单击单元格 C4 中的微调项，点击弹出的快捷菜单上的【设置控件格式】选项，在弹出的【设置控件格式】对话框中选择【控制】选项卡，在【单元格链接】编辑栏中输入“$D$4”，如图 5-18 所示设置最大值、最小值、步长值。

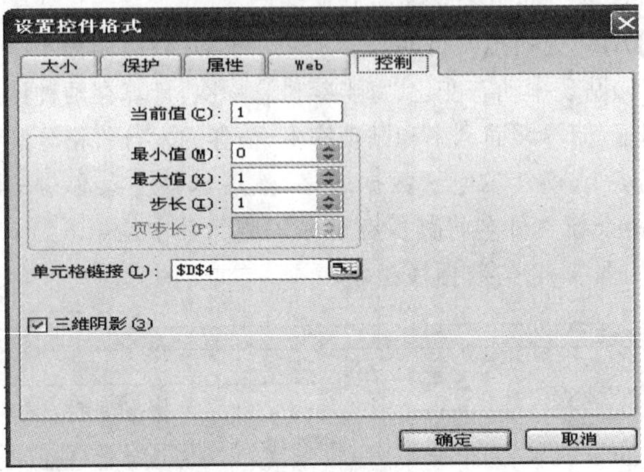

图 5-18 【设置控件格式】对话框

对其余 4 个微调项建立单元格链接，将单元格 C5、C6、C7、C8 分别与单元格 D5、D6、D7、D8 链接，并在控制选项卡中将最小值设为 1。检测微调项，点击微调项上的上下箭头，查看链接单元格内的值如何变化。

(4)建立比例输入。链接单元格内的值总是整数，我们可以将其按比例缩放为合适的大小。为此，在单元格 B5 中输入“=D5/200”，在单元格 B6 中输入“=D6/200”，在单元格 B7 中输入“=D7”，在单元格 B8 中输入“=D8 * 50”。

3. 输入到期时间。在单元格 B15:AE15 区域内输入到期时间的值 1,2,3,4,…,30。

4. 计算到期前的付息次数。在单元格 B16 中输入“=B15 * NOP”，然后将其填充到单元格 C16:AE16 区域。

5. 计算付息债券的价格。在单元格 B17 中输入公式“=-PV(DR,B16,INT,M)”，然后将其填充到单元格 C17:AE17 区域。

6. 计算平价债券的价格。平价债券是指债券票面利率同贴现率相等的债券。为便于比较，我们用于付息债券完全相同的条件来计算平价债券的价格。在单元格 B18 中输入公式“=-PV(DR,B16,DR * M,M)”，然后将其填充到单元格 C18:AE18 区域。

7.绘制债券估值的动态图。选中 B15:AE15 区域,然后按住 Ctrl 键,再选中 B17:AE18 区域,单击工具栏中的 ,在图表类型中选择"XY(散点图)",并完成图表向导中的其他选项。

通过设计的数据模型可以随时改变计算债券价格的各项条件,可以通过散点图很直观地看到这些改变对付息债券和平价债券价格的影响,例如:

(1)当债券票面利率增加时债券价格如何变化?

(2)当贴现率增加时债券价格如何变化?

(3)当每年的付息次数增加时债券价格如何变化?

(4)当债券的面值增加时债券价格如何变化?

(5)平价债券的价格与债券期限之间存在着什么关系?

(6)当债券票面利率增加到与贴现率相等时会出现什么样的情况?它继续增加呢?

第四节 股票估值

股票的发行价格应以其内在价值为基础确定,普通股的发行价格通常有两种确定方法:股利估价法和市盈率估价法。

一、普通股估值

在股利估价法下,股票的内在价值等于无限期股利的现值之和。

假设 P 为股票的内在价值,D_t 为第 t 期的股利,K_c 为普通股股东要求的投资报酬率,则股票内在价值的基本计算公式为:

$$P = \sum_{t=1}^{\infty} \frac{D_t}{(1+K_c)^t}$$

根据股票各期股利增长的不同情况,股票又可以分为固定成长股和差别成长股,它们的价值计算公式是不一样的,分述如下:

(一)固定成长股的价值

固定成长股是指未来各期股利稳定增长的股票。假设各期股利增长率为 g,且 $g<K_c$;D_0 为上期末发放的股利;D_1 为第一期预计发放的股利,则固定成长股的价值为:

$$P = \sum_{t=1}^{\infty} \frac{D_0 \times (1+g)^t}{(1+K_c)^t} = \frac{D_0 \times (1+g)}{K_c - g} = \frac{D_1}{K_c - g}$$

(二)差别成长股的价值

差别成长股的价值是指未来各期股利的增长分为几个不同的阶段、一定时期以后股利稳定增长的股票。假设未来各期股利的增长分为两个阶段，前 n 年各期股利的增长率为 g_1，n 年以后各期股利以 g_2 的比率稳定增长，则差别成长股的价值为：

$$P=\sum_{t=1}^{n}\frac{D_0\times(1+g_1)^t}{(1+K_c)^t}+\sum_{t=n+1}^{\infty}\frac{D_n\times(1+g_2)^{t-n}}{(1+K_c)^t}$$

$$=\sum_{t=1}^{n}\frac{D_0\times(1+g_1)^t}{(1+K_c)^t}+\frac{\dfrac{D_n\times(1+g_2)}{K_c-g_2}}{(1+K_c)^n}$$

股利分多期变化的差别成长股也可参照上述方法估计其价值。

二、股票估值的计算

【例 5-11】在最近两年中，ABC 公司产生了很高的实际投资回报率(Real ROI)，分别为 22.3%和 20.7%。在最近三年中，它的股利迅速增长，每股从 0.50 元涨到 0.57 元，再涨到 0.65 元。未来 5 年由于竞争加剧，预计 ABC 公司的实际投资回报率会逐年下降，具体数据如图 5-19 所示。该公司的实际投资回报率长期预测与公司的实际贴现率(k)相等，为每年 8.0%。ABC 公司采用的政策是每年保留 50%的收益作为留存收益，其余收益用来派发股利。预计未来的通货膨胀率为 3.0%。则该公司股票每股内在的价值是多少？

	A	B	C	D	E	F	G	H	I	J
1	已知条件									
2	通货膨胀率	3.0%								
3	实际贴现率(k)	8.0%				股票估值				
4	留存收益率	50.0%								
5										
6	输出值									
7	名义贴现率(k)	11.2%								
8										第二期
9					第一期：明确的预测期间					无限期
10		最近三年的历史数据			(Real ROI>K)					(Real ROI=k)
11	期数	-2	-1	0	1	2	3	4	5	6
12	通货膨胀率		2.9%	3.2%	3.0%	3.0%	3.0%	3.0%	3.0%	3.0%
13	实际投资回报率(Real ROI)		22.0%	20.0%	18.0%	16.0%	14.0%	12.0%	10.0%	8.0%
14	名义投资回报率(ROI)		25.5%	23.8%	21.5%	19.5%	17.4%	15.4%	13.3%	11.2%
15	股息的真实增长率(真实g)		11.0%	10.0%	9.0%	8.0%	7.0%	6.0%	5.0%	4.0%
16	股息的名义增长率(g)		14.4%	13.9%	12.3%	11.2%	10.2%	9.2%	8.2%	7.1%
17	每股的名义股息	0.50	0.57	0.65	0.73	0.81	0.89	0.98	1.06	1.13
18	每股的延续价值								27.47	
19	未来每股股息与每股延续价值之和				0.73	0.81	0.89	0.98	28.52	
20	未来每股股息与每股延续价值之和的现值				0.66	0.66	0.65	0.64	16.75	
21	每股的内在价值			19.34						

图 5-19 股票估值的模型

为预测该公司的股票内在价值,应建立一个两期的股利折现模型。在第一期,明确预测该公司未来5年的股利;在第二期,预测该公司从第6年到未来无限期的股利,将其折现到第5年,作为每股的延续价值。然后再把未来的股利和第5年的延续价值都折现到第0年,求出每股的内在价值,基本步骤如下:

1.已知条件。在图5-19中的B2:B4区域内分别输入通货膨胀率、实际贴现率和留存收益率。在C12:D17区域和单元格B17中输入历史数据;在单元格E12中输入预期的通货膨胀率"=B2",并将其填充到F12:J12区域。

2.计算名义贴现率。名义贴现率=(1+通货膨胀率)×(1+实际贴现率)-1,在单元格B7中输入公式"=(1+B2)*(1+B3)-1"。

3.预期的实际投资回报率和名义投资回报率。在长期中,我们预测公司的实际投资回报率等于实际贴现率。在单元格J13中输入公式"=B3"。给出第0期的实际投资回报率为20.0%,并且预测由第6期开始实际投资回报率变为每年8.0%。在E13:I13区域内输入第1期到第5期的实际投资回报率:18.0%、16.0%、14.0%、12.0%、10.0%。名义投资回报率=(1+通货膨胀率)×(1+实际投资回报率)-1。在单元格E14中输入公式"=(1+E12)*(1+E13)-1",并将其填充到F14:J14区域。

4.实际股利增长率和名义股利增长率。实际股利增长率=实际投资回报率×(1-留存收益率)。在单元格E15中输入公式"=E13*(1-$B$4)",并将其填充到F15:J15区域。名义股利增长率=(1+通货膨胀率)×(1+实际股利增长率)-1。在单元格E16中输入公式"=(1+E12)*(1+E15)-1",并将其填充到F16:J16区域。

5.每股名义股利。第n期的名义股利=第$n-1$期的名义股利×(1+第n期的名义股利增长率)。在单元格E17中输入公式"=D17*(1+E16)",并将其填充到F17:J17区域。

6.第5期时的延续价值。第5期时的延续价值是从第6期到未来无限期的股利流的现值。第5期时的延续价值=第6期时的股利/(名义贴现率-第6期的名义股利增长率)。在单元格I18中输入公式"=J17/(B7-J16)"。

7.未来每股股利与每股延续价值的和以及二者之和的现值。在每一期中,对未来每股股利与每股的延续价值求和。在单元格E19中输入公式"=SUM(E17:E18)",并将其填充到F19:I19区域。未来每股股利与每股延续价值之和的现值=第n期未来每股股利与每股延续价值之和/(1+名义贴现率)^n。在单元格E20中输入公式"=E19/(1+$B$7)^E11",并将其填充到F20:I20区域。

8. 每股的内在价值。对未来每股股利与每股延续价值之和的现值求和。在单元格 D21 中输入公式"＝SUM(E20：I20)"。

根据上面的计算结果，ABC 公司股票的内在价值为 19.34 元。

三、股票估值的敏感性分析

股票的价值对通货膨胀率、留存收益率和实际贴现率这三个变量的敏感度如何？或者说，准确预测这三个值的重要性如何？

【例 5-12】在【例 5-11】所示的 ABC 公司的财务数据的基础上，进行股票估值的敏感性分析。

首先，我们可以输入不同的实际贴现率的值，并利用 Excel 提供的模拟运算表的功能求出相应的每股内在价值。然后，制作图表，并通过对通货膨胀率和留存收益比率添加微调项建立一个动态的图形，如图 5-20。

股票估值的敏感分析

	A	B	C	D
1	已知条件			
2	通货膨胀率	3.0%		6
3	留存收益率	50.0%		5

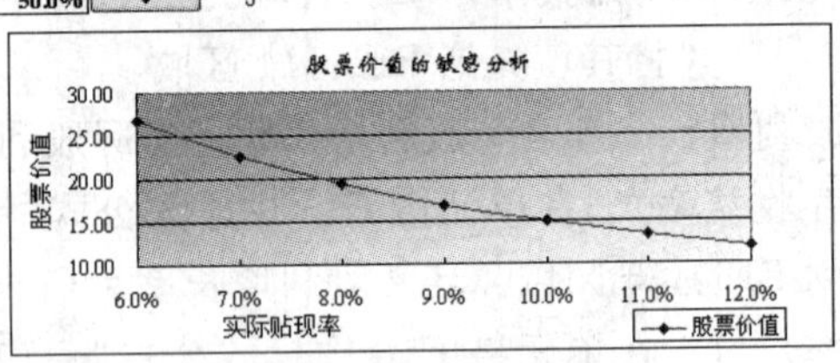

	A	B	C	D	E	F	G	H	I
17	输出值								
18	实际贴现率(k)	8.0%	6.0%	7.0%	8.0%	9.0%	10.0%	11.0%	12.0%
19	每股内在价值	19.34	26.78	22.52	19.34	16.89	14.93	13.34	12.03
20									
21									
22	名义贴现率(k)	11.2%							

	A	B	C	D	E	F	G	H	I	J
23										第二期
24					第一期：明确的预测期间					无限期
25		最近三年的历史数据			(Real ROI>K)					(Real ROI=k)
26	期数	-2	-1	0	1	2	3	4	5	6
27	通货膨胀率		2.9%	3.2%	3.0%	3.0%	3.0%	3.0%	3.0%	3.0%
28	实际投资回报率(Real ROI)		22.0%	0.0%	18.0%	16.0%	14.0%	12.0%	10.0%	8.0%
29	名义投资回报率(ROI)		25.5%	23.8%	21.5%	19.5%	17.4%	15.4%	13.3%	11.2%
30	股息的真实增长率(真实g)		11.0%	0.0%	9.0%	8.0%	7.0%	6.0%	5.0%	4.0%
31	股息的名义增长率(g)		14.4%	13.9%	12.3%	11.2%	10.2%	9.2%	8.2%	7.1%
32	每股的名义股息	0.50	0.57	0.65	0.73	0.81	0.89	0.98	1.06	1.13
33	每股的延续价值								27.47	
34	未来每股股息与每股延续价值之和				0.73	0.81	0.89	0.98	28.52	
35	未来每股股息与每股延续价值之和的现值				0.66	0.66	0.65	0.64	16.75	
36	每股的内在价值			19.34						

图 5-20　股票估值的敏感性分析

1.将图 5-19 所示的工作表复制一份，在第 6 行的“输出值”之上插入 12 行，将 A3:B3 单元格的内容移动到 A18:B18 区域，将 A4:B4 单元格的内容移动到 A3:B3 区域。

2.建立微调项控件，具体步骤如下：

(1)单击菜单栏上的【视图】菜单，选择【工具栏】，在【工具栏】菜单中单击【窗体】，出现【窗体】工具栏。

(2)单击【微调项】控制按钮，再用鼠标从单元格 C2 的左上角到右下角绘制微调项，这样微调项就会显示在单元格 C2 上。右键点击微调项，点击弹出的快捷菜单上的【复制】选项，然后选中 C2 单元格点击，这样，就在 C5 中建立了一个同样的微调项。

(3)建立单元格链接。右键单击单元格 C2 中的微调项，点击弹出的快捷菜单上的【设置控件格式】选项，在弹出的【设置控件格式】对话框中选择【控制】选项卡，在【单元格链接】编辑栏中输入“D2”，点击【确定】。对另一个微调项重复此步骤，将单元格 C3 和单元格 D3 建立链接。检测微调项，点击其上的上/下箭头，看看链接单元格内的变化。

(4)建立比例输入。链接单元格内的值总是整数，我们可以将其按比例缩放为合适的大小。为此，在单元格 B2 中输入公式“=D2/200”，在单元格 B3 中输入公式“=D3/10”。

3.输入实际贴现率的值。在 C18:I18 区域的单元格内分别输入 6%、7%、8%、9%、10%、11%、12%。

4.利用模拟数据表计算每股内在价值。在单元格 B19 中输入“=D36”，选中 B18:I19 区域，点击菜单栏【数据】中的【模拟数据表】选项，在【引用行的单元格】一栏中输入“$B$18”。

5.制作每股内在价值的 XY 散点图。选中 C18:I20 区域，单击工具栏中的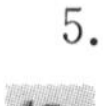，在图表类型中选择“XY(散点图)”，并完成图表向导中的其他选项。

从数据表和动态图中可以看出，当实际贴现率从 12%降到 6%时，每股内在价值从 12.03 元上升到 26.78 元。由此可见，每股内在价值对实际贴现率非常敏感。当通过点击微调项改变通货膨胀率的值时，每股的内在价值却没有受到影响。这是因为通货膨胀率的变动引起了名义投资回报率和名义贴现率的反向变动，并且这两个变动相互抵消了，因此，它们的变动对每股内在价值的净影响为零。当通过点击留存收益率的微调项改变留存收益率的值时，每股内在价值发生了很大变化。因此，实际贴现率和留存收益比率尽可能准确是极为重要的。

第五节　最佳资本结构决策分析

资本结构是指公司各种长期筹资来源的构成和比例关系。通常情况下，企业的资本结构由长期负债与权益资本构成，对资本结构的认识主要有净收益、净营业收益和权衡理论等。

最佳资本结构应当是可使公司的总价值最高，而不一定是每股收益最大的资本结构。同时，在企业总价值最大的资本结构下，公司的资本成本也是最低的。即最佳资本结构是指在一定条件下使企业加权平均资金成本最低企业总价值最大的资本结构。

(一)最佳资本结构模型

公司的市场总价值 V 等于其股票的总价值与债券的总价值之和，即 $V=B+S$。

为简化起见，假设债券的市场价值等于它的面值。假设净投资为零，净利润全部作为股利发放，则股票的市场价值为：

$$S=\frac{(EBIT-I)\times(1-T)}{K_s}$$

参数说明：

$EBIT$——息税前利润

I——年利息额

T——公司所得税税率

K_s——权益资本成本

采用资本资产定价模型计算股票成本的公式为：

$$K_s=R_f+\beta\times(R_m-R_f)$$

参数说明：

R_f——无风险报酬率

β——某公司股票收益相对于市场投资组合期望收益率的变动幅度，即股票的贝塔系数

R_m——平均风险股票必要报酬率

公司的资本成本应用加权平均资本成本(K_w)来表示。加权平均资金成本是指分别以各种资金成本为基础，以各种资金占全部资金的比重为权数计算出来的综合资金成本。它是综合反映资金成本总体水平的一项重要指标。

$$\frac{加权平均}{资本成本}=\frac{税前债务}{资本成本}\times\frac{债务额}{总资本}\times\left(1-\frac{所得税}{税\quad率}\right)+\frac{权益资本}{成\quad本}\times\frac{股票额}{总资本}$$

即：$K_w=K_b\times\frac{B}{V}\times(1-T)+K_s\times\frac{S}{V}$

参数说明：

K_b——税前的债务资本成本

（二）运用 Excel 构建最佳资本结构模型

【例 5-13】某公司年息税前利润为 500 万元，资金全部由普通股资本组成，股票账面价值 2 000 万元，所得税税率为 25%。该公司认为目前的资本结构不够合理，准备用发行债券回购部分股票的办法予以调整。经咨询调查，目前的债务利率和权益资本的成本情况见图 5-21。

	A	B	C	D	E	F
1	不同债务水平对公司债务资本成本和权益资本成本的影响					
2	债券的市场价值B(万元)	税前债务资本成本Kb	股票β值	无风险报酬率Rf	平均风险股票必要报酬率Rm	权益资本成本Ks
3	0	-	1.20	10%	14%	14.8%
4	200	10%	1.25	10%	14%	15.0%
5	400	10%	1.30	10%	14%	15.2%
6	600	12%	1.40	10%	14%	15.6%
7	800	14%	1.55	10%	14%	16.2%
8	1000	16%	2.10	10%	14%	18.4%

图 5-21　目前的公司债务资本成本和权益资本成本数据

运用 Excel 构建最佳资本结构模型的步骤如下：

1. 根据最佳资本结构模型公式构建 Excel 模型，如图 5-22 所示。

	A	B	C	D	E	F
10	已知条件					
11	EBIT(万元)	500				
12	股票账面价值(万元)	2000				
13	所得税率	25%				
14						
15						
16	公司市场价值和资本成本					
17	债券的市场价值B(万元)	股票的市场价值S(万元)	公司的市场价值V(万元)	税前债务资本成本Kb	权益资本成本Ks	加权平均资本成本K_w
18	0	2534	2534	-	14.8%	14.800%
19	200	2400	2600	10%	15.0%	14.423%
20	400	2270	2670	10%	15.2%	14.046%
21	600	2058	2658	12%	15.6%	14.110%
22	800	1796	2596	14%	16.2%	14.444%
23	1000	1386	2386	16%	18.4%	15.718%
24						
25	最佳资本结构中债券的额度为：(万元)				400	
26						

图 5-22　公司市场价值和资本成本

2.股票的市场价值。在单元格 B18 中输入“=($B$11-A18*B3)*(1-$B$13)/F3”,然后将其填充到单元格区域 B19:B23。

3.公司的市场价值。在单元格 C18 中输入“=A18+B18”,然后将其填充到单元格区域 C19:C23。

4.加权平均资本成本。在单元格 F18 中输入公式“=D18*A18/C18*(1-$B$13)+E18*B18/C18”,然后将其填充到单元格区域 F19:F23。

5.最佳资本结构。通过图 5-22 所示的表中比较各方案的加权平均资本成本,其最低值所对应的债券的市场价值即为企业最佳资本结构中债券的发行额度。在单元格 E25 中输入公式“=INDEX(A18:A23,MATCH(MIN(F18:F23),F18:F23,0))”。

6.分析计算结果。根据最佳资本结构公式设计,得出最佳发行方案为发行长期债券 600 万元。

本章提要

本章主要讲述了怎样用 Excel 预测资金需要量、长期借款怎样分期还本付息、债券的估值及敏感性分析、股票的估值及敏感性分析以及进行长期资本的筹资决策。

习 题

1.大华公司 2007 年末的资产负债表及其他有关数据如表 5-1 和表 5-2 所示,要求预测该公司 2008 年需要从外部追加的资金需要量。如果该公司 2008 年需要从外部追加的资金全部以长期借款的方式筹资,要求编制 2008 年末的预计资产负债表。

表 5-1　大华公司 2006 年末的资产负债表

单位:元

资产		负债及所有者权益	
现金	5 000	应付费用	10 000
应收账款	15 000	应付账款	5 000

续表

资产		负债及所有者权益	
存货	30 000	短期借款	25 000
固定资产	30 000	公司债券	10 000
—	—	实收资本	20 000
—	—	留存收益	10 000
资产合计	80 000	负债及所有者权益合计	80 000

表 5-2 其他有关数据

2007 年销售收入(万元)	100 000
2008 年计划销售收入(万元)	120 000
销售净利率	10%
股利支付率	50%
预计销售额增长率	20.00%

2. 某种 5 年期债券的面值为 10 000 元，年票面利率为 8%，贴现率为 12%，每半年付息一次，分别计算在单利和复利的情况下，债券的价值各为多少？

3. 制作图表，说明债券价值和贴现率的关系。

4. 已知某债券到期前的付息次数为 10 次，面值为 10 000 元，各期贴现率为 10%，各期支付利息为 80 元，求债券的价格。

5. 已知某债券到期前的付息次数为 8 次，面值为 1 000 元，各期贴现率为 4.5%，债券的价格为 880 元，求各期应支付利息的数额。

6. 已知某债券到期前的付息次数为 6 次，面值为 1 000 元，各期应支付利息为 30 元，债券的价格为 865 元，求各期贴现率。

7. 已知某债券到期前的付息次数为 6 次，各期贴现率为 3.8%元，各期应支付利息为 45 元，债券的价格为 872 元，求面值。

8. 已知某债券面值为 1 000 次，各期贴现率为 4.3%元，各期应支付利息为 37 元，债券的价格为 887 元，求到期前的付息次数。

9. 华泰公司购买面值 10 万元，票面利率 5%，期限为 10 年的债券。每年 1 月 1 日付息，当时市场利率为 7%。

要求：

①计算该债券价值。

②若该债券市价是 92 000 元,是否值得购买该债券?

③如果按债券价格购入了该债券,并一直持有至到期日,则此时购买债券的到期收益率是多少?

10. 某企业计划利用一笔长期资金投资购买股票。现有 A 公司股票和 B 公司股票可供选择,某企业只准备投资一家公司股票。已知 A 公司股票现行市价为每股 8 元,上年每股股利为 0.14 元,预计以后每年以 6%的增长率增长。B 公司股票现行市价为每股 6 元,上年每股股利为 0.5 元,股利分配政策将一贯坚持固定股利政策。某企业所要求的投资必要报酬率为 8%。

要求:

①利用股票估价模型,分别计算 A、B 公司股票价值。

②为该企业做出股票投资决策。

11. 假设在最近两年中,兴华公司的实际投资回报率分别为 15.3%和 12.9%。在最近三年中,通货膨胀率分别为 3.6%和 2.5%。在最近三年中,它的每股股息迅速增长,从 0.20 元涨到 0.36 元,再涨到 0.52 元。未来 5 年由于竞争加剧,预计公司的实际投资回报率会逐年下降,从 12%降到 8%。该公司的实际投资回报率长期预测与公司的实际贴现率相等,为每年 7%。公司采用的政策是每年保留 40%的收益作为留存收益,其余收益用来派发股息。预计未来的通货膨胀率为 4.0%,则该公司股票每股内在的价值是多少?

第6章 财务分析

知识要求

通过本章的学习，掌握

- 比率分析法
- 比较分析法
- 综合分析法

技能要求

通过本章的学习，能够利用Excel提供的各种数据分析工具进行财务报表分析。

第一节 财务分析概述

财务报表是企业财务状况和经营成果的信息载体，但财务报表中的各项数据如果孤立地来看，并无太大意义，必须与其他数据相比较才能成为有用的信息。这种参照一定标准将财务报表的各项数据与有关数据进行比较、评价的过程就是企业财务分析。财务报表中不仅涉及的数据种类繁多，而且还会涉及不同时期、不同企业之间的比较，因此，有必要利用Excel提供的各项功能辅助财务人员迅速、准确地完成财务分析工作。

一、财务分析的意义

财务分析是指以企业的财务报表等会计资料为依据和起点，采用专门的方法、模型来分析和评价企业的经营成果、财务状况及其变动情况，目的是了解过去、评价现在、预测未来，帮助利益关系集团改善决策。财务分析既是已完成的财务活动的总结，又是财务预测的前提，在企业财务管理的循环中起着承上启下的作用。经营者通过财务分析可以透彻地观察企业生产、经营全过程，不断揭示生产经营及财务运行过程中的问题，查明原因，纠正偏差，堵塞漏洞，总结业绩。投资者、债权人及其他与企业有利益关系的团体或个人通过财务分析，可以全面评价企业的财务状况和经营成果，在此基础上做出明智的决策。

财务分析的主要依据是财务报表，包括资产负债表、利润表和现金流量表，这三大财务报表包含了大量反映企业生产经营活动各方面情况的高度浓缩的会计信息。财务分析的最基本功能，就是将大量的报表数据转变成对特定决策有用的信息，减少决策的不确定性。通过对财务报表的分析，可以全面地了解和评价企业的偿债能力、盈利能力、资产管理能力和发展能力，为有关各方面的决策提供有用的帮助。

二、财务分析的主要方法

财务分析的基本方法有比较分析法、比率分析法、趋势分析法、综合分析法。

（一）比较分析法

比较分析法是将某项财务指标与该指标的标准值进行对比，以揭示企业实际财务状况和财务成果相比预期值的实现程度。运用比较分析法的关键是选用的参照标准，通常可采用的是企业内部标准和企业外部标准两种。分析方法可采用简单比较法和差额比较法，前者是将实际数与标准值或预期值简单比较，后者要将指标分解为各个项目，分别计算各个项目的实际数与基准数或目标值之间的差额，最后合计各个项目对总额的影响。

（二）比率分析法

比率分析法是把某些彼此存在关联关系的项目加以对比，计算出比率后，用以确定企业财务状况和经营成果变动程度的分析方法。由于单纯的财务数据是静态的，不能深入揭示事物内在规律。而采用两个或两个以上的有关联数值的相对比率，将不可比较的数据变为可比较的指标，则可做到这一点。用于比率分析法的指标主要有以下两种类型：

1. 结构比率

结构比率也称构成比率，是指财务数据中的组成部分数据与数据总和的比率，反映部分与总体的关系。计算公式为：

$$结构比率=\frac{某个组成部分数值}{总体数值}$$

如流动资产与总资产的比率等。该类比率用于揭示总体中的部分安排是否合理，为下一期财务结构的调整提供依据。

2. 相关比率

相关比率是指同期财务报表中两个相关数值的比率，用以反映有关经济活动的相互关系。如资产负债率、应收账款周转率、销售利润率等。利用相关比率指标可以考察有联系的相关业务是否正常，以便及时进行调整，保证企业经营活动的顺利开展。

（三）趋势分析法

趋势分析法是利用会计报表等提供的数据资料，将连续几个时期的实际指标或比率进行定基对比和环比对比，揭示企业财务状况和经营成果变化趋势的一种分析方法。趋势分析法一般要编制比较财务报表，将连续若干期的企业财务报表（2～5年）并列在一起进行比较。这样可以从中发现各个财务项目的增减变化，找出其中的变化规律。其具体运用有以下方法：

1. 重要财务比率的比较

重要财务比率的比较是将企业连续几个会计期间的重要财务比率进行对比，观察分析企业财务状况和经营成果的变动幅度和发展趋势。财务比率的比较有两种计算方法：

$$定基变动比率=\frac{当期指标}{固定基期数值}$$

$$环比变动比率=\frac{当期指标}{上年（或上年同期）数值}$$

2. 财务报表的比较

财务报表的比较是将企业连续几个会计期间的财务报表的相同项目进行比较，分析其变动的金额、幅度及原因，据以判断企业财务状况和经营成果的发展趋势。财务报表的比较包括资产负债表比较、利润表比较和现金流量表比较等。

3. 财务报表项目构成的比较

财务报表项目构成的比较以报表中某个项目指标作为基数，将其他项目与之比较计算百分比，以此来分析有关财务活动的变化趋势。该方法既可适用于不同期间的财务比较，又可用于不同规模企业间的横向比较，有利于分析企业的耗费水平和盈利水平。

（四）综合分析法

综合分析法就是对企业的各项财务数据和财务指标进行系统、综合地分析，以便对企业的财务状况和经营成果进行全面、合理的评价。综合分析法主要有财务比率综合评分法、杜邦分析法等，其中杜邦分析法在企业财务分析中应用最多。

第二节　财务比率分析法

比率分析是财务分析的核心，用户可以根据需要计算出很多有意义的比率分析值，从而揭示出企业经营管理中各个方面的状况。

一、比率分析指标

不同的财务分析人员在进行比率分析时采用的指标体系是不尽相同的，主要可划分为以下三类：偿债能力分析指标、营运能力分析指标、盈利能力分析指标。

（一）偿债能力分析

偿债能力是指企业偿还到期债务的能力，是反映企业财务状况和经营能力的重要标志。偿债能力分析包括短期偿债能力分析和长期偿债能力分析。

1.短期偿债能力分析

短期偿债能力主要取决于流动资产的变现能力。企业能否保持足够的短期偿债能力，有时事关企业的生死。企业不能履行正常的短期债务清偿程序时，将不得不采取变卖资产或借新债还旧债的方式。这样一方面影响生产，一方面使企业信用下降，资金调配陷入困境，再次筹资变得困难。如果经营情况因此恶化，企业将面临破产境地。对于中小企业来说，资金紧张是常态。尤其在面对发展机会，为了再上台阶，业主往往会孤注一掷，置企业于高风险的境地。因此，企业应高度关注财务报表中的短期偿债指标，使企业生产经营处于安全地带。企业短期偿债能力分析指标包括：流动比率、速动比率和现金流动负债比率等。

(1)流动比率

流动比率是企业某期期末流动资产与流动负债的比值。其计算公式为：

流动比率＝流动资产÷流动负债×100％

该指标越高，说明企业短期偿债能力越强，偿债越有保证。但该指标又不宜过高，过高会使企业流动资产占用过多，造成资金闲置，影响资金使用效率，提高企业资金使用成本，最终影响企业利润。该指标过低，说明企业资金紧张，难以如期偿还到期债务。

(2)速动比率

速动比率又称酸性测试比率，是企业某期期末速动资产与流动负债的比值。其计算公式为：

速动比率＝速动资产÷流动负债×100％

＝(流动资产－存货)÷流动负债× 100％

其中：速动资产是指流动资产减去存货、预付账款等，包括货币资金、交易性金融资产、应收账款、应收票据、其他应收款等。由于预付账款等发生数一般较少，为了计算方便，一般仅剔除存货。

用速动资产计算的速动比率能可靠地反映企业偿还短期债务的能力，弥补流动比率的缺陷。根据经验速动比率一般以等于 1 为宜，小于 1 会使企业面临偿债危机；大于 1 虽然保证企业的偿债安全，但会增加企业的资金成本。

在实务中，速动比率并非绝对以 1 为标准，并且还要结合其他因素进行考虑。若企业大量采用现金销售(如零售企业)，则几乎没有应收账款，速动比率低于 1 是很正常的。有时速动比率低于 1，但由于有一定的信贷额度，则会增加企业短期偿债能力。有时速动比率大于或等于 1，但要是企业存在对外担保或或有负债，则会降低企业的偿债能力。因此，企业短期偿债能力分析要考虑各方因素，才能做出正确判断。

2. 长期偿债能力分析

长期偿债能力是指企业偿还长期负债的能力，主要取决于负债与资产总额的比率，也取决于企业的资本结构和获利能力。长期偿债能力分析指标包括资产负债率、产权比率、已获利息倍数等。

(1)资产负债率

资产负债率又称负债比率，是企业某期期末的负债总额与资产总额的比率。其计算公式为：

资产负债率＝负债总额÷资产总额×100％

该指标表明企业的资产总额中，由债权人提供的资金也即负债总额所占的比重。企业所有资金由自有资金和负债构成，如果该比值大于 100％，表明企业负债总额大于资产总额，净资产为负数，企业已经资不抵债，面临破产倒闭的危险。因此对债权人来说，资产总额大于负债总额时债权才有保障，因此资产负债率应该小于100%，而且越低越好。

对于业主或股东来说，资产负债率并非越低越好。只要企业的资产报酬率超过借入资金的利息率，企业可以在投入一定自有资金的情况下，扩大负债经营比例，利用财务杠杆作用取得更多的投资利润。但在资产报酬率低于借入资金的利息率时，资产负债率越大，企业赚得的息税前利润中利息所占的比例越大，甚至利息大于利润，这时企业应降低资产负债率，越低越好。

因此，从理财的角度看，企业应在制订借款政策时审时度势，综合考虑各种因素，充分估计预期的利润和潜在的风险，做出合理的决策。

(2)债务股权比率

债务股权比率也称产权比率，是负债总额与所有者权益总额的比值。其计算公式为：

债务股权比率＝负债总额÷所有者权益总额×100%

该指标是资产负债率的另一种表示，表明企业的所有者权益对负债的保障程度，是企业财务结构是否稳健的重要标志。该指标越低，表明企业的长期偿债能力越强，但也不能获得负债的财务杠杆效应。因此，该指标的高低要视具体情况进行评价，分析方法可参考对资产负债率的分析。

(3)权益比率

权益比率是所有者权益总额与资产总额的比值。其计算公式为：

权益比率＝所有者权益总额÷资产总额×100%＝1－资产负债率

权益比率反映资产总额中有多少是所有者投入的，从债权人角度看，这个比率越高越好。它表示企业的资金来源中依靠所有者投资的比重较大，靠债权筹资的比重较小，长期偿债能力较强。但权益比率太高不能有效利用财务杠杆作用，只要投资报酬率高于债务利率，可以适当降低权益比率。

(4)已获利息倍数

已获利息倍数是企业一定时期息税前利润与利息支出的比值。其计算公式为：

已获利息倍数＝息税前利润÷利息支出

其中：息税前利润＝利润总额＋利息费用

该指标不仅反映了企业获利能力的大小，而且可以衡量企业偿付借款的能力。从长期看，若要维持正常偿债能力，已获利息倍数至少要大于1。该比值越高，企业长期偿债能力就越强。若已获利息倍数小于1，则表明企业利润还不够偿还债务利息，已处于亏损状态，偿债风险增大。

(二)营运能力分析

营运能力是指企业的经营运行能力,即企业运用各项资产以赚取利润的能力。企业营运能力的财务分析指标有:存货周转率、应收账款周转率、营业周期、流动资产周转率和总资产周转率等。这些比率揭示了企业资金运营周转的情况,反映了企业对经济资源管理、运用的效率高低,企业资产周转速度越快,流动性越高,企业的偿债能力越强,资产获取利润的速度就越快。日常经营管理是企业财务管理的重点,因此尤其要重视对企业营运能力的分析。

1.存货周转率

存货周转率是一定时期内企业销货成本与存货平均资金占用额的比率,用于反映企业对存货管理效率的高低。分析指标包括存货周转率和存货周转天数。其计算公式为:

存货周转率=营业成本÷存货平均余额

其中:

存货平均余额=(期初存货余额+期末存货余额)÷2

存货周转天数=360÷存货周转率=(存货平均余额×360)÷营业成本

公式中,营业成本即销货成本来自利润表,存货的期初数与期末数来自资产负债表。

存货周转率可以衡量企业采购、储存、生产和销售各个业务环节的管理水平和工作效率,而且直接影响企业的偿债水平和盈利能力。一般来说,存货周转率高表明企业存货周转快,用于存货占用的资金就低,可为企业节省资金,缓解资金紧张。同时存货快速转化为现金或应收款,增强企业的短期偿债能力。因此,通过分析企业存货周转率,可以找出存货采购、生产和销售管理中存在的问题。一方面存货不能采购过量,造成资金无谓占用。另一方面,也不能储存过少,影响生产。生产中要科学安排计划,保证质量,按时交货。企业可以将此指标与企业前期及其他同类企业进行比较,判断该指标的高低。

2.应收账款周转率

应收账款周转率是一定时期内企业销货收入净额与平均应收账款余额的比值,是反映应收账款周转或变现速度的指标。分析指标包括应收账款周转率和应收账款周转天数,其计算公式为:

应收账款周转率=赊销收入净额÷应收账款平均余额

其中:

赊销收入净额=营业收入-销售折扣与折让

应收账款平均余额=(期初应收账款余额+期末应收账款余额)÷2

应收账款周转天数=360÷应收账款周转率

=(应收账款平均余额×360)÷赊销收入净额

公式中,赊销收入净额来自公司利润表,应收账款余额的期初数与期末数来自资产负债表,包括表中的应收账款余额和应收票据余额。若一年中应收账款波动较大,可以按应收账款在每月的余额来计算平均数。

应收账款周转率用于分析企业应收账款的回收速度和管理效率。应收账款周转率越高,或周转天数短,表明企业应收款变现速度快,账龄短,短期偿债能力强,同时可以减少坏账,提高企业流动资金利用效率。借助该指标还可评价客户的信用程度。企业可以将此指标与企业前期及其他同类企业进行比较,判断该指标的高低,以进行改进。

3.营业周期分析

营业周期是指企业在正常的营业过程中,自投入资金购买材料开始到生产、销售存货,最终收回现金为止的一个循环所需要的时间。若忽略预付账款、预收账款及应付账款的影响,则营业周期等于存货周转天数与应收账款周转天数之和。其计算公式为:

营业周期=存货周转天数+应收账款周转天数

一般来说,营业周期的长短反映了企业的资金周转速度的快慢。营业周期越短,说明资金周转速度越快;营业周期越长,说明资金的周转速度越慢。

4.流动资产周转率

流动资产周转率是一定时期内企业营业收入与流动资产平均余额的比率,是反映企业流动资产周转速度的指标。分析指标包括流动资产周转率和流动资产周转天数,其计算公式为:

流动资产周转率=营业收入÷流动资产平均余额

其中:

流动资产平均余额=(期初流动资产余额+期末流动资产余额)÷2

流动资产周转天数=(流动资产平均余额×360)÷营业收入

公式中,营业收入来自公司利润表,流动资产余额的期初数与期末数来自资产负债表。

流动资产周转率越高,或周转天数越少,表明以相同的流动资产用于采购、生产和销售循环所占用的时间越短,流动资产利用效果越好。生产经营上任何一个阶段工作的改进,都会反映到周转天数的缩短上来。

5.总资产周转率

总资产周转率是一定时期内企业营业收入与企业资产总额的比率，是反映企业资产总额周转速度的指标，用来衡量企业全部资产的运用情况，以及企业通过运用全部资产创造销售额的能力。分析指标包括总资产周转率和总资产周转天数，其计算公式为：

总资产周转率＝营业收入÷总资产平均余额

其中：

总资产平均余额＝(期初总资产余额＋期末总资产余额)÷2

总资产周转天数＝360÷总资产周转率

公式中，营业收入来自公司利润表，总资产余额的期初数与期末数来自资产负债表。

总资产周转率用来分析企业全部资金的使用效率。若这个比率低，说明企业利用其资产进行经营的效率差，最终会影响企业的盈利能力。企业要采取措施，处置不能盈利的资产，增加销售收入，以提高总资产利用率。

(三)盈利能力分析

利润是企业的主要经营目标，是企业经营的出发点和最终归宿。盈利能力是企业的获利能力，不仅关系到企业业主的利益，也是债权人对企业的求偿权的保障和员工收入的来源。因此，对盈利能力的分析可以体现企业价值、财务结构是否合理、资产经营效率高低等利益相关者关心的问题。企业利润有多种来源，如主营业务、其他业务和偶发或非正常业务所得，但盈利分析有时只关注企业正常的主营业务盈利状况，对于非正常的证券买卖、资本利得、自然灾害损失等不作考虑。盈利能力分析的指标包括销售利润率、成本费用利润率、总资产报酬率、净资产收益率和资本保值增值率。

1.销售利润率

销售利润率是企业一定时期利润与营业收入的比值，其中企业利润包括营业利润、利润总额和净利润，由于利润总额和净利润包含其他偶然因素，因此用于计算指标的利润一般用营业利润。相应计算公式为：

营业利润率＝营业利润÷营业收入×100%

该指标越大，表明销售成本比重越小，企业在控制产品价格和产品成本方面的余地越大，企业的盈利能力就越强。分析评价该指标时，一般要参考同类企业或行业销售毛利率，判断该指标是否合理。

2.资产报酬率

资产报酬率又称为投资报酬率，是企业一定时期内的报酬总额与资产平均余额的比值，其中报酬总额为利润总额加上利息支出。其计算公式为：

资产报酬率=(利润总额+利息支出)÷资产平均余额×100%

其中利息支出为企业对外借款的利息,在利润表中列支为财务费用。

该指标反映企业资产综合利用效果,也是衡量企业利用业主资金和债权人资金是否取得效益的重要信号。该指标越高,表明企业的资产利用效率越高,企业盈利能力越强,债权人的债权越有保障。

3.净资产收益率

净资产收益率又称为权益报酬率、净值报酬率,是企业一定时期内的净利润与所有者权益平均余额的比值。其计算公式为:

净资产收益率=净利润÷所有者权益平均余额×100%

所有者权益平均余额=(期初所有者权益+期末所有者权益)÷2

其中净利润来自利润表,所有者权益来自资产负债表。

该指标反映业主或投资者投入企业的自有资本获取利润的能力,是站在业主和投资方的立场来分析企业的经营成果,衡量资本的获利能力。指标数值越高,表明业主投资收益越高。该指标通用性强,适应范围广,不受行业限制。特别在对上市公司业绩评价时,该指标居于首位。通过对该指标的分析,可以显示企业获利能力在同行业中的地位,以及与同类企业的差异。

4.资本保值增值率

资本保值增值率是企业某期期末所有者权益扣除客观原因增减因素后与年初所有者权益的比值。其计算公式为:

资本保值增值率=扣除客观因素后的年末所有者权益÷年初所有者权益×100%

该指标反映企业在排除当期增资扩股以及撤资的因素后,因为生产经营获取利润而导致企业资本变动的情况。企业业主根据该指标能够考察投入资本的保全性和增长性,及时发现侵蚀所有者权益的现象。该指标若等于100%,表明企业资本得到保值。在此基础上数值越大,说明资本增值状况越好,债权人的债权越有保障。若该指标小于100%,表明企业资本受到侵蚀,资本未得到保全和增值,应予以充分重视。

二、获取财务比率分析数据信息

财务分析的数据主要来源于“资产负债表”和“利润表”。为了便于获取数据,可以将“资产负债表”和“利润表”的数据制作在同一个工作簿中。

【例6-1】以下是某公司2008年的资产负债表和利润表,要求对该企业的财务比率进行计算和分析。

表 6-1 某公司 2008 年资产负债表

单位：万元

资产	年初数	年末数	负债及所有者权益	年初数	年末数
流动资产：			流动负债：		
货币资金	688	774	短期借款	1 720	1 978
短期投资	860	430	应付账款	860	1 032
应收账款	1 032	1 118	预收账款	258	344
预付账款	34.4	60.2	其他应收款	86	86
存货	3 491.6	4 540.8	流动负债合计	2 924	3 440
			长期负债	1 720	2 150
流动资产合计	6 106	6 923	所有者权益：		
可供出售金融资产	344	344	实收资本	10 320	10 320
固定资产	10 320	12 040	盈余公积	1 376	1 376
无形资产	430	473	未分配利润	860	2 494
固定资产合计	11 094	12 857	所有者权益合计	12 556	14 190
资产合计	17 200	19 780	负债及所有者权益合计	17 200	19 780

表 6-2 某公司 2008 年利润表　　单位：万元

项　目	上年数	本年数
一、营业收入	15 996.0	18 060.0
减：营业成本	9 202.0	10 492.0
营业税金及附加	928.8	1 032.0
销售费用	1 393.2	1 523.0
管理费用	688.0	734.0
财务费用	1 72.0	192.0
加：投资收益	258.0	258.0
二、营业利润	3 870.0	4 345.0
加：营业外收入	86.0	129.0
减：营业外支出	516.0	559.0
三、利润总额	3 440.0	3 915.0
减：所得税费用	860.0	978.8
四、净利润	2 580.0	2 936.3

将表 6-1 和表 6-2 的数据制作在一个工作簿的不同工作表中，如图 6-1 和 6-2 所示。

	A	B	C	D	E	F	G	H
1	表6-1		某公司2008年资产负债表			单位：万元		
2	资产	行次	年初数	年末数	负债及所有者权益	行次	年初数	年末数
3	流动资产：				流动负债：			
4	货币资金	1	688	774	短期借款	19	1720	1978
5	交易性金融资产	2	860	430	应付账款	20	860	1032
6	应收账款	3	1032	1118	预收账款	21	258	344
7	预付账款	4	34.4	60.2	其他应收款	22	86	86
8	存货	5	3491.6	4540.8				
9					流动负债合计	24	2924	3440
10								
11	流动资产合计	8	6106	6923	长期负债	26	1720	2150
12								
13	可供出售金融资产	10	344	344	所有者权益：			
14	固定资产	11	10320	12040	实收资本	29	10320	10320
15	无形资产	12	430	473	盈余公积	30	1376	1376
16					未分配利润	31	860	2494
17	非流动资产合计	14	11094	12857				
18					所有者权益合计	33	12556	14190
19								
20	资产合计	17	17200	19780	负债及所有者权益合计	35	17200	19780

图 6-1　用 Excel 制作的资产负债表

	A	B	C	D
1	表6-2　某公司2008年利润表			单位：万元
2	项　　目	行次	上年数	本年数
3	一、营业收入	1	15996.0	18060.0
4	减：营业成本	2	9202.0	10492.0
5	营业税金及附加	3	928.8	1032.0
6	销售费用	4	1393.2	1523.0
7	管理费用	5	688.0	734.0
8	财务费用	6	172.0	192.0
9	加：投资收益	7	258.0	258.0
10	二、营业利润	8	3870.0	4345.0
11	加：营业外收入	9	86.0	129.0
12	减：营业外支出	10	516.0	559.0
13	三、利润总额	11	3440.0	3915.0
14	减：所得税费用	12	860.0	978.8
15	四、净利润	13	2580.0	2936.3

图 6-2　用 Excel 制作的利润表

三、建立财务比率分析模型

财务比率分析模型主要包括偿债能力比率、营运能力比率、盈利能力比率等三个指标项目，如图 6-3 建立财务比率分析模型。

(1)双击工作表标签“Sheet3”并重新命名为“财务比率分析”，然后输入各个指标项并对其进行格式化，效果如图 6-3 所示。

财务比率分析模型

短期偿债能力比率

项目	2007年	2008年
流动比率	2.09	2.01
速动比率	0.89	0.69

负债比率

项目	2007年	2008年
资产负债率	27.00%	28.26%
产权比率	36.99%	39.39%
权益比率	73.00%	71.74%
已获利息倍数	21.00	21.39

营运能力比率

项目	2007年	2008年
存货周转率	2.64	2.61
存货周转天数	137	138
应收账款周转率	15.50	16.15
应收账款周转天数	23.23	22.29
营业周期	160	160
流动资产周转率	2.62	2.77
固定资产周转率	1.55	1.62
总资产周转率	0.93	0.98
总资产周转天数	387.10	368.57

盈利能力比率

项目	2007年	2008年
销售毛利率	36.67%	36.19%
销售净利率	16.13%	16.26%
资产报酬率	21.00%	22.21%
权益报酬率	20.55%	21.96%
资本保值增值率	100.00%	113.01%

图 6-3 财务比率分析模型

(2)设置流动比率公式。在单元格 B4 中输入“＝资产负债表！C11/资产负债表！G9”，然后将其填充到 C4 单元格。

(3)设置速动比率公式。在单元格 B5 中输入“＝SUM(资产负债表！C4：C7)/资产负债表！G9”，然后将其填充到 C5 单元格。

(4)设置资产负债率公式。在单元格 F4 中输入“＝(资产负债表！G9＋资产负债表！G11)/资产负债表！C20”，然后将其填充到 G4 单元格。

(5)设置产权比率公式。在单元格 F5 中输入“＝(资产负债表！G9＋资产负债表！G11)/资产负债表！G18”，然后将其填充到 G5 单元格。

(6)设置权益比率公式。在单元格 F6 中输入“＝资产负债表！G18/资产负债表！C20”，然后将其填充到 G6 单元格。

(7)设置已获利息倍数公式。在单元格 F7 中输入公式“=(利润表! C13+利润表! C8)/利润表! C8”,然后将其填充到 G7 单元格。

(8)设置存货周转率公式。在单元格 B11 中输入公式“=利润表! C4/资产负债表! C8”(注,因未给出 2006 年的资产负债表数据,2006 年相应的资产数据视同等于 2007 年的数据,以下同),在单元格 B12 中输入公式“=利润表! D4/(资产负债表! C8+资产负债表! D8)＊2”。

(9)设置存货周转天数公式。在单元格 B12 中输入“=360/B11”,然后将其填充到 C12 单元格。

(10)设置应收账款周转率公式。在单元格 B13 中输入“=利润表! C3/资产负债表! C6”,在单元格 C13 中输入“=利润表! D3/(资产负债表! C6+资产负债表! D6)＊2”。

(11)设置应收账款周转天数公式。在单元格 B14 中输入“=360/B13”,然后将其填充到 C14 单元格。

(12)设置营业周期公式。在单元格 B15 中输入“=B12+B14”,然后将其填充到 C15 单元格。

(13)设置流动资产周转率公式。在单元格 B16 中输入“=利润表! C3/资产负债表! C11”,在单元格 C16 中输入公式“=利润表! D3/(资产负债表! C11+资产负债表! D11)＊2”。

(14)设置固定资产周转率公式。在单元格 B17 中输入公式“=利润表! C3/资产负债表! C14”,在单元格 C17 中输入公式“=利润表! D3/(资产负债表! C14+资产负债表! D14)＊2”。

(15)设置总资产周转率公式。在单元格 B18 中输入公式“=利润表! C3/资产负债表! C20”,在单元格 C18 中输入公式“=利润表! D3/(资产负债表! C20+资产负债表! D20)＊2”。

(16)设置总资产天数公式。在单元格 B19 中输入公式“=360/B18”,然后将其填充到 C19 单元格。

(17)设置销售毛利率公式。在单元格 F11 中输入公式“=(利润表! C3-利润表! C4-利润表! C5)/利润表! C3”,然后将其填充到 G11 单元格。

(18)设置销售净利率公式。在单元格 F12 中输入公式“=利润表! C15/利润表! C3”,然后将其填充到 G12 单元格。

(19)设置资产报酬率公式。在单元格 F13 中输入公式“=(利润表! C13+利润表! C8)/资产负债表! C20”,在单元格 G13 中输入公式“=(利润表! D13+利润表! D8)/(资产负债表! C20+资产负债表! D20)＊2”。

(20)设置权益报酬率公式。在单元格 F14 中输入公式"＝利润表！C15/资产负债表！G18"，在单元格 G14 中输入公式"＝利润表！D15/(资产负债表！G18＋资产负债表！H18)＊2"。

(21)设置资本保值增值率公式。在单元格 F15 中输入公式"＝资产负债表！G18/资产负债表！G18"，在单元格 G15 中输入公式"＝资产负债表！H18/资产负债表！G18"。

第三节 财务比较分析法

比较分析法是通过主要项目或者指标数值变化前后的对比确定出差异，从而分析和判断企业经营状况和财务状况的一种方法。

下面以 ABC 公司最近 4 年的利润表，如图 6-4 所示，为例介绍两种比较分析模型。

	A	B	C	D	E
1	ABC公司比较利润表　单位：万元				
2	项　　目	2007年	2008年	2009年	2010年
3	一、营业收入	863	949.3	1045.5	1107.5
4	减：营业成本	620	677	720	745
5	营业税金及附加	77	84.7	92.4	96.25
6	销售费用	23	25.3	27.6	28.75
7	管理费用	18	19.8	21.6	22.5
8	财务费用	4.6	5.06	5.52	5.75
9	加：投资收益	3.3	2.7	3.5	3.6
10	二、营业利润	123.7	140.14	181.88	212.85
11	加：营业外收入				
12	减：营业外支出				
13	三、利润总额	123.7	140.14	181.88	212.85
14	减：所得税费用	30.93	35.04	45.47	53.21
15	四、净利润	92.78	105.11	136.41	159.64

图 6-4　ABC 公司比较利润表

一、环比分析模型

环比分析模型是将每年与上一年相应项目的数值进行比较，如 2008 年与 2007 年相比增长或降低多少，2009 年与 2008 年相比增长或降低多少。对其增减变动的金额、幅度及原因进行分析，据以判断企业财务状况和经营成果的发展趋势，指导企业的生产经营决策。

建立如图 6-5 所示的环比分析模型工作表。

	A	B	C	D	E	F	G
1	ABC公司利润表环比分析模型						
2	项　目	2008年比2007年		2009年比2008年		2010年比2009年	
3		增减额	增减百分比	增减额	增减百分比	增减额	增减百分比
4	一、营业收入	86.30	10.00%	96.20	10.13%	62.00	5.93%
5	减：营业成本	57.00	9.19%	43.00	6.35%	25.00	3.47%
6	营业税金及附加	7.70	10.00%	7.70	9.09%	3.85	4.17%
7	销售费用	2.30	10.00%	2.30	9.09%	1.15	4.17%
8	管理费用	1.80	10.00%	1.80	9.09%	0.90	4.17%
9	财务费用	0.46	10.00%	0.46	9.09%	0.23	4.17%
10	加：投资收益	-0.60	-18.18%	0.80	29.63%	0.10	2.86%
11	二、营业利润	16.44	13.29%	41.74	29.78%	30.97	17.03%
12	加：营业外收入						
13	减：营业外支出						
14	三、利润总额	16.44	13.29%	41.74	29.78%	30.97	17.03%
15	减：所得税费用	4.11	13.29%	10.44	29.78%	7.74	17.03%
16	四、净利润	12.33	13.29%	31.31	29.78%	23.23	17.03%

图 6-5　ABC 公司利润表环比分析模型

(1)在单元格 B4 中输入公式"＝比较利润表！C3－比较利润表！B3"。

(2)在单元格 C4 中输入公式"＝B4/比较利润表！B3"。

(3)在单元格 D4 中输入公式"＝比较利润表！D3－比较利润表！C3"。

(4)在单元格 E4 中输入公式"＝D4/比较利润表！C3"。

(5)在单元格 F4 中输入公式"＝比较利润表！E3－比较利润表！D3"。

(6)在单元格 G4 中输入公式"＝F4/比较利润表！D3"。

(7)选中单元格 B4:G4 区域，鼠标移动到单元格 G4 右下角的【填充柄】，按住鼠标左键不放向下填充到单元格 B5:G16 区域，即完成了利润表的环比分析模型。

由利润表的环比分析模型中可以看出，ABC 公司的营业收入和种种口径的利润都具有逐年增长的趋势，除此以外，企业的营业利润在后两年取得大幅增长，企业 2009 年营业利润增加数 41.74 万元，主要来源于企业有效地开源节流，在大幅度提高销售收入的同时，较好地控制了营业成本。

二、结构分析模型

结构分析模型是以总量性指标为基数 100%，计算其他各组成项目占总量指标的百分比情况，在利润表中，通常以营业收入为总量性指标，通过计算各收入，成本费用项目占营业收入的百分比及其变化来进行财务状况的分析。根据 ABC 公司的比较利润表，以营业收入为总量性指标，建立如图 6-6 所示结构分析模型。

	A	B	C	D	E
1	ABC公司利润表结构分析模型				
2	项　　目	2007年	2008年	2009年	2010年
3	一、营业收入	100.00%	100.00%	100.00%	100.00%
4	减：营业成本	71.84%	71.32%	68.87%	67.27%
5	营业税金及附加	8.92%	8.92%	8.84%	8.69%
6	销售费用	2.67%	2.67%	2.64%	2.60%
7	管理费用	2.09%	2.09%	2.07%	2.03%
8	财务费用	0.53%	0.53%	0.53%	0.52%
9	加：投资收益	0.38%	0.28%	0.33%	0.33%
10	二、营业利润	14.33%	14.76%	17.40%	19.22%
11	加：营业外收入	0.00%	0.00%	0.00%	0.00%
12	减：营业外支出	0.00%	0.00%	0.00%	0.00%
13	三、利润总额	14.33%	14.76%	17.40%	19.22%
14	减：所得税费用	3.58%	3.69%	4.35%	4.80%
15	四、净利润	10.75%	11.07%	13.05%	14.41%

图 6-6　ABC 公司利润表结构分析模型

(1)在单元格 B3 中输入公式“＝比较利润表！B3/比较利润表！B3”，然后将其填充到单元格 C3:E3 区域中。

(2)为了填充公式，分别将单元格 B3、C3、D3、E3 公式中分母的地址变更为绝对地址。

(3)选中单元格 B3:E3 区域,鼠标移动到单元格 E3 右下角的【填充柄】,按住鼠标左键不放向下填充到单元格 B4:E15 区域,即完成了利润表的结构分析模型。

从 ABC 公司利润表的结构分析中可以看出,公司营业成本占收入比率由 2007 年的 71.84%降到 2010 年的 67.27%,说明企业有效地控制了产品成本,使得营业利润率由 2007 年的 14.33%增加到 2010 年的 19.22%。

第四节　综合分析法

所谓财务综合分析,就是将企业营运能力、偿债能力和盈利能力等方面的分析纳入到一个有机的分析系统中,全面地对企业财务状况、经营状况进行解剖和分析,从而对企业经济效益做出较为准确的评价与判断。企业设置的指标评价体系既要能满足企业内部管理者决策的需要,也要能满足外部投资者和政府管理机构决策及实施宏观调控的要求。财务综合分析的方法主要有两种:杜邦财务分析体系法和沃尔比重评分法。

杜邦分析法由美国杜邦公司的经理创立并首先在杜邦公司成功运用,称为杜邦系统(The Du Pont System)。它实际上是一种分解财务比率的方法,通过自上而下地分析和指标的层层分解来揭示出企业各项指标间的结构关系,查明各主要指标的影响因素,为决策者优化经营理财状况,提高企业经营效率提供思路。

杜邦分析法从评价企业绩效最具综合性和代表性的指标——权益净利率出发,层层分解至企业最基本生产要素的使用,成本与费用的构成和企业风险,从而满足经营者通过财务分析进行绩效评价的需要,在经营目标发生异动时能及时查明原因并加以修正。杜邦财务分析模型如图 6-7 所示。

一、杜邦分析指标

杜邦分析是对企业的财务状况进行的综合分析,在杜邦分析图中,首先从净资产收益率开始分解,形成一个树状。在图中,几乎包含了第二节中所有的财务比率,从中可以清晰地了解公司的财务状况和经营成果。

(一)权益净利率=资产净利率×权益乘数

权益净利率(净资产收益率)是所有比率中最具有综合性与代表性的一个

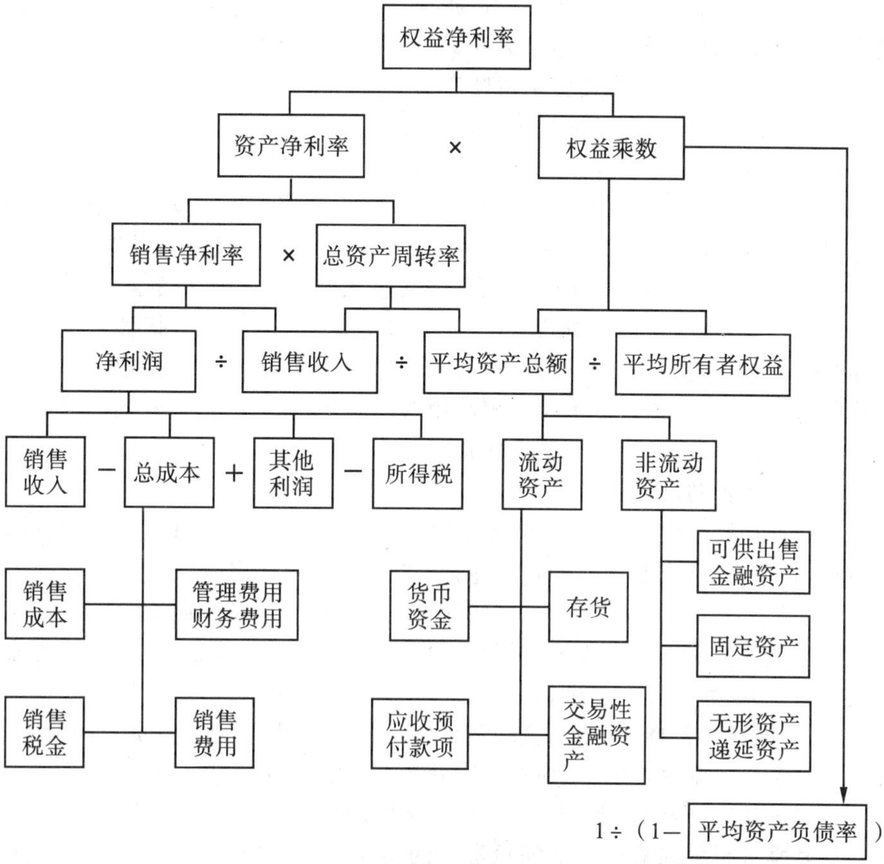

图 6-7 杜邦财务分析模型

指标，它反映的是一定期间的股东报酬率。净资产收益率的高低取决于资产报酬率和权益乘数，三者间是成正比的关系。当资产报酬率一定且为正数，若企业权益乘数为1，即企业没有负债，则净资产收益率等于资产报酬率；若企业有负债，权益乘数大于1，则净资产收益率会大于资产报酬率，表明股东利用负债取得了财务杠杆收益，此时股东或投资者的资本增值速度高于企业资本增值速度。当资产报酬率为负数即企业在亏损时，企业若存在负债，权益乘数大于1，则净资产收益率减少的速度会大于资产报酬率减少的速度，此时股东或投资者的资本将以更快的速度缩水。

（二）资产净利率＝销售净利率×总资产周转率

该等式也称为杜邦等式，其中资产净利率是企业财务分析的关键指标，因为资产是获取利润的源泉。影响资产报酬率的因素有两个:销售净利率和总资产周转率。销售净利率意味着提高资产报酬率必须重视销售,增加收入,节约成本,增加利润;总资产周转率意味着必须加速资产周转,提高资产使用效率,这样才能对销售净利率形成乘数效应,进一步扩大利润。

(三)销售净利率=净利润÷销售收入

从公式中看,销售净利率与净利润成正比,与销售收入成反比。企业一般可通过降低生产成本、经营费用等使得净利润的提高幅度超过销售收入的增长幅度,从而使销售净利率得到提高。销售收入对销售净利率的影响则要进一步分析,当销售收入增加时,其中产品成本是成正比上升的。但经营费用中有相当部分是固定成本,并不随销售收入增加而上升,即产生规模效应。因此销售收入增加,在一定程度上也会提高销售净利率。此外,销售收入的增加也会提高总资产周转率,最终影响到净资产收益率。

(四)总资产周转率=销售收入÷平均资产总额

总资产周转率的提高除了要努力增加销售收入外,还要关注资产结构。企业资产由流动资产和非流动资产组成,二者的比例决定企业资产结构的合理与否。资产结构反映了企业资产的流动性,不仅关系到企业的偿债能力,还关系到企业的获利能力。若流动资金占用过多,会造成资金成本增加,挤占非流动资金,影响生产能力和销售业务;若非流动资金占用过多,除资金成本增加外,还会造成生产能力闲置,流动资金使用紧张。因此,要提高资产报酬率,在关注总资产周转率同时,还应提高存货周转率、应收账款周转率等。

(五)权益乘数=平均资产总额÷平均所有者权益=1/(1-平均资产负债率)

权益乘数反映所有者权益同总资产的关系,也间接反映负债与资产的关系。在总资产需要量既定的前提下,企业适当开展负债经营,相对减少所有者权益所占的份额,就可以使权益乘数提高,这样能给企业带来较大的财务杠杆利益,但同时企业也需要承受较大的风险压力。因此,企业既要合理使用全部资产,又要妥善安排资金结构。

杜邦分析法将所有影响净资产收益率的因素构建成一个完整的财务比率分析系统,包括企业的销售状况、资本结构、费用控制和资产周转等财务比率。只有综合考虑系统内部各个指标之间的关系,才能发现企业资产管理中的问题,深入了解企业财务状况和经营成果的全貌;只有协调好系统内部各个指标之间的关系,才能提高股东权益报酬率。

二、建立杜邦分析模型

了解了杜邦分析法中常见的指标后,就可以建立杜邦分析模型,其具体操作步骤如下。

1. 插入一张新工作表并重新重命名为"杜邦分析模型",然后输入各个指标名称并进行格式化,效果如图 6-8 所示。

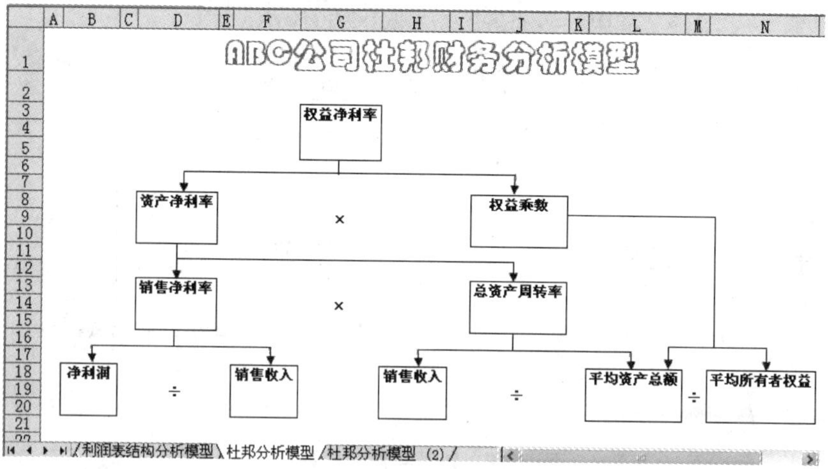

图 6-8 输入杜邦分析指标项目

2. 直接引用"资产负债表"和"利润表"数据。由于杜邦分析模型中的"净利润"、"销售收入"、"平均资产总额"、"平均所有者权益"等项目的数值直接来源于"资产负债表"和"利润表",因此可以直接引用工作表中的数据,引用后的显示结果如图 6-9 所示。

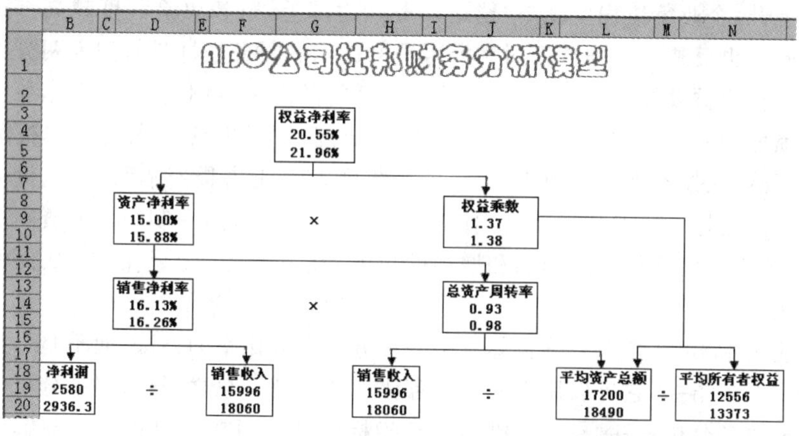

图 6-9 直接引用"资产负债表"和"利润表"数据

3.计算其他指标数值。参照前面介绍的计算各种指标的方法来计算出其他项目的数值,如图 6-10 所示。

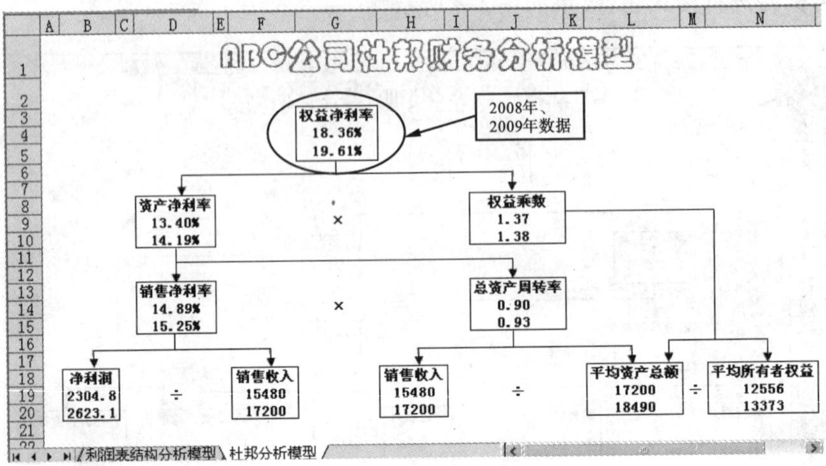

图 6-10 计算其他指标数值

4.分析指标变动的原因和变动趋势

从图 6-10 中我们可以看出,ABC 公司 2009 年的权益净利率上升了,原因在于资产净利率的提高以及资本结构的变化。资产净利率的提高是由于销售净利率和资产使用效率两个因素共用作用的结果,销售净利率和资产使用效率 2009 年比 2008 年都有一定的提高。资本结构的变化在于企业的资产负债率上升,企业负债程度越高,偿还债务能力越差,财务风险程度越高。这个指标同时也反映了财务杠杆对利润水平的影响。财务杠杆具有正反两方面的作用。在收益较好的年度,它可以使股东获得的潜在报酬增加,但股东要承担因负债增加而引起的风险;在收益不好的年度,则可能使股东潜在的报酬下降。当然,从投资者角度而言,只要资产报酬率高于借贷资本利息率,负债比率就越高越好。企业的经营者则应审时度势,全面考虑,在制定借入资本决策时,必须充分估计预期的利润和增加的风险,在二者之间进行权衡,从而做出正确决策。

应当指出,杜邦财务分析体系是一种分解财务比率的方法,而不是另外建立新的财务指标,它可以用于各种财务比率的分解。总之,杜邦财务分析体系和其他财务分析方法一样,关键不在于指标的计算而在于对指标的理解和运用。

本章提要

本章主要讲述了如何建立财务报表的比率分析模型、环比分析模型、结构分析模型和杜邦分析模型。

习 题

1. A、B属于同一行业的两个不同企业，有关资料如下表：

—	A企业	B企业
流动负债	12 620	12 985
长期应付款	1 000	1 507
股本	5 445	7 717
资本公积	3 875	35 956
盈余公积	83	956
未分配利润	1 720	9 000
税后净利	5 196	11 143

要求：计算两企业的资产负债率、产权比率、长期负债对负债总额的比率以及总资产净利率，并对两企业的负债结构及负债经营状况作简要分析。

2. 资料：蓝天公司2008年12月31日资产负债表和损益表如下：

资产负债表

编制单位：蓝天公司　　2008年12月31日　　单位：千元

资　产	年初数	年末数	负债及所有者权益	年初数	年末数
流动资产：			流动负债：		
货币资金	2 850	5 020	短期借款	650	485
交易性金融资产	425	175	应付账款	1 945	1 295
应收账款	3 500	3 885	应付工资	585	975
预付账款	650	810	未付利润	1 620	2 590
存货	2 685	2 900	一年内到期的长期负债	385	485

续表

资　产	年初数	年末数	负债及所有者权益	年初数	年末数
流动资产合计	10 110	12 790	**流动负债合计**	5 185	5 830
非流动资产：					
可供出售金融资产	975	1 650	长期借款	650	975
固定资产	5 650	6 280	应付债券	400	640
无形资产	165	130	**非流动负债合计**	1 050	1 615
			所有者权益：		
			实收资本	460	550
			资本公积	1 560	2 370
			盈余公积	2 595	3 240
			未分配利润	1 650	1 945
			所有者权益合计	10 665	13 405
资产总计	16 900	20 850	**负债及所有者权益总计**	16 900	20 850

利润表

编制单位：蓝天公司　　　　2008 年 12 月 31 日　　　　单位：千元

项　目	上年金额	本年金额
一、营业收入	37 580	49 100
减：营业成本	22 500	27 500
营业税金及附加	1 875	2 450
销售费用	1 575	1 750
管理费用	2 450	2 750
财务费用	165	195
加：投资收益	245	350
二、营业利润	9 260	14 805
加：营业外收入	195	165
减：营业外支出	165	95
三、利润总额	9 290	14 875
减：所得税	2 322	3 719
五、净利润	6 968	9 965

注：假设企业的销售收入均为赊销。企业无销售折扣与折让，财务费用中均为利息费用。

要求：根据财务报表中资料建立财务比率分析模型和杜邦分析模型，对企业的财务状况和经营成果进行分析。

第7章 投资决策

知识要求

通过本章的学习，掌握

- 投资决策的基本方法
- 投资决策常用的Excel函数
- 构建投资决策模型
- 固定资产投资决策分析

技能要求

运用Excel建立有关投资决策模型来解决投资决策中复杂指标的计算，辅助完成投资决策。

第一节 投资决策的基本方法

投资决策主要涉及对投资项目的经济可行性进行评价的问题。投资项目评价的基本方法包括非贴现现金流量评价方法和贴现现金流量评价方法两大类。非贴现现金流量评价方法是指不考虑资金时间价值因素的静态评价方法，包括投资回收期法、投资利润率法等;贴现现金流量评价方法是指考虑资金时间价值因素的动态评价方法，包括净现值法、内部收益率法、现值指数法等。

一、非贴现法的分析评价方法

非贴现法不考虑货币的时间价值，把不同时间的等额收支看成是等价的。

这些方法在选择方案时起辅助作用。非贴现法主要包括回收期法和投资利润率法两种。

（一）回收期法

回收期法是指根据回收原始投资额所需时间的长短来进行投资决策的方法。一般而言，投资者总希望尽快地收回投资，回收期越短越好。

运用此方法进行投资决策时，首先要将投资方案的回收期同投资者主观上既定的期望回收期相比，当投资回收期＜期望回收期时，则接受投资方案，否则，拒绝。

投资回收期的计算因每年现金净流量是否相等而有所不同。

若每年现金净流量相等，则投资回收期可按下列公式计算：

$$投资回收期=\frac{原始投资额}{每年现金净流量}$$

【例 7-1】新华公司计划投资 200 000 元进行焊接设备更新改造，预计使用年限为 6 年，预计每年现金净流量如图 7-1 所示，试计算该投资方案的投资回收期。

焊接设备更新改造　　单位：元

期间	现金净流量	累计现金净流量
第一年	62000	62000
第二年	65000	127000
第三年	68000	195000
第四年	63000	258000
第五年	62000	320000
第六年	61000	381000
投资回收期		3.08

图 7-1　投资回收期

根据图中资料可以看出，该投资方案第四年末累计现金净流量为 258 000 元，这说明该方案的投资回收期超过 3 年不到 4 年，可采用内插法计算为：

投资回收期＝3＋(200 000－C6)/(C7－C6)＝3.08(年)

回收期法的主要优点是能够直观地反映原始总投资的返本期限，计算简便，易于理解，并有利于促使企业缩短投资周期，尽快投产受益，尽早收回投资。但此法有两个缺点：一是没有考虑货币的时间价值；二是没有考虑回收期以后的收益。事实上，有战略意义的长期投资往往早期收益较低，而中后期收益较高。因此，在进行实际投资决策时，还应结合其他方法使用。

（二）投资利润率法

投资利润率，又称投资报酬率，是指项目投资方案的年平均利润额占平均投资总额的百分比。投资利润率的决策标准是：投资项目的投资利润率越高越好，低于无风险投资利润率的方案为不可行方案。

投资利润率的计算公式为：

$$投资利润率=\frac{年平均利润额}{平均投资总额}\times 100\%$$

式中分子是平均利润，不是现金净流量，不包括折旧等；分母可以用投资总额的50%来简单计算平均投资总额，一般不考虑固定资产的残值。

【例 7-2】某企业有甲、乙两个投资方案，投资总额均为 10 万元，全部用于购置新的设备，折旧采用直线法，使用期均为 5 年，无残值，其他有关资料如图 7-2 所示。

甲、乙投资方案　　单位：元

项目 计算期	甲方案		乙方案	
	利润	现金净流量（NCF）	利润	现金净流量（NCF）
0		-100000		-100000
1	15000	35000	10000	30000
2	15000	35000	14000	34000
3	15000	35000	18000	38000
4	15000	35000	22000	42000
5	15000	35000	26000	46000
合计	75000	75000	90000	90000

项目	甲方案	乙方案
投资利润率	30.00%	36.00%

图 7-2　投资利润率

甲方案的投资利润率＝B6/(ABS(C5)/2)＝30%

乙方案的投资利润率＝(D11/5)/(ABS(E5)/2)＝36%

用投资报酬率对投资项目进行评价时，需要将项目的报酬率与投资者要求的报酬率进行比较，项目的报酬率大于或等于投资者要求报酬率的项目为可行项目。

投资利润法的优点是简单明了，容易掌握，可以较好地反映出投资的盈利水平，其不足之处是没有考虑货币的时间价值。

二、贴现法的分析评价方法

贴现法的分析评价方法，是指考虑到货币时间价值的分析评价方法，主要有净现值法、现值指数法、内含报酬率法等方法。

(一)净现值(**NPV**)法

净现值是指在项目计算期内,按一定贴现率计算的各年现金净流量现值的代数和。所用的贴现率可以是企业的资金成本,也可以是企业所要求的最低报酬率水平。净现值的计算公式为:

$$\mathrm{NPV}=\sum_{t=0}^{n}\frac{NCF_t}{(1+i)^t}$$

参数说明:

NPV——投资项目的净现值;

i——贴现率。

用净现值指标评价投资项目的基本准则:净现值大于或等于0的项目为可行项目。

净现值是一个贴现的绝对值正指标,其优点在于:一是综合考虑了资金时间价值,能较合理地反映投资项目的真正经济价值;二是考虑了项目计算期的全部净现金流量,体现了流动性与收益性的统一;三是考虑了投资风险性,因为贴现率的大小与风险大小有关,风险越大,贴现率就越高。但是该指标的缺点也是明显的,即无法直接反映投资项目的实际投资收益率水平;当各项目投资额不同时,难以确定最优的投资项目。

(二)现值指数法(**PI**)

现值指数是指项目投产后按一定贴现率计算的在经营期内各年现金净流量的现值合计与投资现值合计的比值,亦称现值比率、获利指数、贴现后收益一成本比率等。

计算现值指数的公式为:

$$现值指数=\frac{\sum 经营期各年现金净流量现值}{投资现值}$$

现值指数的计算可能出现以下三种情况:

1.如现值指数大于1,表示经营期各年现金净流量现值大于投资现值,这项投资方案可以采纳。

2.如现值指数小于1,表示经营期各年现金净流量现值小于投资现值,这项投资方案是不可取的。

3.如现值指数等于1,表示经营期各年现金净流量现值等于投资现值,应对该项目进行综合考虑。

如果几个投资方案的现值指数均大于1,在非互斥方案的选择时,现值指数越高者方案越好。

现值指数是以相对数表示的，便于在不同投资额的方案之间进行对比；而净现值是以绝对数表示的，在不同投资额的方案之间进行比较有其局限性。以上两项评价指标都无法直接反映出投资项目的实际收益率。

（三）内含报酬率（**IRR**）法

内含报酬率，又称内部收益率，是指投资项目在项目计算期内各年现金净流量现值合计等于零时的贴现率，亦即使投资项目的净现值等于零时的贴现率。显然，内含报酬率 IRR 满足下列等式：

$$\text{NPV}=\sum_{t=0}^{n}\frac{NCF_t}{(1+IRR)^t}=0$$

参数说明：

n——项目计算期（包括建设期与经营期）；

NCF_t——第 t 年的现金净流量；

IRR——内含报酬率。

从上式中可知，净现值的计算是根据给定的贴现率求净现值。而内含报酬率计算是先令净现值等于零，然后求能使净现值等于零的贴现率。所以，净现值不能揭示各个方案本身可以达到的实际报酬率是多少，而内含报酬率实际上反映了项目本身的真实报酬率。用内含报酬率评价项目可行性的必要条件是：内含报酬率大于或等于贴现率。

内含报酬率的计算比较复杂，但它既考虑了资金时间价值，其结果又能够正确反映投资方案所能达到的实际报酬率水平，且不受贴现率高低的影响，比较客观，因而在长期决策中应用比较广泛。

第二节　投资决策中常用的 Excel 函数

Excel 提供了许多财务函数。这些函数大体上可分为四类，即投资计算函数、折旧计算函数、偿还率计算函数及其他金融函数。这些函数为财务分析提供了极大的便利，下面介绍一些在投资决策中常用的函数。

一、净现值函数——NPV 函数和 PV 函数

NPV 函数的功能是基于一系列现金流和固定的各期贴现率，返回一项投资的净现值。投资的净现值是指未来各期支出（负值）和收入（正值）的现值的

总和。

语法为：

NPV(rate,value1,value2,…)

参数说明：

Rate——某一期间的贴现率，是一固定值。

value1,value2,…——1到29个参数，代表支出及收入。

value1,value2,…在时间上必须具有相等间隔，而且支付及收入的时间都发生在期末。

NPV使用value1,value2,…的顺序来解释现金流的顺序。所以务必保证支出和收入的数额按正确的顺序输入。

如果参数为数值、空白单元格、逻辑值或数字的文本表达式，则都会计算在内；如果参数是错误值或不能转化为数值的文本，则被忽略。

如果参数是一个数组或引用，则只计算其中的数字。数组或引用中的空白单元格、逻辑值、文字及错误值将被忽略。

NPV函数假定投资开始于value1现金流所在日期的前一期，并结束于最后一笔现金流的当期。函数NPV依据未来的现金流来进行计算。如果第一笔现金流发生在第一个周期的期初，则第一笔现金流必须添加到函数NPV结果中，而不应包含在values参数中。由于项目在第1年年初的投资按惯例通常被视为第0年投资，而NPV函数的计算公式没有包括第0年投资的贴现，因此第0年的投资不应包含在values参数中，而是应该将第1年至第n年的所有净现金流量作为values值进行计算，再将计算出的结果减去第0年的投资额。

函数NPV与函数PV(现值)相似。PV与NPV之间的主要差别在于：函数PV允许现金流在期初或期末开始。与可变的NPV的现金流数值不同，PV的每一笔现金流在整个投资中必须是固定的。有关PV函数的详细信息，可参阅第三章的有关介绍。

在实践中，PV函数和NPV函数联合使用，将会为投资决策分析带来很多便利。

函数NPV与函数IRR(内含报酬率)也有关，函数IRR是使NPV等于零的贴现率：NPV(IRR(…),…)=0。

二、内部报酬率函数——IRR函数和MIRR函数

(一)IRR函数

IRR函数的功能是返回由数值代表的一组现金流的内部收益率。这些现

金流不一定是均衡的，但作为年金，它们必须按固定的间隔产生，如按月或按年。

语法为：

IRR(values，guess)

参数说明：

values——数组或单元格的引用，包含用来计算返回的内部收益率的数字。

guess——对函数 IRR 计算结果的估计值。

values 必须包含至少一个正值和一个负值，以计算返回的内部收益率。

函数 IRR 根据数值的顺序来解释现金流的顺序。故应确定按需要的顺序输入支付和收入的数值。

如果数组或引用包含文本、逻辑值或空白单元格，这些数值将被忽略。

Microsoft Excel 使用迭代法计算函数 IRR。从 guess 开始，函数 IRR 进行循环计算，不断修正收益率，直至结果的精度达到 0.00001%。如果函数 IRR 经过 20 次迭代，仍未找到结果，则返回错误值“#NUM!”。

在大多数情况下，并不需要为函数 IRR 的计算提供 guess 值。如果省略 guess，假设它为 0.1(10%)。

如果函数 IRR 返回错误值“#NUM!”，或结果没有靠近期望值，可用另一个 guess 值再试一次。

当投资项目各年的净现金流量相同，且项目仅在第 0 年一次性投资时，可以使用 RATE 函数更为简便地求出内部收益率。例如，某投资项目第 0 年投资 1 000 万元，寿命期 6 年，寿命期内各年净现金流量均为 300 万元，则内部收益率为 RATE(6，300，－1 000)＝19.9054%。

(二)MIRR 函数

当投资项目为非常规型，即各年净现金流量的符号多次变化时，内部收益率可能有多个解或无解，IRR 函数就只能求出现金流的序列的一个解或求不出解，此时需要使用修正的内部收益率函数——MIRR 函数。

MIRR 函数的功能是返回某一连续期间内现金流的修正内部收益率。函数 MIRR 同时考虑了投资的成本和现金再投资的收益率。

语法为：

MIRR(values，finance_rate，reinvest_rate)

参数说明：

Values——一个数组或对包含数字的单元格的引用。

这些数值代表着各期的一系列支出(负值)及收入(正值)。参数 values 中必须至少包含一个正值和一个负值，才能计算修正后的内部收益率，否则函数 MIRR 会返回错误值“#DIV/0!”。

如果数组或引用参数包含文本、逻辑值或空白单元格，则这些值将被忽略；但包含零值的单元格将计算在内。

finance_rate——投入资金的融资利率。

reinvest_rate——各期收入净额再投资的收益率。

函数 MIRR 根据输入值的次序来解释现金流的次序。所以，务必按照实际的顺序输入支出和收入数额，并使用正确的正负号（现金流入用正值，现金流出用负值）。

三、折旧函数——SLN 函数、DDB 函数和 SYD 函数

Excel 提供了用不同折旧方法计算固定资产折旧的函数。

(一)直线法——SLN 函数

SLN 函数的功能是返回某项资产的直线折旧额。

语法为：

SLN(cost,salvage,life)

参数说明：

Cost——资产原值。

Salvage——资产在折旧期末的价值(也称为资产残值)。

Life——折旧期限(有时也称作资产的使用期限)。

SLN 函数示例如图 7-3。

	A	B
1	**数据**	**说明**
2	30000	资产原值（元）
3	7500	资产残值（元）
4	10	使用寿命（年）
5	公式	说明（结果）
6	=SLN(A2,A3,A4)	每年的折旧值（2,250）

图 7-3　SLN 函数示例

(二)双倍余额递减法——DDB 函数

DDB 函数的功能是使用双倍余额递减法或其他指定方法，计算一笔资产在给定期间内的折旧值。

语法为：

DDB(cost，salvage，life，period，factor)

参数说明：

Cost——资产原值。

Salvage——资产在折旧期末的价值(也称为资产残值)。

Life——折旧期限(有时也称作资产的使用寿命)。

Period——需要计算折旧值的期间。period 必须使用与 life 相同的单位。

Factor——余额递减速率。如果 factor 被省略，则假设为 2(双倍余额递减法)。

以上五个参数都必须为正数。

DDB 函数示例如图 7-4。

	A	B
1	**数据**	**说明**
2	2400	资产原值（元）
3	300	资产残值（元）
4	10	使用寿命（年）
5	**公式**	**说明（结果）**
6	=DDB(A2,A3,A4*365,1)	计算第一天的折旧值。Microsoft Excel 自动将 factor 设置为 2。(1.32)
7	=DDB(A2,A3,A4*12,1,2)	计算第一个月的折旧值 (40.00)
8	=DDB(A2,A3,A4,1,2)	计算第一年的折旧值 (480.00)
9	=DDB(A2,A3,A4,2,1.5)	计算第二年的折旧值，使用了 1.5 的余额递减速率，而不用双倍余额递减法 (306.00)
10	=DDB(A2,A3,A4,10)	计算第十年的折旧值，Microsoft Excel 自动将 factor 设置为 2 (22.12)

【例7-1】 【例7-2】 Sheet4 SLN函数 DDB函数 Sheet5

图 7-4　DDB 函数示例

(三)年数总和法——SYD 函数

SYD 函数的功能是返回某项资产按年限总和折旧法计算的指定期间的折旧额。

语法为：

SYD(cost，salvage，life，per)

参数说明：

cost——资产原值。

salvage——资产在折旧期末的价值(也称为资产残值)。

life——折旧期限(有时也称作资产的使用寿命)。

per——期间,其单位与 life 相同。

SYD 函数示例如图 7-5。

	A	B
1	数据	说明
2	30000	资产原值(元)
3	7500	资产残值(元)
4	10	使用寿命(年)
5	公式	说明(结果)
6	=SYD(A2,A3,A4,1)	第一年的折旧值 (4,090.91)
7	=SYD(A2,A3,A4,10)	第十年的折旧值 (409.09)

图 7-5　SYD 函数示例

第三节　投资决策模型

在存在几个投资项目可供选择时,对不同项目进行比较,从中选出经济效益最好的项目作为投资项目;再对所选项目的各种方案进行比较,从中选出经济最好的投资方案。无论是选择投资项目,还是选择项目的投资方案,都要对项目的投资支出和投资后的收入进行对比分析,才能选择出最好的投资项目或方案。因此,正确地计算和评价投资项目的经济效益是投资决策的核心问题。在手工条件下,由于模型建立的困难和计算的复杂,财务人员往往难以进行正确、准确和高效的定量分析。而在利用计算机的条件下,财务人员能够利用计算机技术建立各种投资模型,进行定量分析,及时、正确、有效地计算和评价投资项目的经济效益,为正确地进行决策提供支持。

一、独立方案的对比与优选

独立方案是指方案之间存在着相互依赖的关系,但又不能相互取代的方案。在只有一个投资项目可供选择的条件下,只需评价其经济上是否可行,利用净现值、现值指数、内含报酬率等均可对项目进行评价。

【例 7-3】某企业的一投资项目，固定资产投资 2 100 万元，其中第 0 年和第 1 年分别投入 1 300 万元和 800 万元，预计第 2～10 年每年的销售收入为 1 500万元，年付现固定费用为 900 万元。按直线法计提折旧，不考虑残值及营运资金回收，所得税税率为 25%，企业的目标收益率为 12%。则该项目是否可行？

首先建立决策模型，如图 7-6 所示。计算与评价过程如下：

已知数据	
目标收益率	12%
所得税税率	25%

独立方案的投资决策

单位：万元

	建设期		经营期								
年份	0	1	2	3	4	5	6	7	8	9	10
1. 现金流入											
销售收入			1,500	1,500	1,500	1,500	1,500	1,500	1,500	1,500	1,500
2. 现金流出											
固定资产投资	-1,300	-800									
付现固定费用			-900	-900	-900	-900	-900	-900	-900	-900	-900
所得税			-97.5	-97.5	-97.5	-97.5	-97.5	-97.5	-97.5	-97.5	-97.5
3. 现金流量	-1,300	-800	502.5	502.5	502.5	502.5	502.5	502.5	502.5	502.5	502.5

投资决策	
净现值NPV	376.29
现值指数PI	1.19
内含报酬率IRR	16.07%
动态投资回收期	6.83
决策结论：	项目可行

图 7-6 独立方案的决策模型

1. 输入已知数据。

2. 在单元格 D13：L13 中输入数组公式“=－(D9：L9＋D12：L12＋SLN(SUM(B11：C11)，0，10))＊B4”，计算各年的所得税。

3. 在单元格 B15：L15 中输入数组公式“=B9：L9＋B11：L11＋B12：L12＋B13：L13”，计算各年的净现金流量。

4. 在单元格 B17 中输入净现值公式“=NPV(B3，C14：L14)＋B14”。

5. 在单元格 B18 中输入现值指数公式“=PV(B3，1，－NPV(B3，D14：L14))/ABS(B14＋NPV(B3，C14))”，计算出该方案的现值指数。

6. 在单元格 B19 中输入内含报酬率公式“=IRR(B14：L14)”。

7. 单元格 B20 存放动态投资回收期数值，由于此例中各年的净现金流量分布比较规则，故可以通过求解公式直接计算动态投资回收期，在单元格 C20 中输入目标函数计算公式“=B14＋C14/(1＋B3)＋PV(B3，1，PV(B3，

B20,D14))”。然后利用 Excel 的单变量求解工具来求动态投资回收期，步骤如下：

(1)选择【工具】菜单栏中的【单变量求解】菜单项，弹出【单变量求解对话框】，在其中的【目标单元格】中输入“C20”，在【目标值】中输入“0”，在【可变单元格】中输入 B20，如图 7-7 所示。

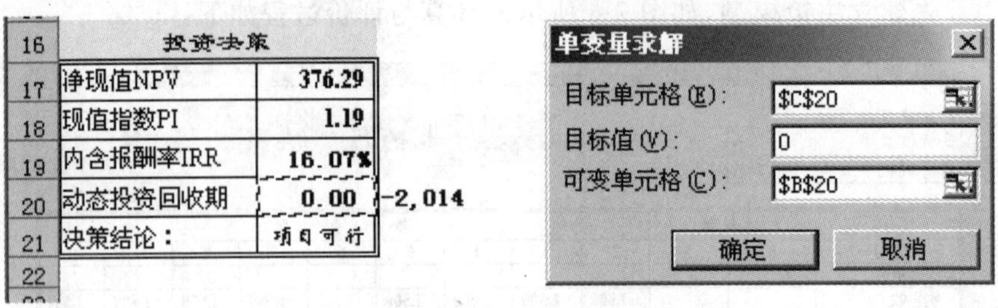

图 7-7　单变量求解对话框

(2)单击【确定】按钮，系统自动进行求解，之后弹出【单变量求解状态对话框】，如图 7-8 所示，目标单元格和可变单元格的值都发生了变化，可变单元格 B20 求出的值正是该项目的动态投资回收期。

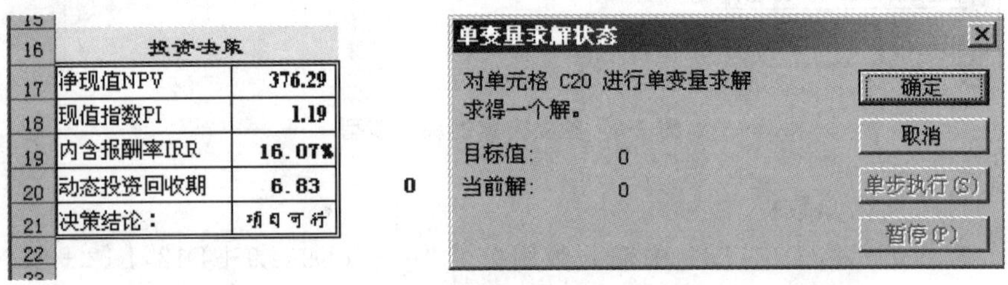

图 7-8　单变量求解状态对话框

(3)单击【确定】按钮，保存求解的结果。

8. 在单元格 B21 中输入公式“=IF(B17>0,“项目可行”,“项目不可行”)”。

决策结果如图 7-6 所示，该投资项目是可行的。

二、动态投资回收期的计算方法

在很多情况下，企业需要了解多长时间可以收回全部投资，即需要计算投资回收期。当各年的净现金流量相同时，可以推导出投资回收期的计算公式，并利用单变量求解工具或规划求解工具进行计算，但当各年的净现金流量不等时，则无法直接利用公式计算，而 Excel 也没有专门的投资回收期计算函数。但我们可以利用 COUNTIF 函数和 VLOOKUP 函数来计算投资回收期。

【例 7-4】ABC 公司的某投资项目的净现金流量分布如图 7-9 所示，试计算该项目的动态投资回收期。

	A	B	C	D
1	动态投资回收期计算表 单位：万元			
2				
3	已知数据			
4	贴现率	12%		
5				
6	年份	净现金流量	净现金流量现值	净现金流量现值累计
7	0	-200	-200.00	-200.00
8	1	-300	-267.86	-467.86
9	2	80	63.78	-404.08
10	3	130	92.53	-311.55
11	4	150	95.33	-216.22
12	5	120	68.09	-148.13
13	6	160	81.06	-67.07
14	7	160	72.38	5.31
15	8	170	68.66	73.97
16	9	150	54.09	128.06
17	10	100	32.20	160.25
18	净现金流量现值累计开始为正的年份			7
19	投资回收期（年）			6.93

图 7-9 动态投资回收期计算表

（一）COUNTIF 函数

COUNTIF 的功能是计算区域中满足给定条件的单元格的个数。

语法为：

COUNTIF(range,criteria)

Range——需要计算其中满足条件的单元格数目的单元格区域。

Criteria——确定哪些单元格将被计算在内的条件，其形式可以为数字、表达式或文本。例如，条件可以表示为 32、“32”、“>32”或“apples”。

COUNTIF 函数示例如图 7-10。

	A	B
1	数据	数据
2	apples	32
3	oranges	54
4	pears	75
5	apples	86
6	公式	说明（结果）
7	=COUNTIF(A2:A5,"apples")	计算第一列中apples所在的单元格的个数（2）
8	=COUNTIF(B2:B5,">55")	计算第二列中值大于55的单元格的个数（2）

图 7-10　COUNTIF 函数示例

（二）VLOOKUP 函数

VLOOKUP 函数的功能是在表格或数值数组的首列查找指定的数值，并由此返回表格或数组当前行中指定列处的数值。当比较值位于数据表首列时，可以使用函数 VLOOKUP 代替函数 HLOOKUP。

在 VLOOKUP 中的 V 代表垂直。

语法为：

VLOOKUP(lookup_value,table_array, col_index_num,range_lookup)

参数说明：

Lookup_value——需要在数组第一列中查找的数值。Lookup_value 可以为数值、引用或文本字符串。

Table_array——需要在其中查找数据的数据表。可以使用对区域或区域名称的引用，例如数据库或列表。

如果 range_lookup 为 TRUE，则 table_array 的第一列中的数值必须按升序排列：…，－2，－1，0，1，2，…，－Z，FALSE，TRUE；否则，函数 VLOOKUP 不能返回正确的数值。如果 range_lookup 为 FALSE，table_array 不必进行排序。

通过在【数据】菜单中的【排序】中选择【升序】，可将数值按升序排列。

Table_array 的第一列中的数值可以为文本、数字或逻辑值。

文本不区分大小写。

Col_index_num——table_array 中待返回的匹配值的列序号。Col_index_num 为 1 时，返回 table_array 第一列中的数值；col_index_num 为 2，返回 table_array 第二列中的数值，依此类推。如果 col_index_num 小于 1，函数

VLOOKUP 返回错误值“#VALUE!”;如果 col_index_num 大于 table_array 的列数,函数 VLOOKUP 返回错误值“#REF!”。

Range_lookup——一逻辑值,指明函数 VLOOKUP 返回时是精确匹配还是近似匹配。如果为 TRUE 或省略,则返回近似匹配值,也就是说,如果找不到精确匹配值,则返回小于 lookup_value 的最大数值;如果 range_value 为 FALSE,函数 VLOOKUP 将返回精确匹配值。如果找不到,则返回错误值“#N/A”。

说明:

如果函数 VLOOKUP 找不到 lookup_value,且 range_lookup 为 TRUE,则使用小于等于 lookup_value 的最大值。

如果 lookup_value 小于 table_array 第一列中的最小数值,函数 VLOOKUP 返回错误值“#N/A”。

如果函数 VLOOKUP 找不到 lookup_value 且 range_lookup 为 FALSE,函数 VLOOKUP 返回错误值“#N/A”。

VLOOKUP 函数示例如图 7-11。该示例使用 1 个大气压的空气值。

	A	B	C
1	密度	粘度	温度
2	0.457	3.55	500
3	0.525	3.25	400
4	0.616	2.93	300
5	0.675	2.75	250
6	0.746	2.57	200
7	0.835	2.38	150
8	0.946	2.17	100
9	1.09	1.95	50
10	1.29	1.71	0
11		公式	说明(结果)
12	2.17	=VLOOKUP(1,A2:C10,2)	在A列中查找1,并从相同行的B列中的返回值(2.17)
13	100	=VLOOKUP(1,A2:C10,3,TRUE)	在A列中查找1,并从相同行的C列中的返回值(100)
14	#N/A	=VLOOKUP(0.7,A2:C10,3,FALSE)	在A列中查找0.7,因为A列中没有精确的匹配值,所以返回了一个错误值(#N/A)
15	#N/A	=VLOOKUP(0.1,A2:C10,2,TRUE)	在A列中查找0.8,因为0.1小于A列的最小值,所以返回了一个错误值(#N/A)
16	1.71	=VLOOKUP(2,A2:C10,2,TRUE)	在A列中查找2,并从相同行的B列中的返回值(1.71)

图 7-11 VLOOKUP 函数示例

(三)计算该项目的动态投资回收期

1. 在单元格 C7:C17 中输入计算净现金流量现值的数组公式“=B7/(1+$B$4)^A7”,计算各年的净现金流量现值。

2. 在单元格 D7 中输入公式“=B7”;在单元格 D8 中输入公式“=C8+D7”,然后将此公式填充至 D9:D17 区域。

3. 在单元格 D18 中输入净现金流量现值累计开始为正的年份计算公式

"=COUNTIF(D7:D17,"<=0")"。

4. 在单元格 D19 中输入动态投资回收期计算公式"=D18-1+ABS(VLOOKUP(D18-1,A7:D17,4))/VLOOKUP(D18,A7:D17,3)"。即得动态投资回收期为 6.93 年。

三、互斥方案的比较与优选

项目投资决策中的互斥方案是指在决策是涉及多个相互排斥、不能同时实施的投资方案。互斥方案决策过程就是在每一个入选方案已具备项目可行性的前提下，利用具体决策方法比较各个方案的优劣，利用评价指标从各个备选方案中最终选出一个最优方案的过程。

(一)投资额相同的互斥方案的比较与优选

对于投资额相同的互斥方案的比较与优选问题，使用净现值方法是最理想的，而若使用内含报酬率，当各个方案的现金流分布不同时，可能会得出与净现值相反的评价结论，这时需要使用修正的内含报酬率指标。

【例 7-5】某企业正考虑两个互斥的投资项目，初始投资均为 200 万元，寿命均为 3 年，其中项目 A 的 3 年的净现金流量分别为 20 万元、40 万元和 400 万元；项目 B 的 3 年的净现金流量分别为 130 万元、130 万元和 130 万元。目标收益率为 10%，再投资的收益率为 10%，则企业应选择哪个方案？

设计决策分析模型，如图 7-12 所示。

互斥投资项目A、B的决策分析　单位：万元

项目	初始投资	净现金流量			净现值	现值指数	传统的内含报酬率	修正的内含报酬率
年份	0	1	2	3				
项目A	-200	20	40	400	151.77	1.76	34.84%	32.78%
项目B	-200	130	130	130	123.29	1.62	42.57%	29.10%

目标收益率	10%
再投资的收益率	10%

结论：选择项目A

图 7-12　互斥项目 A、B 的比较分析

1. 净现值。在单元格 F4 中输入项目 A 的净现值计算公式"=NPV($C$7,C4:E4)+B4"，然后将此公式填充至 F5 单元格。

2. 现值指数。在单元格 G4 中输入项目 A 的现值指数计算公式"=NPV

(＄C＄7,C4:E4)/ABS(B4)”,然后将此公式填充至 G5 单元格。

3.传统的内含报酬率。在单元格 H4 中输入项目 A 的传统的内含报酬率计算公式“＝IRR(B4:E4)”,然后将此公式填充至 H5 单元格。

4.修正的内含报酬率。在单元格 I4 中输入项目 A 的修正的内含报酬率计算公式“＝MIRR(B4:E4,＄C＄7,＄C＄8)”,然后将此公式填充至 I5 单元格。

5.结论。在单元格 B11 中输入公式“＝IF(F4>F5,“选择项目 A”,“选择项目 B”)”,则计算机自动给出评价结论。

从图 7-12 可看出,根据净现值、现值指数、修正的内含报酬率所得出的投资决策结果是一致的,但根据传统的内含报酬率所得出的投资决策结果则相反。

(二)投资额不同的多个互斥方案的比较与优选

对于投资额不同的多个互斥方案的比较与优选问题,应使用净现值方法进行评价,因为净现值最大化符合企业价值最大化的原则。

【例 7-6】申达公司现有 4 个互斥项目,有关资料如图 7-13 所示,若目标收益率为 10%,企业应选择哪个方案?

	A	B	C	D	E
1	投资额不同的多个互斥项目的决策分析　单位：万元				
2	方案	A	B	C	D
3	初始投资	400	550	360	680
4	年净现金流量	45	72	38	80
5	寿命期	30	30	30	30
6	净现值	24.21	128.74	-1.78	74.15
7					
8					
9	目标收益率	10%			
10					
11					
12	结论：	B			

图 7-13　多个方案的比较与分析

1.投资决策分析

如图 7-13 所示。

(1)在单元格 B6 中输入方案 A 的净现值计算公式“＝PV(＄B＄9,B5,－B4)－B3”,然后将此公式填充到单元格区域 C6:E6,得到方案 B、C、D 的净现值。

(2)在单元格 B12 中输入公式“＝INDEX(B2:E2,MATCH(MAX(B6:E6),B6:E6,0))”。

可见,B 方案的净现值最大,故企业应选择方案 B。

（三）寿命期不等的互斥项目决策

在几个项目的寿命期不等的情况下，不能直接根据各个项目的净现值进行排序。这时，有两种方法可以解决这类问题：一是更新链法，即将每个项目的寿命期分别延长到全部项目寿命期的最小公倍数，然后再计算它们的净现值并进行比较，但这种方法比较烦琐；二是净年值法，即计算每个项目的净年值进行比较，净年值最大的项目为最优方案。

【例 7-7】华新公司现有两个互斥方案，有关资料如图 7-14 所示，若目标收益率为 10%，企业应选用哪个方案？

	A	B	C
1	投资期不同的多个互斥方案的决策分析　单位：万元		
2	方案	A	B
3	初始投资	400	1200
4	年净现金流量	170	390
5	寿命期	5	10
6	净年值	64.48	194.71
7			
8			
9	目标收益率	10%	
10			
11			
12	结论：	采用方案B	

图 7-14　寿命期不等的投资方案评价

1. 在单元格 B6 中输入方案 A 的净年值计算公式“=(PV($B$9,B5,－B4)－B3)/PV($B$9,B5,－1)”，然后将此公式填充到单元格 C6，得到方案 B 的净年值。

2. 在单元格 B12 中输入公式“=IF(B6>C6,“采用方案 A”,“采用方案 B”)”。

可见，B 方案的净年值较大，故企业应选择方案 B。

第四节　固定资产投资决策分析

固定资产是指房屋和设备等一些单位价值高、使用时间长的资产。固定资产投资决策主要研究两个问题：一是决定是否更新；二是决定选择什么样的资产来更新。与其他生产性资产资本项目投资决策相比，多了计提折旧问题。因此，运用 Excel 构建固定资产投资决策分析模型要比一般的资本投资项目复杂些。

一、固定资产投资决策需考虑的因素

固定资产投资项目的评价可以用一些特定的经济评价指标来决定取舍，包括价值型指标（净现值等）和效率型指标（内含报酬率等）。同时也要考虑其他因素，如抵税问题等。

在某些固定资产投资决策中还涉及生产成本和销售收入，这样决策就要考虑固定成本和变动成本问题，并进行本量利分析。所谓固定成本就是其总额与销售量无关的成本，变动成本就是其总额随着销售量成正比例变动的成本。本量利分析模型用公式表示为：

总成本＝固定成本总额＋单位变动成本×销售量

利润＝销售收入－总成本

＝销售量×（销售单价－单位变动成本）－固定成本总额

为了简化分析，本节尽量不考虑其他因素，仅根据上述经济模型运用 Excel 的有关函数介绍净现值法在多个固定资产购置决策分析中的应用。

二、运用 Excel 构建固定资产投资决策分析模型

【例 7-8】申华公司正在考虑购置一台机器用于生产一种新的产品，有三种设备可供选择。每种设备本身的原始资料如表 7-1 所示。

表 7-1　设备的原始资料表

项目＼设备	A 设备	B 设备	C 设备
购买价格（元）	100 000	200 000	300 000
安装费（元）	5 000	3 000	2 000
使用年限（年）	6	6	6
残值（元）	5 000	10 000	15 000

运用 Excel 构建固定资产投资决策分析模型的基本步骤如下：

1. 根据原始资料和三种设备的市场预测数据建立 Excel 表格。为了便于说明问题，假设对设备的折旧采用直线折旧法，公司 5 年内的销售量与销售价格、变动成本都是已知的，其他固定成本不考虑。根据本量利分析模型建立的相关 Excel 数据表格，如图 7-15 所示。

	A	B	C	D
1	设备原始资料表			
2–3	设备 / 项目	A设备	B设备	C设备
4	购买价格	100,000	200,000	300,000
5	安装费	5,000	3,000	2,000
6	使用年限	6	6	6
7	残值	5,000	10,000	15,000
8				
9	设备投资收益预测分析表			
10–11	设备 / 项目	A设备	B设备	C设备
12	销售数量	5,000	7,000	9,000
13	销售单价	35	35	35
14	单位变动成本	20	21	16
15	年设备折旧	16,667	32,167	47,833
16	年净收益	58,333	65,833	123,167

图 7-15　A、B、C 设备原始资料与产品市场收益预测表

(1)在单元格 B15 中输入公式"＝SLN(SUM(B4:B5),B7,B6)",计算出 A 设备的每年折旧额,然后将此公式填充到单元格区域 C15:D15,得到设备 B、C 的每年折旧额。

(2)在单元格 B16 中输入公式"＝B12 * (B13－B14)－B15",计算出投资 A 设备所带来的每年净收益额,然后将此公式填充到单元格区域 C16:D16,得到投资设备 B、C 所带来的每年净收益额。

2. 根据有关数据计算 A、B、C 设备投资收益的净现值,如图 7-16 所示。

	A	B	C	D
17–18	设备投资收益净现值对比及决策表			
19–20	设备 / 项目	A设备	B设备	C设备
21	投资额	105,000	203,000	302,000
22	每年净收益	58,333	65,833	123,167
23	收益净现值	149,057	83,721	234,423
24	贴现率	10%		
25	设备投资决策	应购买C设备		

图 7-16　A、B、C 设备投资收益净现值对比表

其中,B22:D22 各单元格的值为三种设备每年净收益的非折现值,B23:D23 分别为三种设备投资收益的折现值总和。

(1)投资额。在单元格 B21 中输入公式"=SUM(B4:B5)",计算出 A 设备的投资额,然后将此公式填充到单元格区域 C21:D21,得到设备 B、C 的投资额。

(2)每年净收益。在单元格 B22 中输入公式"=B16",计算出 A 设备的每年投资净收益,然后将此公式填充到单元格区域 C22:D22,得到设备 B、C 的每年投资净收益。

(3)收益净现值。在单元格 B23 中输入公式"=PV($B$24,B6,-B22)-B21",计算出 A 设备的投资收益净现值,然后将此公式填充到单元格区域 C23:D23,得到设备 B、C 的投资收益净现值。

3.固定投资投资决策模型设计。在 B25 单元格中进行决策分析,并决定是否购买设备或购买哪台设备。

根据净现值进行决策的思路如下:

(1)如果 A、B、C 设备的投资收益净现值均小于 0,则三个设备都不购买。

(2)如果 A、B、C 设备的投资收益净现值至少有一个大于 0,则选择净现值大的方案。

因此,在单元格 B25 中输入公式"=IF(MAX(B23:D23)<0,"三设备都不购买","应购买"&INDEX(B19:D19,MATCH(MAX(B23:D23),B23:D23,0)))"。申华公司应购买 C 设备。

4.表 7-16 的决策公式可以根据各变量的变动实现动态决策,是一种智能化处理方式。例如,在其他因素不变的情况下把销售价格变更为 30 元,动态结果如图 7-17 所示。

设备投资收益预测分析表

项目 \ 设备	A设备	B设备	C设备
销售数量	5,000	7,000	9,000
销售单价	30	30	30
单位变动成本	20	21	16
年设备折旧	16,667	32,167	47,833
年净收益	33,333	30,833	78,167

设备投资收益净现值对比及决策表

项目 \ 设备	A设备	B设备	C设备
投资额	105,000	203,000	302,000
每年净收益	33,333	30,833	78,167
收益净现值	40,175	-68,713	38,436
贴现率	10%		
设备投资决策	应购买A设备		

图 7-17 销售价格为 30 的决策结果

5.用图表进行动态化决策分析。可以把上述决策模型分析结果通过图表直观地表示出来。由于贴现率和产品的销售价格是决策的关键,也是不太容易控制的因素,为此我们可以通过滚动条来实现不同贴现率和销售价格下的动态决策处理,同时通过文本框在图表上直接显示决策结果,实现一个初步的动态智能化决策。具体操作处理如下:

(1)选择 B19:D19 和 B23:D23 区域,单击工具栏上的图表向导按钮,在【图表向导】对话框中,设置【图表类型】为【柱形图】,【子图表类型】为【三维簇状柱形图】,设置好相关参数后得到如图 7-18 所示的图形,从图中可以直观地反映出各设备净现值的高低。

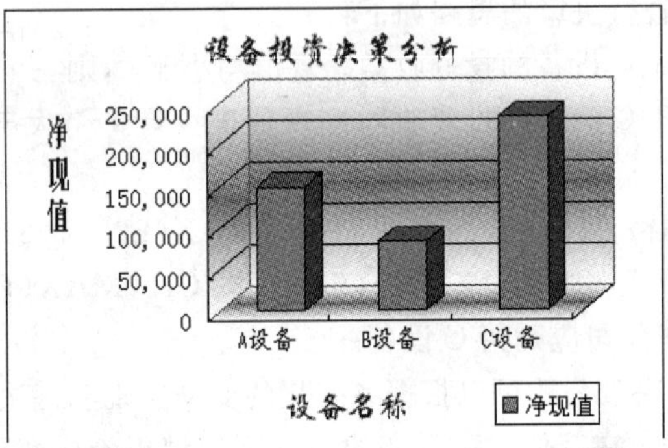

图 7-18　A、B、C 设备投资净收益现值柱形图

(2)运用文本框在决策分析图上显示决策结果。在图中适当的位置添加一个文本框,单击此文本框,在编辑栏上键入等号"=",然后单击包含待链接数据或文本的工作表单元格 B25,按最后按 Enter,这样,决策结果就自动地反映到文本框中,如图 7-19 所示。

(3)调整贴现率和产品销售价格实现动态智能决策。从基本模型中可以看出,运用净现值法进行投资效益的评价和分析的关键在于投资贴现率和销售价格的确定。通过加入滚动条来动态改变两者的值,可以实现动态决策方案的选择。具体方法如下:

①选择【视图】|【工具】|【窗体】命令,打开【窗体】工具栏,分别在图表上添加一个反映贴现率(左上角)和销售价格(右上角)的滚动条,如图 7-20 所示。

②选定贴现率滚动条,单击右键,弹出快捷菜单,如图 7-21 所示。选择

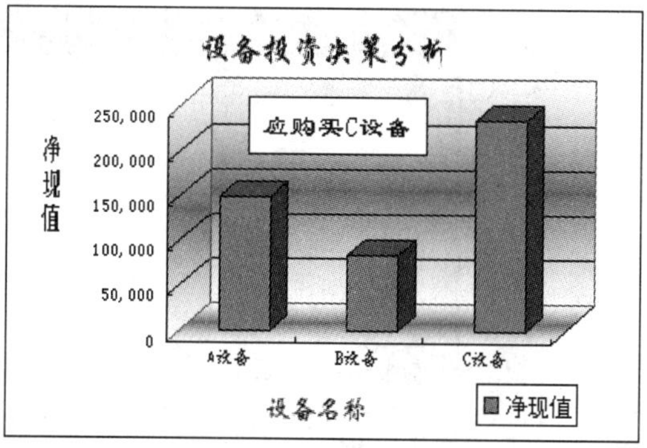

图 7-19 投资决策结果显示在文本框中

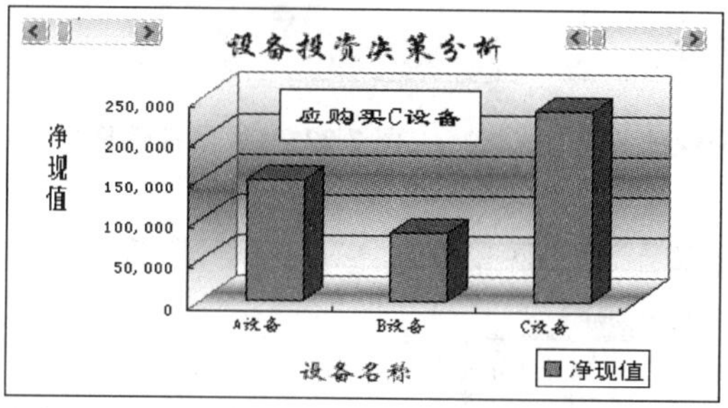

图 7-20 加入滚动条后的效果图

【设置控件格式】命令，然后在弹出的对话框中单击【控制】标签，设置【最小值】为 2,【最大值】为 60,【步长】为 1,【页步长】为 10,【单元格链接】为＄E＄24，如图 7-22 所示。再把单元格 B24 的内容改为"＝E24/200"，如果想把滚动条的变化值也相应地显示在图表上，可以在滚动条附近添加一个文本框，并在编辑栏中输入公式"＝B24"即可。

③选定销售价格滚动条，单击右键，弹出快捷菜单。选择【设置控件格式】命令，然后在弹出的对话框中单击【控制】标签，设置【最小值】为 0,【最大值】为 100,【步长】为 1,【页步长】为 10,【单元格链接】为＄E＄13。再把单元格 B13、C13、D13 的内容改为"＝E13"，如果想把滚动条的变化值也相应地显示在图表上，可以在滚动条附近添加一个文本框，并在编辑栏中输入公式"＝E13"即可。

图 7-23 中反映的就是贴现率为 9.5%，销售价格为 29 时的决策结果。

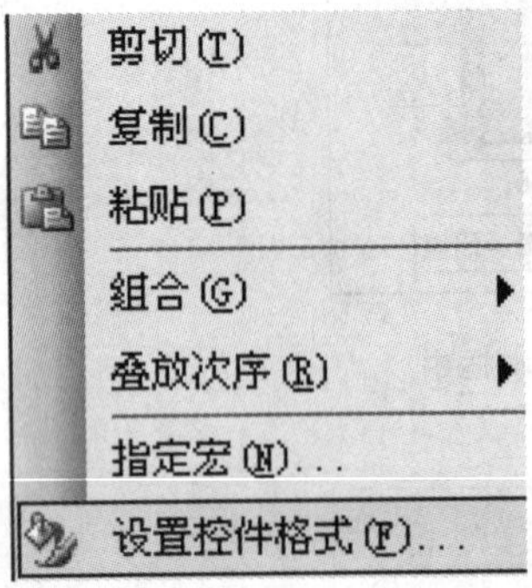

图 7-21　滚动条的快捷菜单

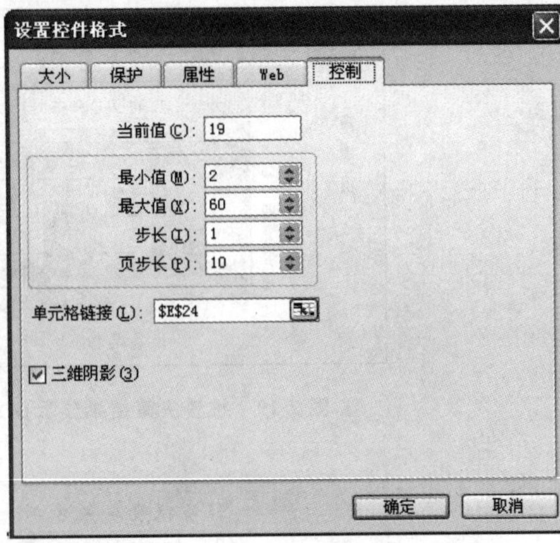

图 7-22　【设置控件格式】的【控制】标签

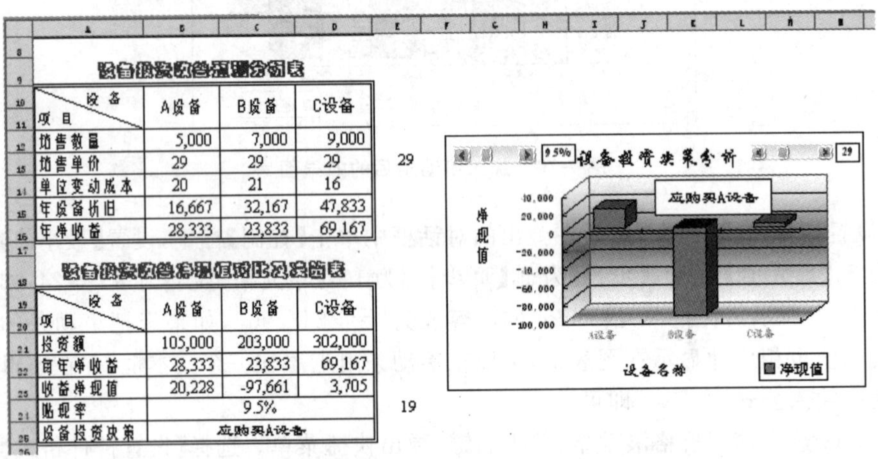

图 7-23　贴现率为 9.5%，销售价格为 29 时的决策结果

本章提要

本章主要讲述了投资决策的基本方法，投资决策中常用的 Excel 函数，然后在此基础上分别阐述了如何用 Excel 构建投资决策分析模型，以及如何进行固定资产投资决策的静态分析和动态分析。

习 题

1. 假设第一年投资 10 000 元，而未来三年中各年的收入分别为 3 000 元，4 200元、6 800 元。假定每年的贴现率是 10%，则投资的净现值是多少？

2. 假如要购买一家面包店，投资成本为 40 000 元，并且希望前五年的营业收入如下：8 000 元、9 200 元、10 000 元、12 000 元和 14 500 元。每年的贴现率为 8%（如果面包店的成本及收入分别存储在 B1 到 B6 单元格中）。请计算出面包店投资的净现值。

3. 接上题，假设面包店的屋顶在营业的第六年倒塌，估计这一年的损失为 9 000 元，则六年后面包店投资的净现值是多少？

4. 假设有一投资计划，此刻投资 100 万元，以后每年底将返回 40 万元、80 万元、70 万元。假设资金成本为 12%，问净现值是多少？

5. 根据表中已知条件，将表格内容补充完整。

年 度	A	B	C	D
0	−2 000 000	−2 000 000	−2 000 000	−2 000 000
1	200 000	400 000	200 000	0
2	400 000	600 000	1 800 000	0
3	600 000	1 000 000	200 000	600 000
4	800 000	1 000 000	300 000	1 400 000
5	2 500 000	1 200 000	100 000	2 600 000
i	12%	12%	12%	12%
NPV				
IRR				
PI				

6. 根据上表中的内容计算不同折现率下的 NPV。

	A	B	C	D
0%				
6%				
10%				
12%				
18%				
24%				

7.大华公司拟购置一台设备，价款为240 000元，使用6年，期满净残值为12 000元，直线法计提折旧。使用该设备每年为公司增加税后净利为26 000元。若公司的资金成本率为14%。

要求：

①计算各年的现金净流量；

②计算该项目的净现值；

③计算该项目的现值指数；

④计算评价该投资项目的财务可行性。

8.已知宏达公司拟于2005年年初用自有资金购置设备一台，需一次性投资200万元。经测算，该设备使用寿命为5年。税法亦允许按5年计提折旧；设备投入运营后每年可新增利润40万元。假定该设备按直线法折旧，无残值，不考虑建设安装期和公司所得税。

要求：

①计算使用期内各年净现金流量；

②计算该设备的静态投资回收期；

③计算该投资项目的投资利润率。

9.振兴公司原有设备一台，目前出售可得收入15万元(设与旧设备的折余价值一致)预计使用10年，已使用5年，预计残值为1.5万元，该公司用直线法提折旧。现该公司拟购买新设备替换旧设备，新设备购置成本为80万元，使用年限为5年，按直线法提折旧，预计残值也为1.5万元；使用新设备后公司每年销售收入可从300万元上升到330万元，每年付现成本从220万元上升到230万元，该公司所得税率为30%，资金成本率为10%。

要求：判断是否应更新该设备。

第8章 投资项目不确定性风险分析

知识要求

通过本章的学习，掌握

- 盈亏平衡分析
- 敏感性分析
- 概率分析

技能要求

运用 Excel 建立有关不确定性风险分析模型来解决投资决策中风险指标的计算，辅助完成投资决策。

在现实生活中，人们从事的各种活动可以分为确定性和不确定性两种。确定性活动的特点是：其结果是唯一的，只要正确地掌握了活动的规律，就可以预先确定其最终结果，从而做出正确的判断。例如，当投资购买国库券时，就可以预先确定能在何时收回本金、在何时获得利息收入以及利息收入的多少。不确定性活动的特点是：其结果有两种或两种以上，最终将会出现哪一种结果人们无法预先确知。因此，从事这类活动时，最终出现的实际结果可能会好于原来预期的结果，也可能比原来预期的结果差。一般地说，风险是指在一定条件下和一定时期内可能发生的各种结果的变动程度。最终出现的实际结果与预期结果之间可能变动的程度越大，其风险性就越大。

企业面临的风险主要有两种，即市场风险和企业特有风险。市场风险是指影响所有企业的风险。它由企业外部因素引起，企业无法控制，这类风险涉及所有投资对象，不能通过多元化投资来分散，因此又称为不可分散风险或系统风险。企业特有风险是指由个别企业的特有事件造成的风险，如罢工、新产品开发失败、没有争取到重要合同、诉讼失败等。这类事件是随机发生的，因而可以通过多元化投资来分散，即发生于一家公司的不利事件可以被其他公司的有利事件所抵消。这类风险称为可分散风险或非系统风险。

公司特有风险的分析方法主要有盈亏平衡分析、敏感性分析、概率分析等。

第一节　盈亏平衡分析

盈亏平衡分析的原理就是根据量本利之间的关系，计算项目的盈亏平衡点的销售量，从而分析项目对市场需求变化的适应能力。一般来说，盈亏平衡点是指企业既不亏又不盈或营业利润为零时的销售量。根据是否考虑资金的时间价值，投资项目的盈亏平衡分析又可分为静态盈亏平衡分析和动态盈亏平衡分析。

一、静态盈亏平衡分析

静态盈亏平衡分析是指在不考虑资金时间价值的情况下，计算投资项目的盈亏平衡点，并在此基础上对投资项目的风险做出判断。投资项目的静态盈亏平衡点又称保本点，有三种不同的表示方法，计算公式分别为：

$$\text{盈亏平衡点销售量}=\frac{\text{固定成本}}{\text{单价}-\text{单位变动成本}}$$

$$\text{盈亏平衡点销售额}=\frac{\text{固定成本}}{1-\text{变动成本率}}$$

$$\text{盈亏平衡点作业率}=\frac{\text{盈亏平衡点销售量}}{\text{投资项目的计划产销量}}$$

只有当投资项目的实际产销量大于盈亏平衡点的产销量、或实际销售额大于盈亏平衡点的销售额、或者实际作业率高于盈亏平衡点的作业率时，投资项目才能获利，反之会发生亏损。当企业在盈亏平衡点附近经营时，投资项目的经营风险很大，或经营上的安全程度很低，销售量微小的下降都可能使企业发生亏损。在年产销量一定的条件下，盈亏平衡点越低，投资项目的风险越小；反之，盈亏平衡点越高，投资项目的风险越大。

类似地，也可以通过安全边际率指标评价投资项目的风险。安全边际率与盈亏平衡点的作业率是互为消长的指标，二者之和应等于1。安全边际率越低说明投资项目的风险越大。

单一产品的盈亏平衡分析比较简单。根据给定的各年的固定成本、产品单价和产品单位变动成本，即可由上述公式计算出各年的静态保本销售量。

当一个投资项目同时生产多种不同的产品，或对一个生产多种产品的整个企业进行盈亏平衡分析时，则需要考虑多品种产品的情况。在进行多品种盈亏平衡分析时，加权平均法是较常用的一种方法。

【例 8-1】光大公司生产 A、B、C 三种产品，A 产品年销售量 100 000 件，单价 10 元/件，单位变动成本 8.5 元/件；B 产品年销售量 50 000 件，单价 20 元/台，单位变动成本 16 元/台；C 产品年销售量 20 000 件，单价 40 元/套，单位变动成本 20 元/套；全厂固定成本 600 000 元。根据以上资料进行盈亏平衡分析。

根据上述资料，可以建立分析模型如图 8-1 所示：

	A	B	C	D	E	F	G	H
1	静态盈亏平衡分析					单位：元		
2	项目	销售量	单价	单位变动成本	销售收入	边际贡献	边际贡献率	固定成本
3	A产品	100,000	10	8.5	1,000,000	150,000	15.00%	
4	B产品	50,000	20	16	1,000,000	200,000	20.00%	
5	C产品	20,000	40	20	800,000	400,000	50.00%	
6	合　计				2,800,000	750,000	26.79%	600,000
7								
8	项目	销售比重	保本额	保本量				
9	A产品	35.71%	800,000	80,000				
10	B产品	35.71%	800,000	40,000				
11	C产品	28.57%	640,000	16,000				
12	全厂综合保本额		2,240,000					

图 8-1 投资项目的静态盈亏平衡分析

有关计算分析公式如下：

销售收入＝销售量×单价

边际贡献＝销售量×(单价－单位变动成本)

边际贡献率＝边际贡献÷销售收入

销售比重＝某产品销售收入÷全厂各产品销售收入合计

全厂综合边际贡献率＝∑某产品边际贡献率×该产品销售比重

全厂综合保本额＝全厂固定成本÷全厂综合边际贡献率

某产品保本额＝全厂综合保本额×该产品销售比重

某产品保本量＝某产品保本额÷该产品单价

输入已知数据及定义完公式后，即可马上计算盈亏平衡分析的结果，即全厂综合保本额为 2 240 000 元，产品 A、B、C 的保本额分别为 800 000 元、800 000 元和 640 000 元，保本量分别为 80 000 件、40 000 台和 16 000 套。

各单元格的计算公式如下：

1. 销售收入。在单元格 E3:E5 中输入数组公式"=B3:B5 * C3:C5"。

2. 边际贡献。在单元格 F3:F5 中输入数组公式"=B3:B5 * (C3:C5－D3:D5)"。

3. 边际贡献率。在单元格 G3:G5 中输入数组公式"=F3:F5/E3:E5"。

4. 销售比重。在单元格 B9:B11 中输入数组公式"=E3:E5/E6"。

5. 全厂综合保本额。在单元格 C12 中输入公式"=H6/G6"。

6. 保本额。在单元格 C9:C11 中输入数组公式"=B9:B11 * C12"。

7. 保本量。在单元格 D9:D11 中输入数组公式"=C9:C11/C3:C5"。

图 8-1 建立了各产品的单价、单位变动成本和固定成本与保本额或保本量之间的关系，利用图 8-1 就可分析它们对盈亏平衡分析点的影响。

由于静态盈亏平衡分析没有考虑资金的时间价值，由此计算出的盈亏平衡点的销售量尽管可以使会计利润达到零，但并不能保证投资项目的净现值达到零，因为它没有考虑各年折旧的机会成本。事实上，当实际产销量达到静态盈亏平衡点产销量时，投资项目的净现值依然还是负数。因此，为了准确地反映投资项目的风险，应在考虑资金时间价值的前提下对投资项目进行动态盈亏平衡分析。

二、动态盈亏平衡分析

动态盈亏平衡分析就是在考虑资金时间价值和所得税等因素的条件下，通过计算项目净现值为零时的销售量或销售额来对项目的投资风险进行判断。各年动态盈亏平衡点的销售量应满足下面的公式：

$$\sum_{t=1}^{n}\frac{[Q_t(p_t-v_t)-F_{ct}]\times(1-T)+T\times D_t}{(1+i)^t}-I=0$$

参数说明：

Q_t——各年的保本销售量

p_t——各年的产品单价

v_t——单位变动成本

F_{ct}——各年的付现固定成本

T——所得税税率

D_t——各年的折旧额

i——项目的基准收益率

I——初始投资(并假设在第0年一次性投入项目)

n——项目寿命期

t——年份

这样,利用上述公式,即可分析各种情况下项目各年保本销售量的变化情况。

(一)各年销售量相等时动态盈亏平衡点的计算

当各年的产品销售量、单价、单位变动成本、付现固定成本、折旧相同(按平均年限法计提折旧),并不考虑残值回收时,可以利用上面的公式直接导出动态盈亏平衡销售量(保本销售量)的计算公式如下所示:

$$Q^*=\frac{F_c+\left[\frac{n}{PVIFA_{i,n}}-T\right]\times\frac{D}{1-T}}{p-v}$$

参数说明:

$PVIFA_{i,n}$——年金终值系数

【例8-2】远大公司准备投资生产一种新产品,项目总投资600万元,项目寿命期10年,期末无残值,采用直线法计提折旧。经预测,该项目投产后每年可销售产品105 000件,产品单价40元/件,单位变动成本20元/件,年付现固定成本500 000元,企业的基准收益率为15%,所得税税率为25%。

要求:

1. 计算该项目静态的保本点销售量和安全边际率。

2. 计算该项目动态的保本点销售量和安全边际率。

如图8-2所示,具体步骤如下:

	A	B	C	D	E	F	G	H
1	项目基本资料							
2	项目投资（万元）	项目寿命	产品单价（元/件）	单位变动成本(元/件)	付现固定成本（万元）	基准收益率	所得税税率	年产销量（件）
3	600	10	40	20	50	15%	25%	105,000
4								
5	盈亏平衡分析							
6	静态保本点销售量（件）			55,000		安全边际率（静态）		47.62%
7	动态保本点销售量（件）			94,701		安全边际率（动态）		9.81%

图8-2　投资项目的动态盈亏平衡分析

1. 静态盈亏平衡销售量。在单元格 D6 中输入公式“=(E3+A3/B3)/(C3-D3)*10 000”。

2. 静态安全边际率。在单元格 H6 中输入公式“=($H$3-D6)/$H$3”。

3. 动态盈亏平衡销售量。在单元格 D7 中输入公式“=(E3+(B3/PV(F3,B3,-1)-G3)*(A3/B3/(1-G3)))/(C3-D3)*10 000”。

4. 动态安全边际率。将单元格 H6 中的公式填充到单元格 H7。

由计算结果可看出，由于考虑了资金的时间价值，动态盈亏平衡点销售量远远大于静态盈亏平衡点销售量，动态安全边际率也远远低于静态安全边际率。在项目投产后产品销售量为 105 000 件的情况下，实际销售量与动态盈亏平衡点销售量相差很小，故该项目的风险很大。

（二）各年销售量不等时动态盈亏平衡点的计算

实际上，有些项目投产后各年销售量并不能保持相同，而且产品的单价、单位变动成本和固定成本也不一定各年相等，此时各年的盈亏平衡销售量就有无数个组合，它们可以通过规划求解工具来求解。

【例 8-3】以【例 8-2】的有关资料为例，利用规划求解计算动态盈亏平衡销售量。

如图 8-3 所示，具体计算步骤如下：

项目基本资料

项目投资（万元）	项目寿命	产品单价（元/件）	单位变动成本（元/件）	付现固定成本（万元）	基准收益率	所得税税率
600	10	40	20	50	15%	25%

分析过程

年份	净现金流量	盈亏平衡销售量
0	-600	
1	190	141,974
2	163	123,414
3	139	107,346
4	118	93,356
5	99	81,168
6	83	70,639
7	70	61,361
8	57	53,328
9	47	46,401
10	38	40,308
净现值	0	

不同初始值下盈亏平衡销售量规划求解结果　单位：件

年份 \ 计算初始值	0	20,000	40,000	60,000	90,000
1	141,974	142,025	142,025	142,025	142,025
2	123,414	123,452	123,452	123,452	123,452
3	107,346	107,355	107,355	107,355	107,355
4	93,356	93,363	93,363	93,363	93,363
5	81,168	81,104	81,104	81,104	81,104
6	70,639	70,579	70,579	70,579	70,579
7	61,361	61,292	61,292	61,292	61,292
8	53,328	53,368	53,368	53,368	53,368
9	46,401	46,310	46,310	46,310	46,310
10	40,308	40,366	40,366	40,366	40,366
平均值	81,930	83,921	85,921	87,921	90,921

图 8-3　各年销售量不等时的动态盈亏平衡分析

1. 将单元格 C8:C17 作为可变单元格，存放各年的保本销售量，在单元格 C8:C17 中以数组公式输入“{=F7:F16}”。

2. 在单元格 B7 中输入公式“=－A3”，在单元格 B8:B17 中以数组公式输入净现金流量计算公式“=(C8:C17＊(C3－D3)/10 000－E3)＊(1－G3)＋SLN(A3,B3)＊G3”。

3. 在单元格 B18 中输入净现值计算公式“=NPV(F3,B8:B17)＋B7”。

4. 单击【工具】菜单中的【规划求解】项，出现【规划求解参数对话框】，在【设置目标单元格】选“＄B＄18”，在【等于】图 8-4 规划求解参数对话框选项中选中【值为(V)】，并在其后的文本框中输入“0”，在【可变单元格】中输入“＄F＄7:＄F＄16”；单击【求解】按钮，即得初始销售量为零时各年的盈亏平衡销售量，如图 8-3 和图 8-4 所示。

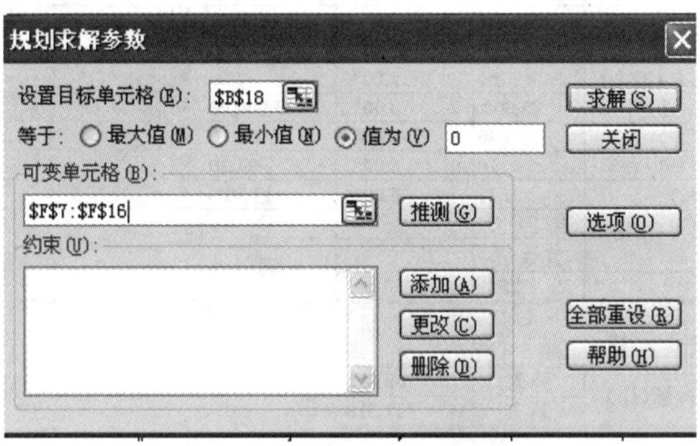

图 8-4 规划求解参数对话框

5. 在单元格 C8: C17 中分别以数组公式输入“{=G7:G16}”、“{=H7:H16}”、“{=I7:I16}”、“{=J7:J16}”，然后用【规划求解】工具分别求出初始销售量为 20 000、40 000、60 000、90 000 时各年的盈亏平衡销售量。

当投资项目赋予不同的初始销售量值时，会得到不同的盈亏平衡销售量组合，图 8-3 中的单元格区域 F7:J16 给出了在不同初始值销售量下计算的各年盈亏平衡点销售量组合的结果，单元格区域 F17:J17 给出了不同初始值销售量下计算的各年盈亏平衡点销售量组合的平均值。由计算结果可看出，各年的销售量变化范围很大，这正反映了动态盈亏平衡分析的特点。实际上，各年保本销售量组合有无数个，故为求得符合实际情况的保本销售量组合，还应综合考虑其他一些约束条件，比如各年的会计利润应大于零，各年取得的现金收入应能够偿还各年到期的债务、各年生产能力的限制、各年销售能力的限制以及支付股利，等等。

三、投资项目的盈亏平衡分析模型

除了前面介绍的直接利用公式计算盈亏平衡点保本销售量或设计工作表格进行分析外，我们还可以设计盈亏平衡分析模型来分析每个因素各种可能的变动情况下对保本销售量的影响。

【例 8-4】投资项目的盈亏平衡分析模型如图 8-5 所示，具体设计步骤如下：

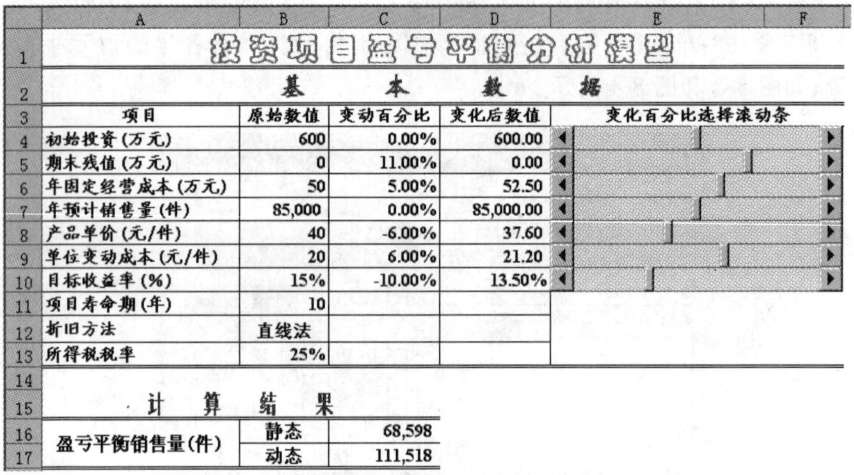

投资项目盈亏平衡分析模型

基本数据

项目	原始数值	变动百分比	变化后数值	变化百分比选择滚动条
初始投资(万元)	600	0.00%	600.00	
期末残值(万元)	0	11.00%	0.00	
年固定经营成本(万元)	50	5.00%	52.50	
年预计销售量(件)	85,000	0.00%	85,000.00	
产品单价(元/件)	40	-6.00%	37.60	
单位变动成本(元/件)	20	6.00%	21.20	
目标收益率(%)	15%	-10.00%	13.50%	
项目寿命期(年)	10			
折旧方法	直线法			
所得税税率	25%			

计算结果

盈亏平衡销售量(件)	静态	68,598
	动态	111,518

图 8-5　投资项目的盈亏平衡分析模型

1. 首先设计好分析模型的结构，如图 8-5 所示(表中数据以例 8-3 为例)。

2. 单击【视图】，选择其中【工具栏】的【窗体】菜单项，出现【窗体】工具栏，如图 8-6 所示，单击【滚动条】按钮，然后在工作表的合适位置(这里为 E4～F4 单元格)拖曳出一个【滚动条】控件，并调整其大小。

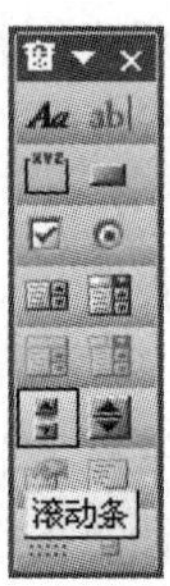

图 8-6　【窗体】工具栏

3. 将鼠标移到新建立的【滚动条】控件上，单击鼠标右键，出现快捷菜单，选择【设置控件格式】，出现【设置控件格式】对话框，选择【控制】项，如图 8-7 所示。

4. 在【当前值】栏中输入 25，【最小值】栏中输入 0，【最大值】栏中输入 50，【步长】栏中输入 1，【页步长】栏中输入 10，在【单元格链接】栏中输入“E4”，然后单击【确定】按钮，这就建立了初始投资的【滚动条】控件。

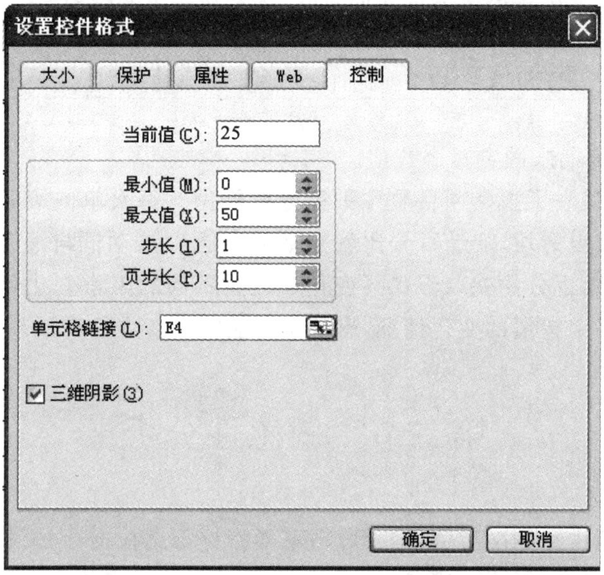

图 8-7 【设置控件格式】对话框

5. 其他项目的【滚动条】控件可按照上述方法进行。

6. 在单元格 C4:C10 中建立变动百分比与【滚动条】控件的联系，即：在单元格 C4 中输入公式“=E4/100－25%”，并将单元格 C4 中的公式填充到单元格区域 C5:C10 中。

说明：本例中各因素的变动范围为－25%～+25%，而滚动条控制按钮的值的变化范围为 0～50，为了使滚动条控制按钮的变化表示为百分数的变化，这里将控制按钮的值除以 100 后再减去 25%，则每次单击滚动条两端的箭头，单元格 C4:C10 中的变动百分比就变化 1%，而当滚动条在中间位置，变动百分比恰好为零。

7. 在单元格区域 D4:D10 中以数组公式输入“变化后数值”的计算公式“=B4:B10＊(1+C4:C10)”。

8. 在单元格 C16 中输入静态盈亏平衡销售量计算公式“=(SLN(D4,D5,B11)+D6)/(D8－D9)＊10 000”。

9. 在单元格 C17 中输入动态盈亏平衡销售量计算公式“=(D6+(D4－PV(D10,B11,－1)＊SLN(D4,D5,B11)＊B13－D5/(1+D10)^B11)/PV(D10,B11,－1)/(1－B13))/(D8－D9)＊10 000”。

这里，当项目各年的销售量、付现成本、产品单价、单位变动成本、折旧(直

线法)相等,且考虑固定资产残值回收时,动态盈亏平衡销售量计算公式为:

$$Q^{*}=\frac{F_{c}+\frac{1}{PVIFA_{i,n}\times(1-T)}\times\left[I-T\times PVIFA_{i,n}\times D_{t}-\frac{S}{(1+t)^{n}}\right]}{p-v}$$

其中,S为期末固定资产残值。

这样,就建立了投资项目盈亏平衡分析模型。每次单击滚动栏两端的箭头或用鼠标拖曳滑块,变动百分比就变化1%,当在滚动框与滚动条之间单击滚动条时,变动百分比就以±10%变化。通过不同的因素变化可以了解投资项目盈亏平衡销售量的变化情况,有利于企业管理者进行决策。

第二节　敏感性分析

评价投资项目的净现值,内部收益率等指标都是根据产品销售量、产品单价、单位变动成本、付现固定成本、项目寿命、基准收益率等有关参数的预测值计算得到的。由于各种条件的限制,这些参数有可能预测得不准,导致项目执行过程中某些参数的实际值和预测值发生偏离,这必然会对投资项目的净现值,内部收益率等评价指标产生直接的影响,甚至可能会导致决策失败。在这种情况下,为了分析某些因素预计不准时对项目的投资效果会产生什么样的影响,可以对投资项目进行敏感性分析。

敏感性分析是投资决策中常用的一种重要的分析方法。它是用来衡量当投资方案中某个因素发生了变动时,对该方案预期结果的影响程度。如果某因素在较小范围内发生了变动就会影响原定方案的经济效果,即表明该因素的敏感性强;如果某因素在较大范围内变动时才会影响原定方案的经济效果,即表明该因素的敏感性弱。

通常用作敏感性分析的因素有:投资额,包括固定资产投资和追加的流动资产投资;项目寿命期;产品的产销量;产品价格;经营成本,特别是其中的变动成本;项目寿命期末的设备残值;折现率等。

在长期投资决策中,敏感性分析通常用来研究有关投资方案的现金净流量或固定资产寿命发生变动时,对该方案的净现值和内部收益率的影响程度。同时,它也可以用来研究有关投资项目的内部收益率变动时,对该方案的现金净流量或使用年限的影响程度。敏感性分析有助于企业领导了解在执行决策方案时应注意的问题,从而可以预先考虑措施与对策,避免决策上的失误。

在长期投资决策中，根据不同的需要，敏感性分析可以选择进行单因素敏感性分析和多因素敏感性分析。

一、单因素敏感性分析

单因素敏感性分析是指假定影响投资项目评价指标的众多因素中其他因素均保持预测值不变，只有一个因素的预测值发生变动时对有关评价指标所产生的影响程度的分析。单因素敏感性分析一般可以按以下步骤进行：

(1)选定拟进行敏感性分析的投资项目评价指标，如净现值、内部收益率、净年值等。

(2)选定要做敏感性分析的因素，如产品销售量、产品单价、单位变动成本、付现固定成本、投资额、项目寿命期、基准收益率、所得税税率等。

(3)确定各因素拟进行敏感性分析的变动范围及变动间距。

(4)依次计算每个因素的数值变动一定幅度后评价指标的最终结果，并可以进一步绘制因素变动率与评价指标数值之间的示意图。

(5)根据计算结果和绘制的图形判断各因素的敏感性强弱。如果某因素的微小变动就导致评价指标发生很大幅度的变动，则说明该因素的敏感性强，反之则敏感性弱。对于敏感性很强的因素，在投资项目的实施过程中应重点加以控制，以避免不利情况出现。

【例 8-5】某投资方案有关的预测资料如图 8-8 所示，要求：

	A	B	C	D	E	F	G	H	I	J
1	已知条件（金额单位：万元）						基础方案净现值的计算（万元）			
2	固定资产投资	400	固定资产残值		20		年折旧			38.00
3	营运资金垫支	40	每年销售收入		200		第0年净现金流量			-440.00
4	寿命期(年)	10	每年付现成本		60		每年经营净现金流量			114.50
5	折现率	12%	所得税税率		25%		终结净现金流量			60.00
6							基础方案的净现值			226.27
7										
8	净现值的单因素敏感性分析								单位：万元	
9	因素变动率	-40%	-30%	-20%	-10%	0%	10%	20%	30%	40%
10	每年销售收入	-112.74	-27.99	56.76	141.52	226.27	311.02	395.78	480.53	565.28
11	每年付现成本	327.97	302.55	277.12	251.69	226.27	200.84	175.42	149.99	124.56
12	固定资产投资	363.67	329.32	294.97	260.62	226.27	191.92	157.57	123.22	88.87
13	折现率	386.75	341.42	299.80	261.53	226.27	193.74	163.67	135.83	110.01

图 8-8　净现值的单因素敏感性分析

(1)按各因素的预测值计算基础方案的净现值。

(2)对净现值指标进行单因素敏感性分析，单因素分别选定每年销售收入、每年付现成本、固定资产投资、折现率。

(3)根据(二)的计算结果绘制净现值的单因素敏感性分析图。

如图 8-8 所示，具体计算步骤如下：

1. 在单元格 J2 中输入公式“＝(B2－E2)/B4”，计算各年折旧。

2. 在单元格 J3 中输入公式“＝－(B2＋B3)”，计算第 0 年的净现金流量。

3. 在单元格 J4 中输入公式“＝(E3－E4－J2)＊(1－E5)＋J2”，计算各年的经营净现金流量。

4. 在单元格 J5 中输入公式“＝B3＋E2”，计算终结净现金流量。

5. 在单元格 J6 中输入公式“＝PV(B5，B4，－J4，－J5)＋J3”，计算基础方案的净现值。

6. 确定各因素拟进行敏感性分析的变动范围及变动间距。本例中因素变动率的范围选定－40%～＋40%，间距定为 10%，然后将确定好的数值输入到单元格 B9:J9 中。

7. 在单元格 B10、B11、B12、B13 中输入下面的公式，分别计算年销售收入、年付现成本、固定资产投资和折现率单独变化时对净现值的影响。

(1)在单元格 B10 中输入公式“＝PV(＄B＄5，＄B＄4，－((＄E＄3＊(1＋B9)－＄E＄4－＄J＄2)＊(1－＄E＄5)＋＄J＄2)，－＄J＄5)＋＄J＄3”。

(2)在单元格 B11 中输入公式“＝PV(＄B＄5，＄B＄4，－((＄E＄3－＄E＄4＊(1＋B9)－＄J＄2)＊(1－＄E＄5)＋＄J＄2)，－＄J＄5)＋＄J＄3”。

(3)在单元格 B12 中输入公式“＝PV(＄B＄5，＄B＄4，－((＄E＄3－＄E＄4)＊(1－＄E＄5)＋＄E＄5＊(＄B＄2＊(1＋B9)－＄E＄2)/＄B＄4)，－＄J＄5)－＄B＄2＊(1＋B9)－＄B＄3”。

(4)在单元格 B13 中输入公式“＝PV(＄B＄5＊(1＋B9)，＄B＄4，－((＄E＄3－＄E＄4－＄J＄2)＊(1－＄E＄5)＋＄J＄2)，－＄J＄5)＋＄J＄3”。

8. 选择单元格区域 B10:B13，将其中的公式向右一直填充到单元格区域 C10:J13。

9. 选择单元格区域 A9:J13，单击工具栏上的按钮，在【图表向导】中选【XY 散点图】，再依据有关向导说明输入必要的信息，即可绘制单因素敏感性分析图，如图 8-9 所示。

由计算结果可以看出，进行敏感性分析的四个因素中，敏感性由强到弱的排序依次为每年销售收入、折现率、固定资产投资额和每年付现成本。由图 8-9 也可以看出同样的结果，图中各条线都有一个共同的交点，即为所有因素都不发生变动，净现值等于基础方案净现值的那一点；每条线的斜率反映了所

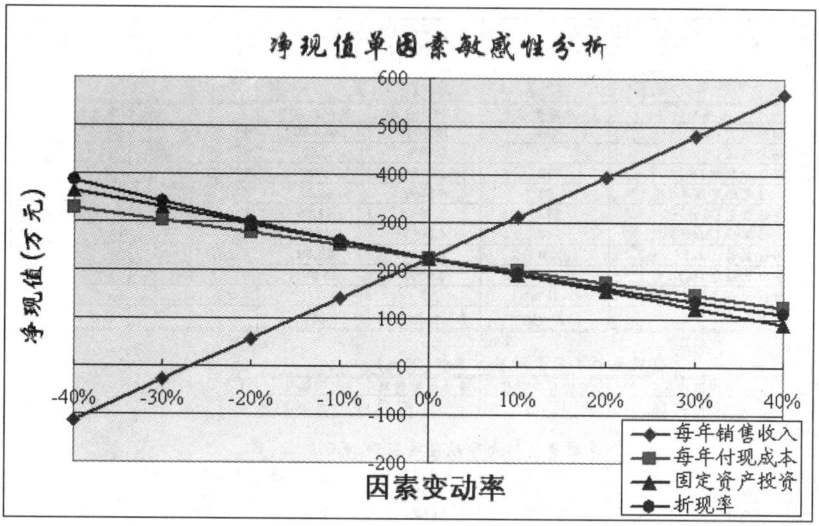

图 8-9　单因素敏感性分析图示

对应因素的敏感性程度，斜率越大，对应因素的敏感性越强。

二、多因素敏感性分析

单因素敏感性分析仅考虑单一因素孤立变动时对投资项目的影响，这有时无法满足决策和分析人员的需要，因为现实条件下往往可能出现多个因素同时发生变动的情况，而且每个因素变动的幅度还可能有很大的差异，这时，就需要通过多因素敏感性分析来分析和判断项目的风险。

根据实际需要，可以分别选择对净现值、净年值、内部收益率等指标进行多因素敏感性分析。下面结合实例具体说明建立多因素敏感性分析模型的方法。

【例 8-6】以例 8-3 的有关资料为例，建立投资项目净现值、内部收益率和净年值多因素敏感性分析模型，分析各种因素对净现值、内部收益率和净年值的影响程度。

(一)净现值的多因素敏感性分析模型

如图 8-10 所示，具体建立模型步骤如下：

1. 首先建立初始投资的滚动条控件：单击【视图】，选择【工具栏】，再单击【窗体】，出现【窗体】工具栏，单击【滚动条】按钮，然后在工作表的合适位置(这里为 E4～F4 单元格)，拖曳出一个矩形【滚动条】控件，并调整其大小。

投资项目净现值敏感分析模型

基本数据

项目	原始数值	变动百分比	变化后数值	变化百分比选择滚动条
初始投资(万元)	600	10.00%	660.00	
期末残值(万元)	2	0.00%	2.00	
项目寿命期(年)	10	-10.00%	9.00	
年付现固定成本(万元)	50	5.00%	52.50	
年销售量(万件)	11.0	6.00%	11.66	
产品单价(元/件)	40	5.00%	42.00	
单位变动成本(元/件)	20	0.00%	20.00	
基准收益率(%)	15%	0.00%	15.00%	
所得税税率	25%			
折旧方法	直线法	最大变化区间	50.00%	

净现值的多因素敏感性分析(万元)

基础方案净现值	变动后净现值	净现值变动额	变动幅度
114.92	157.34	42.41	36.91%

单因素变动对净现值的影响(万元)

项目	因素变动百分比	变动后净现值	净现值变动额	净现值变动幅度
初始投资	10.00%	62.45	-52.47	-45.66%
设备残值	0.00%	114.92	0.00	0.00%
寿命期	-10.00%	87.64	-27.29	-23.74%
年付现固定成本	5.00%	105.51	-9.41	-8.19%
年销售量	6.00%	164.61	49.69	43.23%
产品单价	5.00%	197.73	82.81	72.06%
单位变动成本	0.00%	114.92	0.00	0.00%
基准收益率	0.00%	114.92	0.00	0.00%

图 8-10　净现值敏感性分析模型

2. 将鼠标移到新建立的【滚动条】控件上，单击鼠标右键，出现快捷菜单，选择【设置控件格式】，出现【设置控件格式】对话框，选择【控制】项选项卡，在【当前值】栏中输入 50，【最小值】栏中输入 0，【最大值】输入栏中 100，【步长】栏中输入 1，【页步长】栏中输入 5，在【单元格链接】栏中输入“E4”，然后单击【确定】按钮，这就建立了初始投资的【滚动条】控件。

3. 用同样的方法建立其他影响因素的【滚动条】控件。

4. 在单元格 C4:C11 中建立变动百分比与【滚动条】控件的联系，即：选取单元格区域 C4:C11，以数组形式输入公式“＝E4:E11/100－D13”。这里，各因素的变动范围为－50％～＋50％，而滚动条控制按钮的值的变化范围为 0～100，为了使滚动条控制按钮的变化表示为百分数的变化，这里将控制按钮的值除以 100 后再减去 50％，则每次单击滚动条两端的箭头，单元格 C4:C11 中的变动百分比变化 1％；当滚动条在中间位置，变动百分比恰好为零。

5. 选取单元格区域 D4:D11，以数组形式输入变化后数值的计算公式“＝B4:B11＊(1＋C4:C11)”。

6. 为计算方便，定义一个名为“净现值”的自定义函数，其语法为：净现值

(初始投资，期末残值，寿命期，年付现固定成本，年销售量，产品单价，单位变动成本，基准收益率，所得税税率)。自定义函数可以通过一小段程序对其参数及参数之间的关系进行描述，这种程序又称过程代码。“净现值”自定义函数的定义步骤如下：

(1)单击【工具】，选择【宏】，再单击【Visual Basic 编辑器】，如图 8-11 所示，调出 Visual Basic 编辑器。

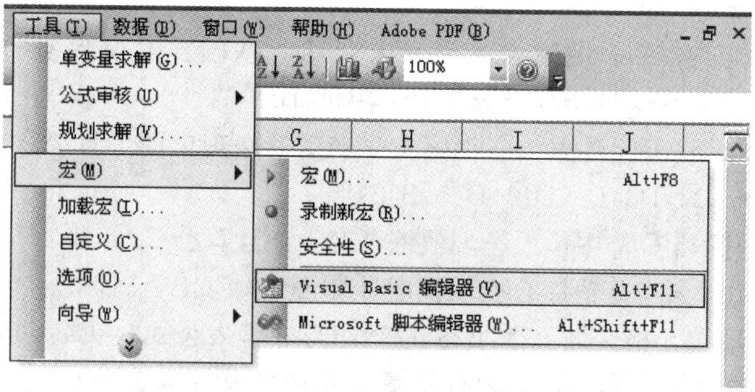

图 8-11 调出【Visual Basic 编辑器】的方法

(2)在调出 Visual Basic 编辑器菜单栏中单击【插入】，选择【模块】菜单。

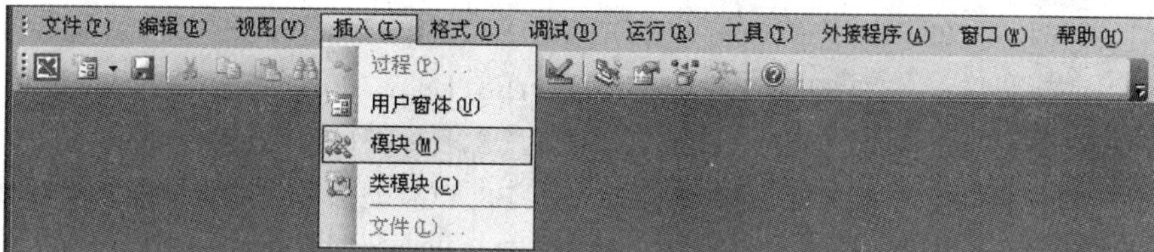

图 8-12 调出【模块】的方法

(3)在调出的【模块】中定义“净现值”函数，如图 8-13 所示。

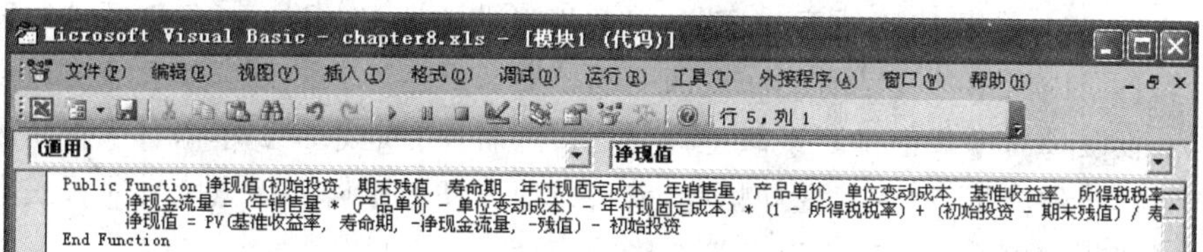

图 8-13 定义“净现值”函数

"净现值"自定义函数的过程代码如下：

Public Function 净现值(初始投资，期末残值，寿命期，年付现固定成本，年销售量，产品单价，单位变动成本，基准收益率，所得税税率)

净现金流量=(年销售量×(产品单价－单位变动成本)－年付现固定成本)×(1－所得税税率)＋(初始投资－期末残值)/寿命期×所得税税率

净现值=PV(基准收益率，寿命期，－净现金流量，－残值)－初始投资

End Function

7.在单元格 A17 中输入各因素未变动时基础方案净现值的计算公式"＝净现值(B4，B5，B6，B7，B8，B9，B10，B11，B12)"。

8.在单元格 B17 中输入各因素发生变动后净现值的计算公式"＝净现值(D4，D5，D6，D7，D8，D9，D10，D11，B12)"。

9.在单元格 C17 中输入净现值综合变动额计算公式"＝B17－A17"，在单元格 D17 中输入净现值综合变动幅度计算公式"＝C17/A17"。

10.选取单元格区域 B21:B28，以数组形式输入公式"＝C4:C11"

11.在单元格 C21～C28 中分别输入相应的某一因素单独变动时的净现值计算公式。

单元格 C21"＝净现值(D4，B5，B6，B7，B8，B9，B10，B11，B12)"。

单元格 C22"＝净现值(B4，D5，B6，B7，B8，B9，B10，B11，B12)"。

单元格 C23"＝净现值(B4，B5，D6，B7，B8，B9，B10，B11，B12)"。

单元格 C24"＝净现值(B4，B5，B6，D7，B8，B9，B10，B11，B12)"。

单元格 C25"＝净现值(B4，B5，B6，B7，D8，B9，B10，B11，B12)"。

单元格 C26"＝净现值(B4，B5，B6，B7，B8，D9，B10，B11，B12)"。

单元格 C27"＝净现值(B4，B5，B6，B7，B8，B9，D10，B11，B12)"。

单元格 C28"＝净现值(B4，B5，B6，B7，B8，B9，B10，D11，B12)"。

12.选取单元格区域 D21:D28，以数组形式输入公式"＝C21:C28－A17"，计算各个因素单独变动时的净现值变动额。

13.选取单元格区域 E21:E28，以数组形式输入公式"＝D21:D28/A17"，计算各个因素单独变动时的净现值变动幅度。

投资项目净现值多因素敏感性分析模型就建立起来了。单击各个影响因素滚动条的箭头，改变其变动幅度，就可以很方便地了解各因素变动对投资项目净现值的单独影响程度以及综合影响程度。

由于单因素敏感性分析只不过是多因素敏感性分析的一个特例，因此，本例中所建立的多因素敏感性分析模型同样也适用于进行单因素敏感性分析。

在进行单因素敏感性分析时仅需要保持某一因素的变动率不为零，其他因素的变动率都设定为零即可。图 8-10 中也给出每个因素按图中显示的变动率单独发生变动时对净现值指标的影响。

（二）内部收益率的多因素敏感性分析模型

内部收益率的多因素敏感性分析模型与净现值的多因素敏感性分析模型结构相同，只是其中有关计算净现值的公式更换为计算内部收益率的公式，其他单元格的计算公式不变。内部收益率的多因素敏感性分析模型如图 8-14 所示，各单元格中计算内部收益的公式如下：

	A	B	C	D	E
1	投资项目内部收益率敏感分析模型				
2	基本数据				
3	项目	原始数值	变动百分比	变化后数值	变化百分比选择滚动条
4	初始投资(万元)	600	10.00%	660.00	
5	期末残值(万元)	2	0.00%	2.00	
6	项目寿命期(年)	10	-10.00%	9.00	
7	年付现固定成本(万元)	50	5.00%	52.50	
8	年销售量(万件)	11.0	6.00%	11.66	
9	产品单价(元/件)	40	5.00%	42.00	
10	单位变动成本(元/件)	20	0.00%	20.00	
11	基准收益率(%)	15%			
12	所得税税率	25%			
13	折旧方法	直线法	最大变化区间	50.00%	
14					
15	内部收益率的多因素敏感性分析(万元)				
16	基础方案内部收益率	变动后内部收益率	内部收益率变动额	变动幅度	
17	19.88%	21.45%	1.57%	7.90%	
18					
19	单因素变动对内部收益率的影响(万元)				
20	项目	因素变动百分比	变动后内部收益率	内部收益率变动额	内部收益率变动幅度
21	初始投资	10.00%	17.46%	-2.42%	-12.18%
22	设备残值	0.00%	19.88%	0.00%	0.00%
23	寿命期	-10.00%	19.02%	-0.86%	-4.32%
24	年付现固定成本	5.00%	19.49%	-0.39%	-1.95%
25	年销售量	6.00%	21.90%	2.02%	10.14%
26	产品单价	5.00%	23.22%	3.34%	16.79%
27	单位变动成本	0.00%	19.88%	0.00%	0.00%

图 8-14　内部收益率的多因素敏感性分析模型

单元格 A17“＝RATE(B6,(B8 ∗ (B9－B10)－B7) ∗ (1－B12)＋(B4－B5)/B6 ∗ B12,－B4,B5)”。

单元格 B17“＝RATE(D6,(D8 ∗ (D9－D10)－D7) ∗ (1－B12)＋(D4－D5)/D6 ∗ B12,－D4,D5)”。

单元格 C21“＝RATE(B6,(B8 ∗ (B9－B10)－B7) ∗ (1－B12)＋(D4－B5)/B6 ∗ B12,－D4,B5)”。

单元格 C22“＝RATE(B6,(B8 ∗ (B9－B10)－B7) ∗ (1－B12)＋(B4－D5)/B6 ∗ B12,－B4,B5)”。

单元格 C23"＝RATE(D6,(B8＊(B9－B10)－B7)＊(1－B12)＋(B4－B5)/D6＊B12,－B4,B5)"。

单元格 C24"＝RATE(B6,(B8＊(B9－B10)－D7)＊(1－B12)＋(B4－B5)/B6＊B12,－B4,B5)"。

单元格 C25"＝RATE(B6,(D8＊(B9－B10)－B7)＊(1－B12)＋(B4－B5)/B6＊B12,－B4,B5)"。

单元格 C26"＝RATE(B6,(B8＊(D9－B10)－B7)＊(1－B12)＋(B4－B5)/B6＊B12,－B4,B5)"。

单元格 C27"＝RATE(B6,(B8＊(B9－D10)－B7)＊(1－B12)＋(B4－B5)/B6＊B12,－B4,B5)"。

(三)净年值的多因素敏感性分析模型

净年值的多因素敏感性分析模型与净现值的多因素敏感性分析模型结构相同,只是其中有关计算净现值的公式更换为计算净年值的公式,其他单元格的计算公式不变。净年值的多因素敏感性分析模型如图 8-15 所示,这里我们要先定义一个净年值的自定义函数:

投资项目净年值敏感分析模型

基 本 数 据

项目	原始数值	变动百分比	变化后数值	变化百分比选择滚动条
初始投资(万元)	600	10.00%	660.00	
期末残值(万元)	2	0.00%	2.00	
项目寿命期(年)	10	-10.00%	9.00	
年付现固定成本(万元)	50	5.00%	52.50	
年销售量(万件)	11.0	6.00%	11.66	
产品单价(元/件)	40	5.00%	42.00	
单位变动成本(元/件)	20	0.00%	20.00	
基准收益率(%)	15%	5.00%	15.75%	
所得税税率	25%			
折旧方法	直线法	最大变化区间	50.00%	

净年值的多因素敏感性分析(万元)

基础方案净年值	变动后净年值	净年值变动额	变动幅度
23.00	29.38	6.38	27.75%

单因素变动对净年值的影响(万元)

项目	因素变动百分比	变动后净年值	净年值变动额	净年值变动幅度
初始投资	10.00%	12.54	-10.46	-45.46%
设备残值	0.00%	23.00	0.00	0.00%
寿命期	-10.00%	18.49	-4.51	-19.62%
年付现固定成本	5.00%	21.12	-1.88	-8.15%
年销售量	6.00%	32.90	9.90	43.05%
产品单价	5.00%	39.50	16.50	71.75%
单位变动成本	0.00%	23.00	0.00	0.00%
基准收益率	5.00%	19.56	-3.44	-14.96%

图 8-15　净年值的多因素敏感性分析模型

Public Function 净年值(初始投资,期末残值,寿命期,年付现固定成本,年销售量,产品单价,单位变动成本,基准收益率,所得税税率)

净现金流量=(年销售量×(产品单价-单位变动成本)-年付现固定成本)×(1-所得税税率)+(初始投资-期末残值)/寿命期×所得税税率

净年值=(PV(基准收益率,寿命期,-净现金流量,-期末残值)-初始投资)/PV(基准收益率,寿命期,-1)

End Function

各单元格中计算净年值的公式如下:

单元格A17"=净年值(B4,B5,B6,B7,B8,B9,B10,B11,B12)"。

单元格B17"=净年值(D4,D5,D6,D7,D8,D9,D10,D11,B12)"。

单元格C21"=净年值(D4,B5,B6,B7,B8,B9,B10,B11,B12)"。

单元格C22"=净年值(B4,D5,B6,B7,B8,B9,B10,B11,B12)"。

单元格C23"=净年值(B4,B5,D6,B7,B8,B9,B10,B11,B12)"。

单元格C24"=净年值(B4,B5,B6,D7,B8,B9,B10,B11,B12)"。

单元格C25"=净年值(B4,B5,B6,B7,D8,B9,B10,B11,B12)"。

单元格C26"=净年值(B4,B5,B6,B7,B8,D9,B10,B11,B12)"。

单元格C27"=净年值(B4,B5,B6,B7,B8,B9,D10,B11,B12)"。

单元格C28"=净年值(B4,B5,B6,B7,B8,B9,B10,D11,B12)"。

第三节 概率分析

概率分析又称为概率树分析,是指利用图形或列表的方式来组织一个投资项目产生的现金流序列,同时研究各种不确定性因素发生不同幅度变动的概率分布及其对投资方案经济效果的影响,对方案的净现金流量及其经济效果指标做出某种概率描述,进而判断投资风险的方法。

前面所述的敏感性分析方法虽然有助于决策人员找到对投资项目的公司风险影响最大的因素,但是这些因素未来向不利方向变动的可能性有多大,在敏感性分析中尚未解决。因此对项目的公司风险做全面分析时,仅用敏感性分析是不够的,在进行敏感性分析找到关键因素的基础上,还应进一步做概率分析,才能对投资项目的公司风险做出综合的判断。

概率分析可分为各年现金流完全无关、各年现金流完全相关、各年现金流部分相关三种不同的情况。

一、各年现金流完全无关的情况

各年现金流完全无关是指投资项目各期现金流是相互独立的，每期的现金流之间没有任何因果关系，所以第 t 期现金流发生哪种结果不依赖于第 $t-1$期的情况。

在各年现金流完全无关的情况下，衡量投资项目风险的有关指标计算如下：

每年净现金流量的期望值和标准差为：

$$\overline{NCF_t}=\sum_{j=1}^{m}NCF_{tj}\times P_{tj}$$

$$\sigma_t=\sqrt{\sum_{j=1}^{m}(NCF_{tj}-\overline{NCF_t})^2\times P_{tj}}$$

参数说明：

$\overline{NCF_t}$——第 t 年净现金流量的期望值

σ_t——第 t 年净现金流量标准差

NCF_{tj}——第 t 年第 j 种情况下的净现金流量

P_{tj}——第 t 年第 j 种情况发生的概率

m——第 t 年出现各种可能情况的总数

投资项目的净现值期望值和总体标准差、变差系数为：

$$\overline{NPV}=\sum_{t=0}^{n}\frac{\overline{NCF_t}}{(1+i)^t}$$

$$\sigma=\sqrt{\sum_{t=1}^{n}\frac{\sigma_t^2}{(1+i)^{2t}}}$$

$$V=\frac{\sigma}{\overline{NPV}}$$

参数说明：

$\overline{NPV}$——净现值的期望值

σ——投资项目寿命期的总体标准差

V——变差系数

i——无风险利率

n——项目的寿命期

由于投资项目的风险已经通过概率来反映，所以上述公式中计算现值时所用的贴现率应为无风险利率。

二、各年现金流完全相关的情况

各年现金流完全相关是指投资项目各年现金流以相对而言完全一样的方式发生偏离，即每年的实际现金流相对于预计现金流分布的均值的偏离程度都相同，所以第 t 年现金流出现哪种结果完全取决于前一年现金流发生的情况。

在各年现金流完全相关的情况下，可以按照与各年现金流完全无关的情况同样的方法计算每年净现金流量的期望值和标准差、投资项目净现值的期望值和变差系数。但投资项目净现值分布的总体标准差计算公式为：

$$\sigma = \sum_{t=1}^{n} \frac{\sigma_t}{(1+i)^t}$$

【例 8-7】某项目初始投资为 2 000 万元，寿命期为 3 年，各年净现金流量预计如图 8-16 所示，假定无风险利率为 10%。

	A	B	C	D	E	F
1	已知条件			（金额单位：万元）		
2	初始投资	2,000				
3	寿命期(年)	3				
4	无风险利率	10%				
5	第1年		第2年		第3年	
6	概率	净现金流量	概率	净现金流量	概率	净现金流量
7	0.10	500	0.10	300	0.10	400
8	0.15	800	0.25	600	0.25	600
9	0.30	1,000	0.30	900	0.30	800
10	0.25	1,100	0.25	1,100	0.25	1,000
11	0.20	1,300	0.10	1,300	0.10	1,200
12						
13	计算结果			（金额单位：万元）		
14	年		1	2	3	
15	净现金流量期望值		1,005	855	800	
16	净现金流量的标准差		226.88	287.18	228.04	
17		各年现金流完全无关		各年现金流完全相关		
18	净现值的期望值	221.30		221.30		
19	总体标准差	358.09		614.92		
20	变差系数	1.62		2.78		

图 8-16 投资项目各年现金流完全相关或完全无关时的概率分析

(1)如果各年现金流完全无关，求该投资项目的净现值期望值、总体标准差和变差系数；

(2)如果各年现金流完全相关,求该投资项目的净现值期望值、总体标准差和变差系数。

具体分析步骤如下:

1.在单元格 C15 中输入公式"=SUMPRODUCT(A7:A11,B7:B11)",在单元格 D15 中输入公式"=SUMPRODUCT(C7:C11,D7:D11)",在单元格 E15 中输入公式"=SUMPRODUCT(E7:E11,F7:F11)",得到各年净现金流量的期望值。

2.在单元格 C16 中输入公式"=SQRT(SUMPRODUCT((B7:B11-C15)^2,A7:A11))",在单元格 D16 中输入公式"=SQRT(SUMPRODUCT((D7:D11-D15)^2,C7:C11))",在单元格 E16 中输入公式"=SQRT(SUMPRODUCT((F7:F11-E15)^2,E7:E11))",得到各年净现金流量的标准差。

3.在单元格 B18 中输入公式"=NPV(B4,C15:E15)-B2",在单元格 B19 中输入公式"=SQRT(C16^2/(1+B4)^2+D16^2/(1+B4)^4+E16^2/(1+B4)^6)",在单元格 B20 中输入公式"=B19/B18",得到各年现金流完全无关时净现值的期望值、总体标准差和变差系数。

4.在单元格 D18 中输入公式"=NPV(B4,C15:E15)-B2",在单元格 D19 中输入公式"=NPV(B4,C16:E16)",在单元格 D20 中输入公式"=D19/D18",得到各年现金流完全相关时净现值的期望值、总体标准差和变差系数。

由计算结果可以看出,在各年现金流完全无关和完全相关两种情况下该项目的净现值期望值是相同的,但在各年现金流完全无关时该投资项目净现值的总体标准差和变差系数均低于各年现金流完全相关的情况,这表明各年现金流完全无关时具有分散风险的效应。

三、各年现金流部分相关的情况

各年现金流部分相关是指投资项目各年现金流既不完全相关也不完全无关,第 t 年现金流出现哪种结果在一定程度上取决于前一年现金流发生的情况。

在各年现金流部分相关的情况下,第 1 年现金流的结果不依赖于以前发生的事情,因此每种可能的现金流发生的概率称为初始概率;从第 2 年开始,每一年现金流量发生的结果将取决于前一年出现哪种情况,因此每种可能的现金流发生的概率称为条件概率;各年的现金流序列构成多种可能的组合,一个特定的现金流组合可能发生的概率称为联合概率。

在各年现金流部分相关的情况下,投资项目的净现值的期望值和总体标准差的计算公式为:

$$\overline{NPV}=\sum_{j=1}^{T} NPV_j \times P_j$$

$$\sigma=\sqrt{\sum_{j=1}^{T}(NPV_j-\overline{NPV})^2 \times P_j}$$

参数说明：

T——现金流组合数

NPV_j——每种组合所对应的净现值(用无风险利率作为贴现率)

P_j——第 j 种现金流组合的联合概率

【例 8-8】某项目初始投资 400 万元，寿命期 3 年，各年净现金流量预计如表 8-1 所示，假定无风险利率为 10%。试计算该投资项目的净现值期望值、标准差和变差系数并做出评价。

表 8-1 某投资项目的有关资料 (金额单位：万元)

初始投资	400	寿命期(年)	3	无风险利率	10%
第 1 年		第 2 年		第 3 年	
净现金流量	概率	净现金流量	概率	净现金流量	概率
300	0.3	320	0.7	360	0.8
				220	0.2
		160	0.3	200	0.7
				160	0.3
200	0.4	230	0.6	220	0.6
				90	0.4
		110	0.4	120	0.5
				−50	0.5
100	0.3	130	0.2	140	0.4
				60	0.6
		−30	0.8	−20	0.3
				−60	0.7

为了便于分析，将表 8-1 的数据用 Excel 建立分析模型，其格式如图 8-17 所示，具体分析步骤如下：

(1)在单元格 G5 中输入公式“=NPV($F$2,A5,C5,E5)-$B$2”，然后将其填充到单元格区域 G6:G16，得到各现金流序列对应的净现值。

(2)在单元格 H5 中输入公式“=B5*D5*F5”，然后将其填充到单元格区域 H6:H16，得到各现金流序列对应的联合概率。

	A	B	C	D	E	F	G	H	I
1	已知条件 (金额单位：万元)						计算过程		
2	初始投资	400	寿命期(年)	3	无风险利率	10%	各现金流序列的现值	联合概率	序列号
3	第1年		第2年		第3年				
4	净现金流量	概率	净现金流量	概率	净现金流量	概率			
5	300	0.30	320	0.70	360	0.80	407.66	0.168	1
6	300	0.30	320	0.70	220	0.20	302.48	0.042	2
7	300	0.30	160	0.30	200	0.70	155.22	0.063	3
8	300	0.30	160	0.30	160	0.30	125.17	0.027	4
9	200	0.40	230	0.60	220	0.60	137.19	0.144	5
10	200	0.40	230	0.60	90	0.40	39.52	0.096	6
11	200	0.40	110	0.40	120	0.50	-37.11	0.080	7
12	200	0.40	110	0.40	-50	0.50	-164.84	0.080	8
13	100	0.30	130	0.20	140	0.40	-96.47	0.024	9
14	100	0.30	130	0.20	60	0.60	-156.57	0.036	10
15	100	0.30	-30	0.80	-20	0.30	-348.91	0.072	11
16	100	0.30	-30	0.80	-60	0.70	-378.96	0.168	12

	计 算 结 果	
19	净现值期望值（万元）	5.00
20	标准差（万元）	269.85
21	变差系数	53.93

图 8-17　投资项目各年现金流部分相关时的概率分析

(3) 在单元格 D19 中输入公式"＝SUMPRODUCT(G5:G16，H5:H16)"，得到该项目的净现值的期望值。

(4) 在单元格 D20 中输入公式"＝SQRT(SUMPRODUCT((G5:G16－D19)^2，H5:H16))"，得到净现值的标准差。

(5) 在单元格 D21 中输入公式"＝D20/D19"，得到变差系数。

可见，该项目的期望净现值为 5.00 万元，具有可行性，但由于标准差和变差系数都很大，表明该项目的风险较大，12 种现金流组合中有 6 种现金流组合的净现值为负数，所以，非常厌恶风险的投资者都可能不会接受此项目。

本章提要

本章主要讲述了运用 Excel 建立有关不确定性风险分析模型来解决投资决策中风险指标的计算，通过静态盈亏平衡分析、动态盈亏平衡分析；单因素敏感性分析、多因素敏感性分析；各年现金流完全相关、各年现金流完全无关、各年现金流部分相关的概率分析辅助完成投资决策。

习 题

1. 某生产性建设项目的年设计生产能力为 5 000 件；每件产品的销售价格为 1 500 元，单位产品的变动成本为 900 元，每件产品的税金为 200 元，年固定成本为 120 万元。试求该项目建成后的年最大利润、盈亏平衡点和生产负荷率。

2. 某地区最近发现铁矿石矿床，如果该矿床有开发价值，则进行投资。根据调查和分析，其基本情况是：初期投资（设备、铁路、公路、基础设施等）约需 5.4 亿元；含铁量为 60%以上有开采价值的铁矿石储量为 30 亿吨；根据市场预测，每年的销售量可达 1 000 万吨，即该矿床可持续开采 300 年；按现在的物价水平，作业费用（以年生产并销售 1 000 万吨计）每年约为 2.4 亿元，其中，固定费用为 1.2 亿元；产品的销售价格每吨为 30 元。若该矿床开发后有支付利息和偿还能力，则银行可予以贷款，贷款的利率 i=10%。试对该投资方案进行敏感性分析。

3. 某投资公司现有 A、B 与 C 三个互斥投资项目可供选择，假设这三个投资项目的当前（第 0 年）投资金额与今后三年（第 1～3 年）的预期回报分别如下表所示：

投资项目	初始投资额（万元）	预期回报（万元）		
		第 1 年	第 2 年	第 3 年
项目 A	1 800	1 300	900	500
项目 B	1 800	1 200	1 000	1 000
项目 C	200	600	400	200

试建立一个决策模型，当公司使用的贴现率在 1%～15%范围内，模型能给出这三个项目中最优的投资项目。

4. 某公司计划生产一种产品，预计销量为 3 000 件，其销售单价为 18 元/件。现有两种生产方案，方案 1 的固定成本和单位变动成本分别等于 10 000 元和 10 元/件，方案 2 的固定成本和单位变动成本分别等于 20 000 元和 8 元/件。试在本工作表中建立一个模型以实现以下要求：

①通过销售收益与总成本的比较，求出该产品在每种生产方案下的利润。

②计算出该产品在每种生产方案下的各自盈亏平衡销量。

③计算出该产品对于两种生产方案的相对盈亏平衡销量(即利润相同时的销量)。

5.某公司生产一种产品的固定成本为2 700元,单位变动成本为0.15元/件,单价为0.30元/件,公司管理人员要确定该产品的盈亏平衡销量,并要求绘制出表示该产品销量在盈亏平衡点附近一个范围内变化时产品销售收益、总成本和利润的变化图形。销量控件从5 000按步长1 000变化到35 000;单价控件从0.24按步长0.1变化到0.4,绘制可调图形。

6.某项目设计年产某型电冰箱30 000台,每台售价3 000元,年生产总成本7 800万元,其中固定成本3 000万元,单位变动成本1 600元/台。试求以产量、生产能力利润率、销售价格、单位产品变动成本表示的盈亏平衡点,并做出相应的不确定性分析评价。

第9章 Excel工作簿的共享与保护

知识要求

通过本章的学习，掌握

- 工作簿的共享
- 工作簿的保护
- 设置工作簿的权限及宏的安全性

技能要求

能够对Excel工作簿进行共享、保护、权限的设置及设置宏的安全性。

第一节 共享工作簿

对工作簿进行共享设置后，就可以由网络上的多位用户同时查看和更改。每位保存工作簿的用户可以看到其他用户所作的更改。

一、设置工作的共享

在Excel中，设置工作簿共享的操作步骤如下：

(1)打开需要共享的工作簿。

(2)单击【工具】菜单中的【共享工作簿】命令，打开【共享工作簿】对话框，如图9-1所示。

(3)选中【允许多用户同时编辑，同是允许工作簿合并】复选框。

(4)单击【确定】按钮，将弹出一个询问对话框，如图9-2所示。

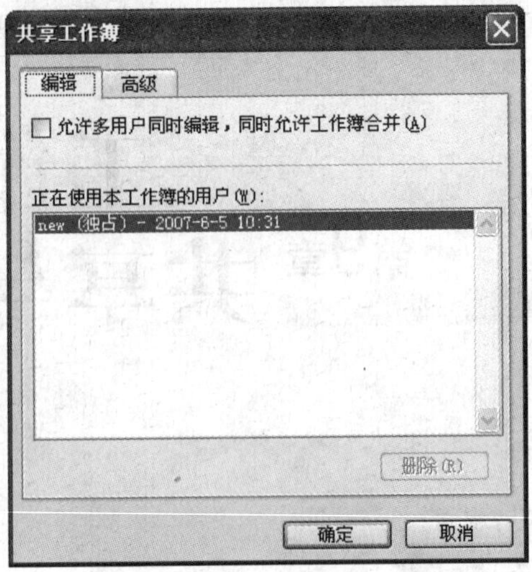

图 9-1 【共享工作簿】对话框

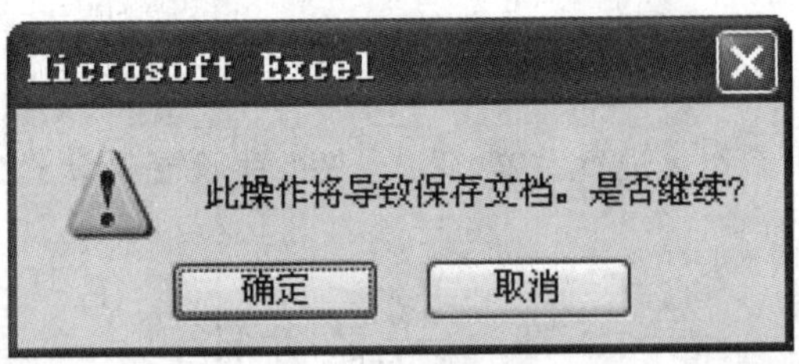

图 9-2 询问对话框

(5)单击【确定】按钮。

设置成共享的工作簿窗口的标题上将显示“共享”的字样，如图 9-3 所示。

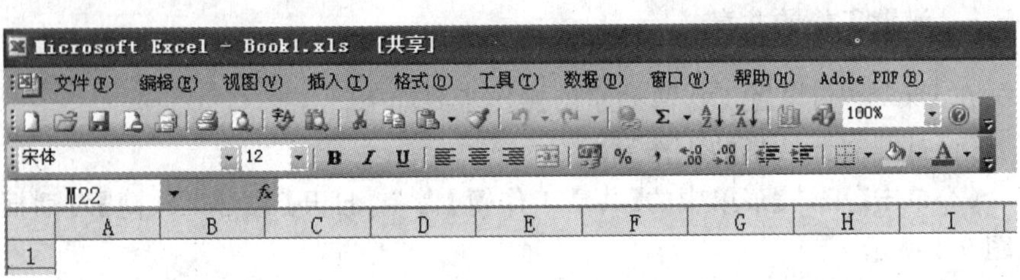

图 9-3 设置了共享的工作簿

另外，在【共享工作簿】对话框中，单击【高级】选项卡，如图 9-4 所示，在此选项卡下还可以设置一些共享的属性。

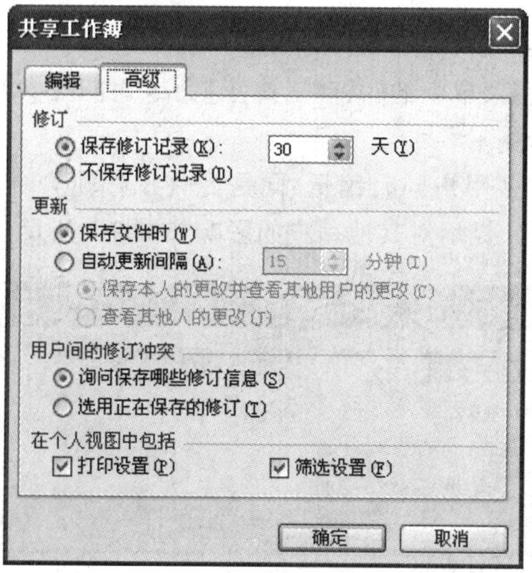

图 9-4 设置【共享工作簿】的【高级】选项卡属性

在【修订】选项组中，可以设置共享工作簿时是否保留冲突日志。所谓冲突日志，是指在共享工作簿中，为以前的编辑所保留的信息。信息中包括每个修订的作者，进行修订的时间，以及被更改的数据内容。如果要保存冲突日志，则选定【保存修订记录】选项，然后再在【保存修订记录】单选按钮右边的【天】微调框中输入需要保留冲突日志的天数，以指定工作簿中所做更改保留的时间。

在【更新】选项组中，可以指定多长时间查看一次其他用户所做的更改。例如选定【自动更新间隔】选项，然后在其后的【分钟】微调框中输入自动更新的时间间隔。

在【用户间的修订冲突】选项组下，可以指定在保存工作簿时对于相互冲突更改的审阅方式。

在【个人视图中包括】选项组中。为共享工作簿指定个人的打印和筛选设置。如果选中其中的一项或全选，这些设置将独立保存在共享工作簿的副本中。

二、取消工作簿的共享状态

如果不需要其他人对共享工作簿进行更改，可以将自己作为唯一用户打开并操作该工作簿。一旦取消了工作簿的共享状态,将中断所有其他用户与共享工作簿的联系、关闭冲突日志,并清除已存储的冲突日志,此后就不能再查看冲突日志。

取消工作簿共享的操作方法如下:

(1)单击【工具】菜单中的【共享工作簿】命令,打开【共享工作簿】对话框,单击【编辑】选项卡。

(2)清除【允许多用户同时编辑,同是允许工作簿合并】复选框,单击【确定】按钮,此时 Excel 提示对其他用户的影响如图 9-5 所示,单击【是】按钮。

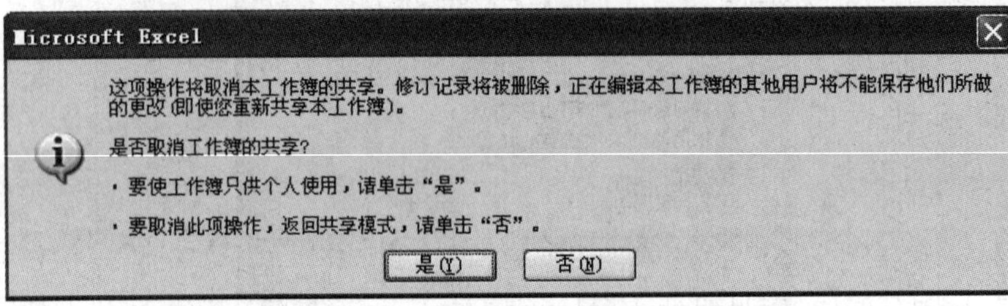

图 9-5 取消工作簿共享的提示框

在取消工作簿的共享时,应确认自己是正在使用本工作簿的唯一用户,如果还有其他用户,他们都将丢失未保存的工作内容。因此,为了确保其他用户不会丢失工作进度,应在取消工作簿共享之前确认其他用户都已得到通知,以便他们事先保存并关闭共享工作簿。

第二节 保护工作簿

Excel 提供了对工作簿的保护措施,以使无关人员不能打开工作簿或工作表。用户可以为工作簿设置一个密码。当有人企图打开已经受保护的工作簿时,必须输入密码,如果输入的密码不正确,将无法把工作簿打开。

一、设置工作簿的保护

在 Excel 中,使用【保护】命令来设置工作簿的保护,方法如下:

1. 在 Excel 中打开需要保护的工作簿。

2. 单击【工具】菜单中的【保护】命令,弹出子菜单如图 9-6 所示。

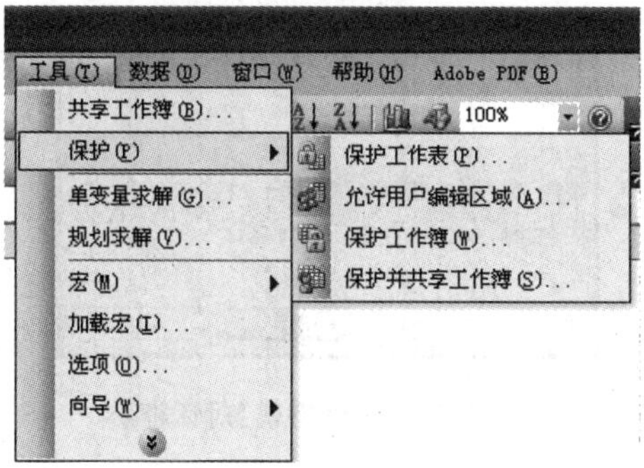

图 9-6 【保护】子菜单

3. 单击【保护工作簿】菜单选项，弹出【保护工作簿】对话框，如图 9-7 所示。

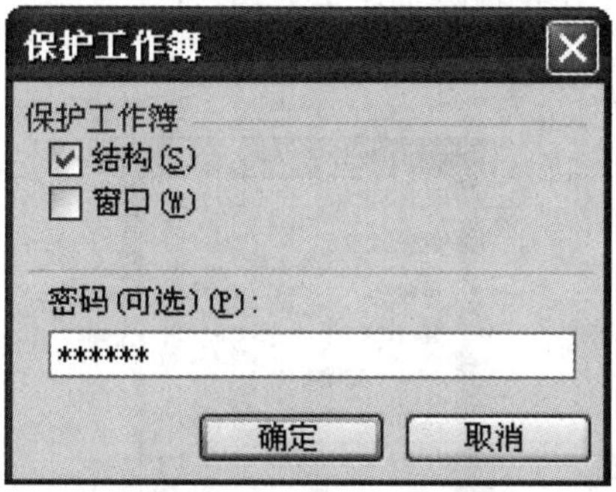

图 9-7 【保护工作簿】对话框

(1)如果要保护工作簿的结构，则选中【结构】复选框，这样工作簿中的工作表将不能进行移动、删除、隐藏、取消隐藏或重新命名，而且也不能插入新的工作表。

(2)如果要保护窗口以便在每次打开工作簿时使其具有固定的位置和大小，则选中【窗口】复选框。

(3)在【密码】框中输入密码，由于密码是保密的，所以在输入过程中，【密码】框内显示为若干个星号“＊”。密码为任意字母、数字或符号，需要注意的是，字母有大小写之分，所以输入时一定要注意大小写的区别，密码的长度不能超过 255 个字符，允许空密码即回车。

4. 输入密码后，单击【确定】按钮，弹出【确认密码】对话框，如图 9-8 所示。在此对话框中再输入一次密码。

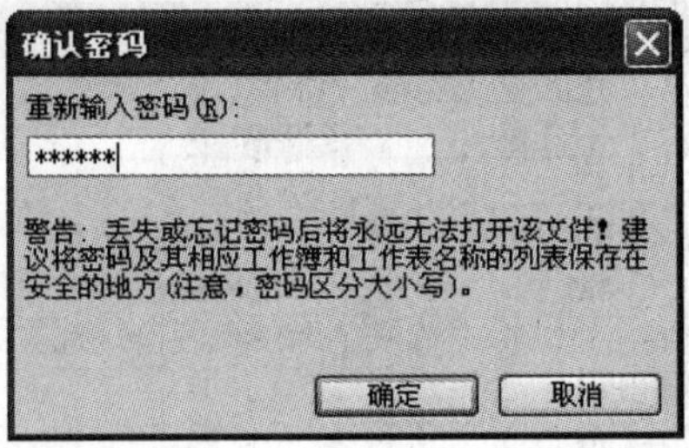

图 9-8 【确认密码】对话框

5. 输入完成后，单击【确定】按钮返回工作簿窗口。

设置了保护属性后，需要保存工作簿，保护功能才能生效。当再次打开被保护的工作簿时，将不能对工作簿中的工作表进行复制、移动和删除等操作，可以看到【编辑】菜单中的【删除工作表】、【移动或复制工作表】等命令不可用，如图 9-8 所示。

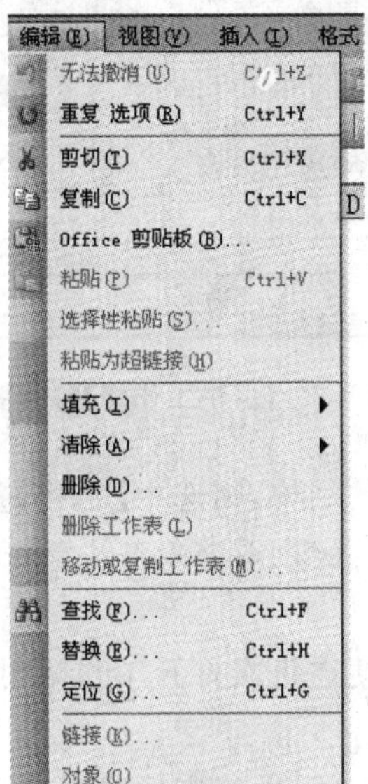

图 9-8 【删除工作表】、【移动或复制工作表】等命令不可用

二、取消工作簿的保护

对于已经保护的工作簿，如果要取消保护功能，方法如下：

(1)在 Excel 中打开需要取消保护的工作簿。

(2)单击【工具】菜单中的【保护】命令,在弹出的子菜单中选择【撤消工作簿保护】选项,在如图 9-9 所示的对话框中输入密码,然后单击【确定】按钮。

图 9-9　【撤消工作簿保护】对话框

三、工作表的保护

如果要对工作簿中的某个工作表进行保护,只要在打开该工作表后,单击【工具】菜单中的【保护】子菜单下的【保护工作表】选项,弹出【保护工作表】对话框,在其中选择需要保护的选项,在【密码】框中输入密码,然后单击【确定】按钮即可。

如果要撤消工作表的保护,单击【工具】菜单中的【保护】命令,在弹出的子菜单中选择【撤消工作表保护】选项,在弹出的对话框中输入密码,然后单击【确定】按钮即可。

第三节　设置工作簿的权限及宏安全

前面介绍了对工作簿进行保护的方法,这一方法只能保护工作簿的结构或窗口不受改变,但是还不能防止他人打开并修改其中的数据。通过设置工作簿的权限,就可以限制其他人打开并修改工作簿中的数据。

一、在打开或保存工作簿时提供权限保护

在打开或保存工作簿时设置密码,可以对打开和使用工作簿数据的人员进行限制,防止非法修改数据。还可以建议他人以只读方式打开工作簿。操作如下:

(1)打开一个欲实施权限设置的工作簿。

(2)单击【文件】菜单中的【另存为】命令,随后出现【另存为】对话框。单击其中的【工具】按钮,选择其中的【常规选项】,如图 9-9 所示。

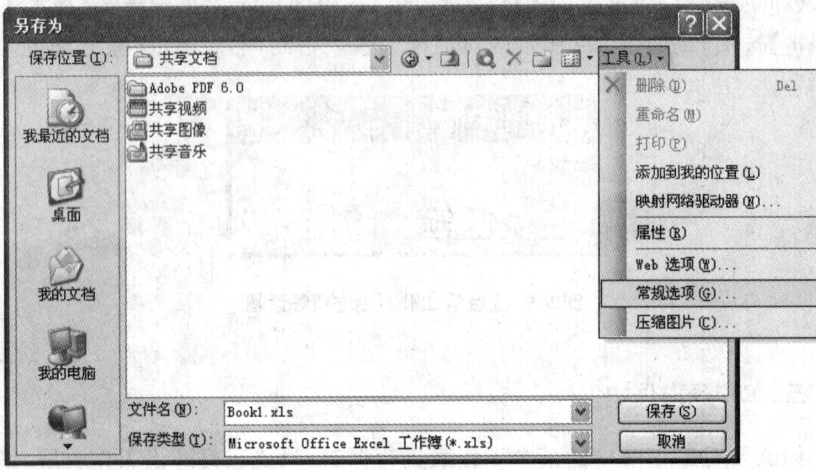

图 9-9 【另存为】对话框

(3)弹出【保存选项】对话框，如图 9-10 所示。在【打开权限密码】编辑框中，键入密码；若要限制他人修改数据，同理，也需在【修改权限密码】编辑框中键入密码，然后单击【确定】按钮。

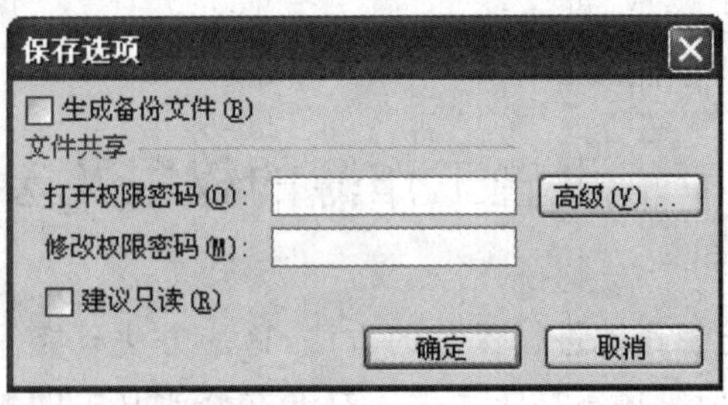

图 9-10 【保存选项】对话框

(4)出现【确认密码】对话框，在【重新输入密码】编辑框中重新键入密码，然后单击【确定】按钮，如图 9-11 所示。

(5)返回为【另存为】对话框后，单击【保存】按钮。在回应的提示对话框中，单击【是】按钮，以打开的工作簿替换现有工作簿，如图 9-12 所示。

补充说明：若想以只读方式打开工作簿，在第三步操作时只需将【建议只读】复选框选上。如果按照只读方式打开设有密码保护的工作簿，在打开和编辑该工作簿时并不需要输入密码。要保存修改的话必须将工作表另存，这丝

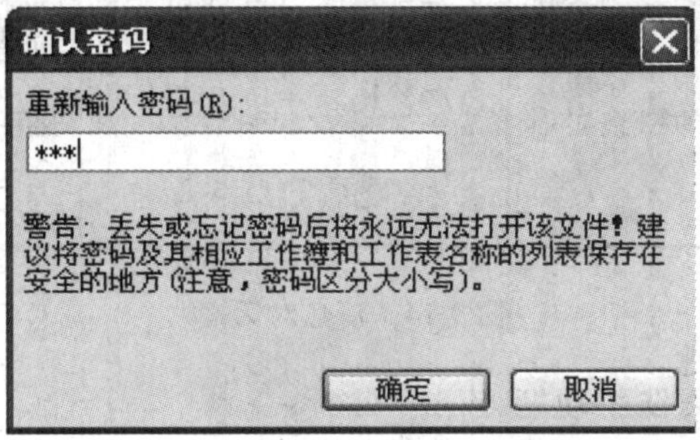

图 9-11 【确认密码】对话框

图 9-12 提示对话框

毫不会影响到原工作簿的数据安全。

当再次打开设置权限的工作簿后，将出现【密码】对话框，如图 9-13 所示，要求用户输入打开该工作簿的密码。如果输入的密码不正确，将弹出消息框如图 9-14 所示，单击【确定】按钮后将不能打开工作簿。

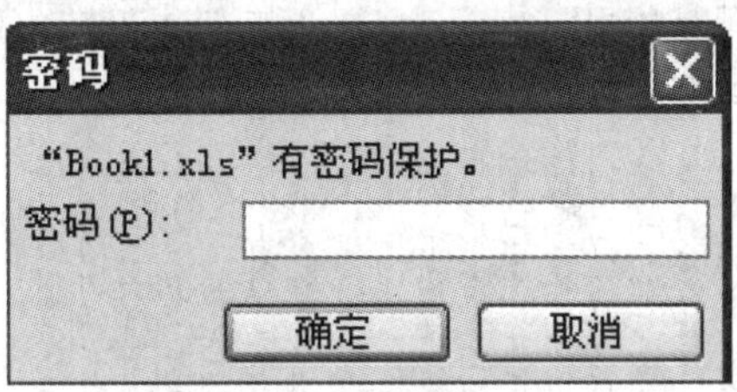

图 9-13 【密码】对话框

如果想取消工作簿的权限，可以按照设置权限的方法，在如图 9-10 所示的【保存选项】对话框中将【打开权限密码】或【修改权限密码】文本框设置为空字符即可。

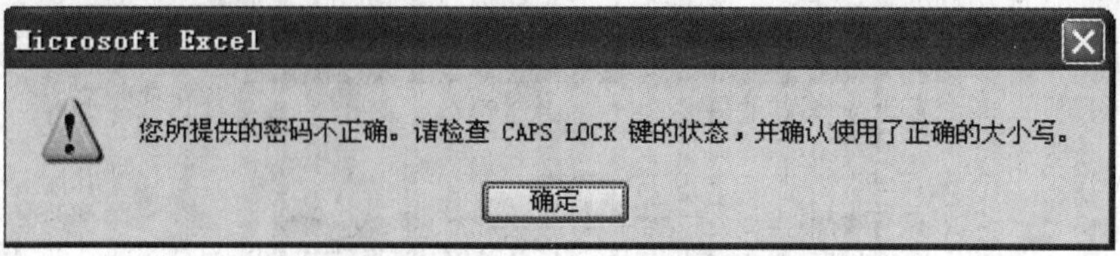

图 9-14　消息对话框

二、设置宏病毒防护功能

假如从不可靠的网络或 Internet 节点上下载数据，这时需要注意病毒问题。设置此项功能，可以让 Excel 2003 在试图打开包含宏的工作簿时显示警告信息，做到“防患于未然”。但此项功能并不能真正判断出是否有宏病毒存在，所以在继续操作之前需要自行确定工作簿肯定没有病毒。

(1)单击【工具】菜单中的【宏】命令，选择【安全性】子命令，弹出【安全性】对话框，如图 9-15 所示。

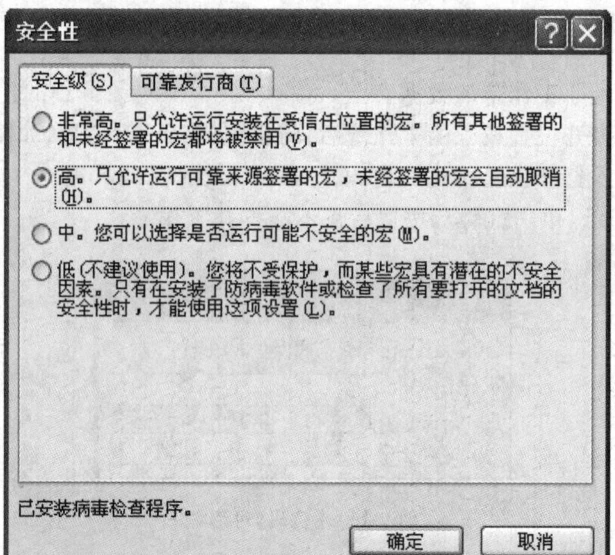

图 9-15　宏【安全性】对话框

(2)在【安全性】对话框中点击【安全级】标签项，选中【高】单选框，单击【确定】按钮后存盘关闭工作簿。

(3)再次打开刚才设置了宏安全性为“高”的工作簿，会出现如图 9-16 所示的消息框。

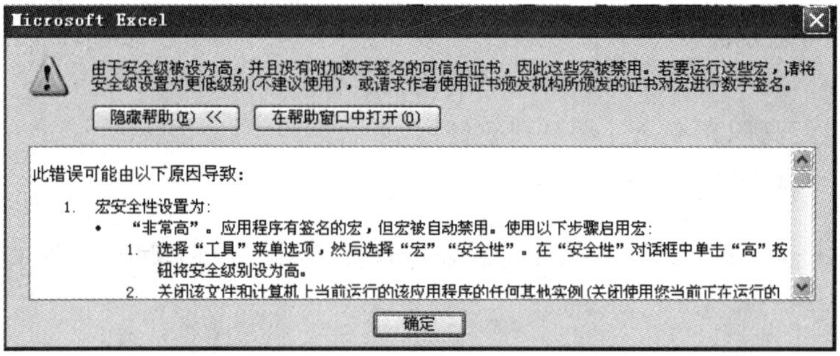

图 9-16 宏安全性为"高"的消息框

(4)如果想有选择地启用用户认为安全的宏，可将图 9-15 的宏安全性设置为【中】，单击【确定】按钮后存盘关闭工作簿.

(5)再次打开刚才设置了宏安全性为"中"的工作簿，会出现如图 9-17 所示的【安全警告】对话框。

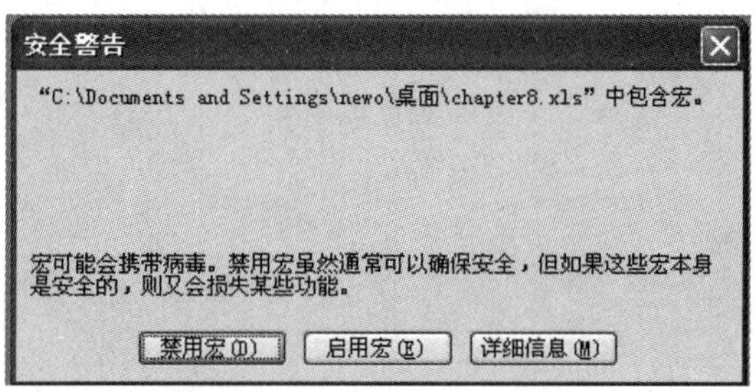

图 9-17 【安全警告】对话框

(6)用户可以根据自己的需要选择【启用宏】或【禁用宏】，以避免用户的计算机感染宏病毒。

本章提要

本章主要讲述了 Excel 提供的多种方式对用户如何查看或改变工作簿和工作表中的数据进行限定以保护工作簿的安全及如何共享工作簿，这些安全保护功能主要包括如何保护工作簿和工作表、如何设置工作簿的权限及如何设置宏的安全性。

图书在版编目(CIP)数据

Excel与财务管理/曾瑞玲主编.—2版—厦门:厦门大学出版社,2011.7(2013.7重印)
(21世纪高职高专会计学系列教材)
ISBN 978-7-5615-2788-7

Ⅰ.①E… Ⅱ.①曾… Ⅲ.①表处理软件,Excel-应用-财务管理-高等职业教育-教材 Ⅳ.①F275-39

中国版本图书馆CIP数据核字(2011)第118884号

厦门大学出版社出版发行
(地址:厦门市软件园二期望海路39号 邮编:361008)
http://www.xmupress.com
xmup @ xmupress.com
厦门集大印刷厂印刷
2011年7月第2版 2013年7月第2次印刷
开本:787×960 1/16 印张:15.75
字数:278千字 印数:10 000～14 000册
定价:24.00元
本书如有印装质量问题请寄承印厂调换